Journalistische Praxis

Reihe herausgegeben von
Gabriele Hooffacker, Leipzig, Deutschland

Reihe gegründet von
Walther von La Roche, München, Deutschland

Der Name ist Programm: Die Reihe Journalistische Praxis bietet ausschließlich praxisorientierte Lehrbücher für Berufe rund um Journalismus und Medien. Praktiker aus Redaktionen und aus der Journalistenausbildung zeigen, wie's geht, geben Tipps und Ratschläge. Alle Bände sind Leitfäden für die Praxis – keine Bücher über ein Medium, sondern für die Arbeit in und mit einem Medium. Walther von La Roche begründete die Reihe 1975 mit der „Einführung in den praktischen Journalismus" (heute: „La Roches Einführung in den praktischen Journalismus"). Seit 2013 erscheinen die Bücher bei SpringerVS.

Die gelben Bücher mit ihren Webauftritten geben allen, die journalistisch tätig sind oder sein wollen, ein realistisches Bild von den Anforderungen redaktionellen Arbeitens und zeigen, wie man sie bewältigt. Lehrbücher wie „Recherchieren", „Informantenschutz", „Frei sprechen" oder „Interviews führen" konzentrieren sich auf Tätigkeiten, die in mehreren journalistischen Berufsfeldern gefordert sind. Andere Bände führen in das professionelle Arbeiten bei einem Medium ein (die Klassiker zu Radio-, Fernseh- oder Online-Journalismus). Es gibt Bücher zu journalistischen Techniken („VR-Journalismus", „Mobiler Journalismus" oder „Social Media für Journalisten"), und zu Berufsfeldern wie Pressearbeit und Corporate Media („Pressearbeit praktisch") oder redaktionellem Arbeiten für Unternehmen oder Institutionen („Gebrauchstexte schreiben").

Jeden Band zeichnet ein gründliches Lektorat und sorgfältige Überprüfung der Inhalte, Themen und Ratschläge aus. Sie werden regelmäßig überarbeitet und aktualisiert, oft in weiten Teilen neu geschrieben, um der rasanten Entwicklung in Journalismus und Medien Rechnung zu tragen. Viele Bände liegen inzwischen in der dritten, vierten, achten oder noch höheren Auflagen vor wie La Roches „Einführung" selbst. Allen Bänden gemeinsam ist der gelbe Einband. Deshalb ist die Reihe unter Lehrenden, Studierenden und angehenden Journalistinnen und Journalisten auch als „Gelbe Reihe" bekannt.

Weitere Bände in der Reihe http://www.springer.com/series/11722

Gabriele Hooffacker

Online-Journalismus

Texten und Konzipieren für das Internet. Ein Handbuch für Ausbildung und Praxis

5. Auflage

Mit einem Beitrag von Marc Liesching
5., vollständig überarbeitete Auflage

Gabriele Hooffacker
Leipzig, Deutschland

ISSN 2524-3128　　　　　　　ISSN 2524-3136　(electronic)
Journalistische Praxis
ISBN 978-3-658-29663-6　　　ISBN 978-3-658-29664-3　(eBook)
https://doi.org/10.1007/978-3-658-29664-3

Die Deutsche Nationalbibliothek verzeichnet diese Publikation in der Deutschen Nationalbibliografie; detaillierte bibliografische Daten sind im Internet über http://dnb.d-nb.de abrufbar.

© Der/die Herausgeber bzw. der/die Autor(en), exklusiv lizenziert durch Springer Fachmedien Wiesbaden GmbH, ein Teil von Springer Nature 2000, 2001, 2010, 2016, 2020
Das Werk einschließlich aller seiner Teile ist urheberrechtlich geschützt. Jede Verwertung, die nicht ausdrücklich vom Urheberrechtsgesetz zugelassen ist, bedarf der vorherigen Zustimmung des Verlags. Das gilt insbesondere für Vervielfältigungen, Bearbeitungen, Übersetzungen, Mikroverfilmungen und die Einspeicherung und Verarbeitung in elektronischen Systemen.
Die Wiedergabe von allgemein beschreibenden Bezeichnungen, Marken, Unternehmensnamen etc. in diesem Werk bedeutet nicht, dass diese frei durch jedermann benutzt werden dürfen. Die Berechtigung zur Benutzung unterliegt, auch ohne gesonderten Hinweis hierzu, den Regeln des Markenrechts. Die Rechte des jeweiligen Zeicheninhabers sind zu beachten.
Der Verlag, die Autoren und die Herausgeber gehen davon aus, dass die Angaben und Informationen in diesem Werk zum Zeitpunkt der Veröffentlichung vollständig und korrekt sind. Weder der Verlag, noch die Autoren oder die Herausgeber übernehmen, ausdrücklich oder implizit, Gewähr für den Inhalt des Werkes, etwaige Fehler oder Äußerungen. Der Verlag bleibt im Hinblick auf geografische Zuordnungen und Gebietsbezeichnungen in veröffentlichten Karten und Institutionsadressen neutral.

Verantwortlich im Verlag: Barbara Emig-Roller
Springer VS ist ein Imprint der eingetragenen Gesellschaft Springer Fachmedien Wiesbaden GmbH und ist ein Teil von Springer Nature.
Die Anschrift der Gesellschaft ist: Abraham-Lincoln-Str. 46, 65189 Wiesbaden, Germany

Vorwort

Online-Journalismus und mehrmodales, crossmediales oder transmediales Arbeiten sind in den Redaktionen allgegenwärtig. Dabei gerät leicht die Besonderheit des Online-Mediums aus den Augen: die partizipativen Möglichkeiten, die Nutzer auf unterschiedlichen Ebenen des online-journalistischen Produktionsprozesses einzubinden. Sie beginnen beim Bloggen, wo die Grenzen zwischen Autoren und Nutzern fließend werden, und reichen über die Plattformen der sozialen Netzwerke mit ihren Möglichkeiten des Teilens und der individualisierten Informationsauswahl bis zu interaktiven Bewegtbildern und spielerischen Anwendungen in virtuellen Welten.

Formen und Formate wie *Scrollytelling, Datenjournalismus* oder auch die automatisierte Texterstellung, der sogenannte *Roboterjournalismus*, sind hinzugekommen. Immer mehr standardisierte Tätigkeiten übernimmt „Redakteur Al Gorithm". Dass sich die User immer stärker auf mobile Online-Nutzung verlegen, verlangt nicht einfach nur Apps für die bekannten Formen und Formate, sondern neue Konzepte für Online-Medien.

Dabei hat sich der Online-Journalismus als Kristallisationspunkt der aktuellen Journalismusausbildung herausgestellt: Er verlangt journalistische Kenntnisse und Fähigkeiten in allen Medien und technisches Verständnis für alles, was Hard- und Software leisten können. Veränderungen passieren in diesen Bereich ebenso rasant wie in verwandten Themenkreisen des Online-Rechts oder der Social-Media-Anwendungen. Deshalb sei bereits hier für aktuelle Ergänzungen auf die Website zum Buch www.onlinejournalismus.org verwiesen.

Diese völlig neu bearbeitete 5. Neuauflage stellt das mobile Arbeiten insbesondere bei der Konzeption in den Vordergrund. Auf mehreren Kanälen jeweils medienspezifisch mehrmodal zu arbeiten behandeln ausführlich die beiden Kapitel zu Darstellungsformen und partizipativen Formen und Formaten.

Die Beschreibung der Tätigkeiten und Anforderungen an den Online-Journalist/innen wurden an die aktuellen Anforderungen angepasst. Ohne das klassische journalistische Handwerk geht es nicht. Der wesentliche Unterschied gegenüber den traditionellen Medien ist, dass im Online-Journalismus die Aktivität der Nutzer einbezogen, also Interaktives konzipiert und die Nutzerkommunikation organisiert und moderiert werden. Bereits in der ersten Auflage dieses Handbuchs ausführlich beschrieben wurden die Weblogs, wie insgesamt die partizipativen Formen und Formate, die in früheren Auflagen noch „kommunikative Formen" hießen.

Wer im Online-Journalismus arbeiten will, darf keine Berührungsängste haben, weder Menschen noch Computern gegenüber. Wir beachten bei der Recherche die gebotene Sorgfaltspflicht, integrieren Publikum und Kooperationen, organisieren, schreiben schnell und sprachlich sicher, redigieren und bearbeiten Text, Bild, Ton und Film, kommen mit der Technik klar, denken ökonomisch und verstehen, unter Zeitdruck effektiv zu arbeiten. Dabei sind wir den Grundsätzen des Pressekodex (siehe www.presserat.info) verpflichtet, gewandt im persönlichen Gespräch, am Telefon und selbstverständlich in der Online-Kommunikation.

Wer sich von diesem Tätigkeitsprofil angesprochen fühlt, findet im vorliegenden Handbuch das Praxiswissen, das er oder sie für den Beruf braucht. Allen, die bereits im Online-Journalismus tätig sind, liefert es Anregungen für die tägliche Arbeit und für die Ausbildung.

Vieles, was im Buch zwangsläufig linear beschrieben wird, lässt sich nur online anschaulich machen. Deshalb und weil sich das Medium nach wie vor schnell verändert, gibt es die Site zum Buch. Sie entstand aus den Lehrgängen an der Journalistenakademie in München sowie meinen Lehrveranstaltungen an der HTWK Leipzig. Online lässt sich das Setzen von Links oder das Konzipieren von Hypertext oder Communitys besser demonstrieren als in einem gedruckten Lehrbuch. Mehrmediales journalistisches Arbeiten wird ohnehin nur online deutlich; Online-Ergänzungen sorgen für Aktualität: www.onlinejournalismus.org.

Auf Hard- und Software bezogene Kenntnisse und Fähigkeiten sind für Online-Journalist/innen unumgänglich. Trotzdem werden sie in diesem Buch ebenso wenig behandelt wie das notwendige kaufmännische Wissen. Beides ist in zahlreichen Fachbüchern nachzulesen; im Buch gibt es Angaben zu Literatur und Links. Worum es in diesem Buch ebenfalls nicht geht, ist das Online-Recherchieren. Recherche, online wie offline, brauchen alle Journalist/innen, ganz gleich, für welches Medium sie arbeiten, und die Online-Recherche steht heute als selbstverständlicher Bestandteil in Recherche-Lehrbüchern wie beispielsweise „Recherchieren" von Markus Kaiser, 2015 in der Reihe „Journalistische Praxis" erschienen.

Mein Dank für Gesprächsbereitschaft, Ideen und aktuelle Anregungen geht an Martin Goldmann, Sebastian Gomon, Prof. Dr. Heinrich Hussmann, Prof. Markus Kaiser, Prof. Dr. Uwe Kulisch, Prof. Dr. Marc Liesching, Prof. Dr. Klaus Meier, Prof. Dr. Christoph Neuberger, Prof. Dr. Ulrich Nikolaus, Bernd Oswald, Peter Welchering, an Sarah Just, Theresa Möckel, Kristina Mohr, Ruben Voss und weitere Studierende und Absolvent/innen der HTWK Leipzig, an die Teilnehmerinnen und Teilnehmer der Online-Journalismus-Lehrgänge für ihre Ideen und die Umsetzung von www.onlinejournalismus.org, insbesondere an die Lehrgänge OC-19 und PC-19, an Bettina Pelzer für Unterstützung beim Aufbau der Site für die fünfte Auflage und an Peter Lokk für das Begleiten des Buchs durch alle Phasen des Entstehungsprozesses. Besonderer Dank an Barbara Emig-Roller, Cheflektorin Medien bei Springer VS, und Monika Mülhausen für das Projektmanagement!

München Gabriele Hooffacker
im Januar 2020
gabriele@hooffacker.de

Inhaltsverzeichnis

1	**Der Beruf: Tätigkeiten und Arbeitsfelder**...............	1
	1.1 Tätigkeiten...	2
	1.2 Arbeitsfelder...	11
	1.3 Mitarbeiter- und Redaktionsorganisation.............	16
	Weiterführende Literatur......................................	22
2	**Das Medium**..	23
	2.1 Was ist Online-Journalismus?.........................	24
	2.2 Begriffe, Formen und Formate.........................	27
	2.3 Workflow und Content-Management.....................	35
3	**Die Online-Nutzer**..	45
	3.1 Nutzerforschung und Marktanalysen...................	46
	3.2 Mit Suchmaschinen gefunden werden...................	49
	Weiterführende Literatur......................................	56
4	**Hypertext und Storyboard**................................	57
	4.1 Wie schreibt man Hypertext?..........................	58
	4.2 Links strukturieren den Lesefluss...................	69
	4.3 Navigation für mobile Touch- und Voice-Steuerung...	76
	4.4 Storyboard für die Navigation........................	77
	4.5 Usability und UX......................................	87
	4.6 Site und Homepage planen.............................	88
	Weiterführende Literatur......................................	93
5	**Darstellungsformen und mehrmodale Formate**...........	95
	5.1 Mediengerecht konzipieren............................	96
	5.2 Informieren: Nachricht, Slideshow, Interview, Podcast........	108

5.3 Erzählformate: Onepager, Newsgame, Webreportage, Webdoku 119
5.4 Analysieren: Kommentar, Kritik, Glosse, Cartoon 124
5.5 Service bieten, konversionsorientiert schreiben: FAQ, Chatbot, Newsletter....................... 133
Weiterführende Literatur.. 142

6 Partizipative Formen und Formate.......................... 145
6.1 Onlinetypisch: Partizipation und Kollaboration................ 145
6.2 Social-Media-Plattformen 150
6.3 Individualkommunikation online........................... 158
6.4 Die Ahnen: Blogs, Microblogging, Foren 161
6.5 Community-Building...................................... 168
Weiterführende Literatur.. 174

7 Das Recht... 175
7.1 Grundlagen und Verantwortlichkeit........................ 176
7.2 Urheberrecht 181
7.3 Persönlichkeits- und Bildnisrecht 186
7.4 Datenschutz 187
Weiterführende Literatur.. 190

8 Die Aus- und Weiterbildung................................. 191
8.1 Hochschulen... 192
8.2 Journalistenschulen und Volontariate....................... 194
8.3 Berufliche Weiterbildung, berufsbegleitende und Fernlehrgänge 195
8.4 Kurzkurse... 197
8.5 Netzwerke und Kontaktbörsen............................. 198
Weiterführende Literatur.. 201

Fachbegriffe.. 203

Der Beruf: Tätigkeiten und Arbeitsfelder 1

Zusammenfassung

Was machen Online-Journalist/innen? Einen Beitrag für Internet wie Intranet konzipieren, schreiben, bearbeiten, die Inhalte audiovisuell aufbereiten und präsentieren zu können, setzt Kenntnis des journalistischen Handwerks voraus – oft nicht nur eines Mediums. Dieses Kapitel beschreibt die Tätigkeiten und die notwendigen Fertigkeiten.

Schlüsselwörter

Berufsbild · Online-journalist/in · Online-redaktion · Content-manager · Corporate Media · Content-marketing

Was Online-Journalist/innen in Online-Redaktionen tun, was sie wissen und können müssen, vermittelt dieses Buch. Was die Fachwissenschaft vom Online-Journalismus hält, wie sie ihn diskutiert und einordnet, ist Aufgabe von Publizistik- und Kommunikationswissenschaft. Wo sich die Bereiche gegenseitig ergänzen, wird darauf Bezug genommen.

Dieses Handbuch des praktischen Online-Journalismus geht empirisch vor. Es beschreibt im ersten Kapitel zunächst die *Tätigkeiten* des Online-Journalist/innen. Aus diesen Beobachtungen werden Bausteine zum Berufsbild Online-Journalismus zusammengetragen. Wo Online-Journalist/innen arbeiten, beschreibt der Beitrag *Arbeitsfelder.* Bei all dem wird unter anderem deutlich, was Online-Journalismus *nicht* ist und wo die Trennlinien etwa zur Online-PR verlaufen. Um Fragen der Personalbeschaffung für diese vielfältigen, teilweise

Abb. 1.1 Gabriele Hooffacker, HTWK Leipzig, über Online-Journalismus und seine Besonderheiten (https://www.gelbe-reihe.de/online-journalismus/prof-dr-gabriele-hooffacker-online-journalismus/ oder direkt https://youtu.be/mOvHkK6jWWU)

sehr speziellen Aufgaben und um die Kompetenzen innerhalb der Redaktion geht es bei der *Mitarbeiter- und Redaktionsorganisation.*

Insoweit das Handwerk der Online-PR, also: Wie bekomme ich Traffic auf meine Website? für Online-Redaktionen notwendig ist, wird es im Kapitel „Die Online-Nutzer" beschrieben.

1.1 Tätigkeiten

Die Begriffe rund um das Berufsfeld sind ebenso vielfältig wie schillernd: „Online-Redakteur", „Videoreporter", „Content-Manager" oder auch „Social-Media-Redakteur" sind nur einige Beispiele. Die Bezeichnung „Online-Journalist/in" verstehe ich als Oberbegriff für alle, die für ein Online-Medium, ob Web-Magazin, eine Community, einen Newsletter oder was auch immer, journalistisch tätig sind.

Was machen Online-Journalist/innen? Einen Beitrag für Internet wie Intranet konzipieren, schreiben, bearbeiten, die Inhalte akustisch wie visuell aufbereiten und präsentieren zu können, setzt Kenntnis des journalistischen Handwerks voraus – oft nicht nur eines Mediums: Die crossmedial ausgerichteten

1.1 Tätigkeiten

Newsrooms in den Redaktionen suchen die in mehreren Medien ausgebildeten Online-Journalist/innen, die textsicher sind, keine Scheu vor einem Mikrofon haben, Bildausschnitte wählen, Infografiken gestalten und Videosequenzen schneiden können.[1] Das bedeutet auch: Kenntnisse der entsprechenden Anwender-Software, mit deren Hilfe die mediengerechte Präsentation umgesetzt wird. Dies sind zentrale Aufgaben des Online-Journalist/innen. Nicht gemeint ist das technische Bereitstellen und Warten des Web-Servers oder das Aufsetzen des Content-Management-Systems, Tätigkeiten, die gemeinhin dem Netzwerkadministrator oder dem Webmaster zugeordnet werden. Im Vordergrund beim Online-Journalismus stehen redaktionelle, konzeptionelle und inhaltliche Tätigkeiten – das rechtfertigt den Begriff „Journalismus".

Bei einer erweiterten Aufgabenbeschreibung müssen auch organisatorische und kaufmännische, also Management-Funktionen, berücksichtigt werden.

Der onlinejournalistische Alltag besteht darin, Berge von Agentur-Nachrichten zu sichten und daraus die für die eigene Redaktion relevanten auszuwählen (Nachrichtenredakteur am Newsdesk), die Preisverleihung im Rathaus oder bei einem ortsansässigen Unternehmen zu filmen (Videojournalist), den Beitrag eines Mitarbeiters zu redigieren und zu straffen (Online-Redakteur/in), mit Kooperationspartnern die technischen wie finanziellen Einzelheiten der geplanten Content-Partnerschaft festzuklopfen (Content-Manager), den Mitdiskutanten im Forum per E-Mail einzubeziehen und die Online-Diskussion zu straffen (Online-Moderator/in).

Dass Online-Journalismus nicht nur aus Schreiben und Gestalten besteht, ist typisch für journalistische Tätigkeit insgesamt. Quer durch alle Medien hat sich eine Zweiteilung herausgebildet zwischen den mehr kreativen *Reportern/Autoren (engl. authors)* und den *Redakteuren (engl. editors)*, bei denen bearbeitende und Management-Aufgaben überwiegen. Im Online-Journalismus findet man einerseits das Berufsbild des *Webreporters* (Finden, Recherchieren

---

[1]Das journalistische Handwerk für die einzelnen Medien zu schildern, würde das vorliegende Buch sprengen. Ich verweise auf medienspezifische Handbücher wie Walther von La Roche/Axel Buchholz (Hrsg.), Radio-Journalismus (Journalistische Praxis), www.radio-journalismus.de, Gerhard Schult/Axel Buchholz (Hrsg.), Fernseh-Journalismus (Journalistische Praxis), www.fernseh-journalismus.de und natürlich auf das Grundlagenwerk La Roches Einführung in den praktischen Journalismus, www.praktischer-journalismus.de.

und onlinegerechtes Umsetzen von Themen), andererseits den *Online-Redakteur,* dessen Arbeitsschwerpunkt das Redigieren und Bearbeiten ist.

Als dritte Gruppe ist der Media Producer mit seinem Unternehmen zu sehen, ein journalistischer *IT-Dienstleister,* der alles aus einer Hand bietet: *Konzeption* von Text, Bild, Audio, Video, *Organisation* und *Produktion.*

> **Die Aufgaben im Online-Journalismus** lassen sich in drei große Themenblöcke gruppieren:
>
> - medienspezifische *journalistische Tätigkeiten* wie Recherchieren, Redigieren, Schreiben und Veröffentlichen, onlinetechnisch umgesetzt,
> - *Kommunikation* mit Mitarbeitern, Kunden, Auftraggebern,
> - Aufgaben im redaktionellen *Management.*

Zu den journalistischen Tätigkeiten (erster Themenblock) zählen:

- Content aus verschiedenen Quellen *recherchieren* und *aufnehmen*
- *konzipieren:* multimediales Drehbuch schreiben (Storyboard)
- *präsentieren:* crossmedial und medienspezifisch aufbereiten und gestalten
- *redigieren:* Content bearbeiten und schneiden
- Content *archivieren* und dokumentieren (Content-Management)
- die Kommunikation der User untereinander sowie User/Redaktion (Communitys) *moderieren* und organisieren
- redaktionellen Informationsfluss und Kommunikationsabläufe (Workflow) *organisieren.*

Auch das Gute-Ideen-Haben (Text-Idee, Service-Idee, Idee für die online-gerechte Umsetzung, Überschriften-Idee, Teaser-Idee…) gehört dazu. Hier beginnt der Bereich *Kreatives Schreiben.*

Recherchieren heißt nicht nur, die Online-Recherche und das Auswählen und Auffinden von Informationen aus verschiedenen Quellen, ob per Messenger, Social Media oder als Agenturmeldungen, bewerten und einordnen zu können, sondern vor allem auch in direkten Kontakt mit Menschen zu treten, die Information und Meinung liefern. Die Ergebnisse hält man fest: als schriftliche Notiz, in Ton oder Bild. Alle Rechercheergebnisse gibt der Online-Journalist *unverfälscht* wieder – was nicht heißt, dass er sie nicht bearbeiten, kürzen und redigieren darf.

Ein Storyboard, eine User Journey zu konzipieren setzt nicht nur gute Ideen, sondern auch Sachkenntnis voraus: vom Thema, das man journalistisch aufbereiten möchte einerseits, vom medienspezifischen Handwerk andererseits: Wie strukturiere ich das Thema? Welche Formen und Formate setze ich ein? Wie bekomme ich Spannung und Abwechslung auf die Seiten?

Präsentieren heißt, die Inhalte mediengerecht für das Online-Medium und seine unterschiedlichen Endgeräte aufbereiten: Entscheiden, ob das Interview als Audio, Video oder Text veröffentlicht werden soll, den Text schreiben und auf die verschiedenen Ebenen zu verteilen, den Bildausschnitt wählen und das Bild einpassen, die Audio-Datei bearbeiten, aus dem Video die entscheidende Sequenz auswählen und sie an der passenden Stelle zur Vertiefung des Texts einfügen. In der Auswahl liegt die journalistische Leistung.

Nicht gemeint ist die Präsentation eigener Projekte vor Kooperationspartnern oder dem eigenen Team – das gehört zu den sozialen und Kommunikations-Aufgaben des Online-Journalist/innen.

Redigieren und schneiden: Was schließlich am Bildschirm dargeboten wird, haben Online-Redakteur/innen bearbeitet: noch mal geschnitten, geglättet und gekürzt. Vielleicht verfassen sie eine neue Überschrift oder texten den Teaser und die Einstiegsseite neu. Im Idealfall haben die Autor/innen bereits publizierfähigen Content geliefert. In der Regel ist das abschließende redaktionelle Bearbeiten notwendig, um das Image, den Charakter des jeweiligen Online-Angebots, zu wahren.

Archivieren und dokumentieren: Was die Recherche zutage gefördert hat und was die Redaktion daraus gemacht hat, kann als Basis für weitere Beiträge dienen. Im Hinblick darauf wählt man bei der Ablage aus: Was ist jederzeit neu zu beschaffen und kann gelöscht werden, was sind wertvolle Einzelstücke, die aufzuheben es sich lohnt? Medienarchive bedürfen der Strukturierung, um das Gesuchte rasch auffindbar zu machen. Freie Online-Journalist/innen legen ihr privates Archiv an, Redaktionen sammeln Recherche-Ergebnisse und fertige Beiträge zentral. Die Kunst besteht darin, das Redaktionsarchiv so zu organisieren, dass die Text-, Bild-, Ton- und Videodateien nach Schlagworten und Themen sortiert wieder aufgefunden werden können. Technisch verwenden Online-Redaktionen dazu Redaktionssysteme oder *Content-Management-Systeme*.

Kommunikation moderieren: Auch Kommunikation, der Austausch der User untereinander, ist Content, den der Online-Journalist organisiert. Das Handwerk, das er braucht, ist die Moderationstechnik (vgl. Kapitel „Partizipative Formate"); soziale Fähigkeiten und Fingerspitzengefühl gehören ebenfalls dazu. Erfahrung ist hier unumgänglich; üben kann man die onlinetypische Kommunikation in Social Media und Foren.

Workflow organisieren: Von der Idee bis zur Archivierung hat jede Information ihren *Life Cycle.* Daran sind meist mehrere Menschen beteiligt – das bedarf des Informationsaustauschs und der gezielten Kommunikation. Schlechte Organisation des Informations- und Kommunikationsflusses bedeutet mindestens Reibungsverlust, im schlimmsten Fall Verlust an Information. Projektteams im Online-Journalismus tauschen sich oft online aus und treffen sich nicht so oft persönlich – hier sind besonders genau definierte Informations- und Kommunikationsabläufe notwendig (vgl. Kapitel Workflow und Content-Management).

Die onlinetypischen Formen müssen wir beherrschen, ebenso wie die klassischen journalistischen Darstellungsformen. Das umfasst das Konzipieren der *Interaktion* User/Server ebenso wie die *Kommunikation.* Online-Journalist/innen haben gelernt, Information und Meinung zu trennen, und machen das für ihr Publikum auch transparent. Information pur gibt es für die User in *Meldungen, Nachrichten, Berichten.* Hintergrund vermitteln wir mit *Interviews, Reportagen* oder einem umfangreicheren *Netzdossier,* das Einzelheiten beschreibt und dem User beim Einordnen der Information hilft. Wollen wir unsere Meinung äußern, nennen wir den Beitrag einen *Kommentar* oder eine *Kritik,* manchmal schreiben wir auch eine *Glosse.* Animierte Grafik setzen wir zum Informieren *(Flashfilm)* wie zum Kommentieren *(Online-Cartoon)* ein. Wenn wir Tipps und Ratschläge geben wollen, die auf die Frage „Wie geht das?" *(how to...)* antworten, verfassen wir *Servicebeiträge.* Außerdem organisieren und moderieren wir die User-Kommunikation.

Für Interaktion wie Kommunikation nutzen wir Text, Hypertext sowie Audio- und Video-Elemente, eine Mischung, die *Hypermedia* genannt wird.

Eine Sonderstellung nimmt die Online-Redaktion in der Presse- und Öffentlichkeitsarbeit sowie in Corporate-Media-Angeboten von Unternehmen und Institutionen (Organisationskommunikation) ein: Hier arbeiten wir zwar journalistisch, Ziel ist jedoch die Auftragskommunikation im Dienste unseres Arbeitgebers.

1.1 Tätigkeiten

Eine nicht unwichtige Nebensache ist im Online-Journalismus die medientechnische Bearbeitung der grafischen, akustischen oder filmischen Oberfläche: Je mehr wir davon verstehen, desto besser. Doch haben solche Fähigkeiten für uns eher den Rang einer Hilfswissenschaft: Insbesondere bei Agenturen ist die technische Umsetzung Aufgabe von Mediengestaltern. Deutlich abgrenzen vom Berufsbild Online-Journalist/in lassen sich Ausbildungsberufe wie Webdesigner, Screendesigner, Online-Producer und Mediengestalter/innen. Sie gestalten, was Online-Journalist/innen konzipieren; wir müssen die Schnittstellen der Arbeitsbereiche kennen. *Medieninformatiker/innen* stellen die Werkzeuge bereit, mit denen der Online-Journalist arbeitet, *Medienmanager* kümmern sich um kaufmännische und organisatorische Abläufe. Bei all diesen Berufen sind online-journalistische Kenntnisse von Vorteil, um kreative Kooperation zu ermöglichen.

Müssen Online-Journalist/innen programmieren können? Es schadet nicht. In vielen Bereichen ist die Arbeitsteilung zwischen journalistischer Arbeit und IT jedoch weitgehend vollzogen. In anderen Bereichen werden automatisierte Texterstellung und datenjournalistische Techniken immer wichtiger. Gut, wenn Statistik- und Informatikkenntnisse zu den journalistischen Kompetenzen hinzukommen.

Online-Journalist/innen müssen mit ihrem PC klar kommen und dort insbesondere mit dem Handwerkszeug: dem Redaktionssystem und möglichst auch der Seitenbeschreibungssprache HTML, dem XML-Konzept, dem grafischen HTML-Editor und den Anwenderprogrammen für digitale Bild-, Audio- und Videobearbeitung. Wir sollten unseren Nutzern mindestens eine Nasenlänge voraus sein: bei der Online-Recherche, beim Texten und bei der Videobearbeitung.

Online-Journalismus ist ein hoch kommunikativer Beruf. Die Organisation der Userkommunikation online zählt zu den onlinetypischen journalistischen Aufgaben. Sie reicht vom Bloggen und Twittern über den E-Mail-Kontakt mit den Usern bis zur Konzeption und Moderation von Communitys. Dafür haben wir die Nase im Wind, sind viel unterwegs, online wie offline, und pflegen unsere Kontakte. Wir treffen Kolleg/innen und tauschen uns mit ihnen aus, sprechen mit dem Verkäufer an der Frittenbude, mailen mit dem Experten für Ernährungsfragen, twittern und argumentieren uns durch Diskussionsforen, verfolgen die Nachrichten in den Medien, interessieren uns für Messen, Jahrmärkte, Festivals, kurz: sind neugierig auf Menschen und alles, was sie beschäftigt. Doch damit nicht genug: Online-Journalist/innen repräsentieren, beraten und halten Kontakte mit Kooperationspartnern. Kommunizieren zieht sich durch alle Aufgaben von Online-Journalist/innen:

- bei der Recherche online, mittels Telefon, persönlichem Gespräch
- bei der Kommunikation zur User-Site-Bindung
- bei der öffentlichen Kommunikation auf der eigenen Plattform oder Social-Medie-Plattformen mit Usern und Kollegen
- bei der Kooperation mit Kollegen, Auftraggebern, Kooperationspartnern.

Diese Aufgaben erfordern Menschen, die über soziale Kompetenz verfügen und belastbar, loyal und fair sind – dem Arbeit- oder Auftraggeber, den Kollegen wie den Kunden gegenüber.

Zu den Aufgaben im Redaktionsmanagement, dem dritten Themenblock der erweiterten Definition der Aufgaben, können zählen:

- Marktorientiert und markenbewusst konzipieren
- In digitalen Geschäftsprozessen denken
- Konzepte umsetzen/deren Umsetzung organisieren
- Kooperationspartner finden
- kundenorientiert kommunizieren und beraten
- Projektarbeit in häufig wechselnden Projektteams organisieren.

Kaufmännische Tätigkeiten von Online-Journalist/innen beziehen sich vor allem auf die eigene Redaktion: *Content-Sharing* heißt zum Beispiel, mit dem Anbieter der Horoskop-Datenbank zu verhandeln, *Content Syndication,* sich um die Nutzungsrechte (Lizenzen) für aktuelle Musiktitel zu kümmern. Wer einen Blick in die Redaktion eines beliebigen Stadtmagazins, einer Fachzeitschrift oder eines lokalen Radiosenders wirft, wird dort eine ähnliche Mischung der Funktionen finden: Kundenkontakt auf Messen oder anderen Events ist oft Aufgabe der Redaktion, die Akquise von Kooperationspartnern für Leseraktionen, die Kommunikation mit dem Publikum und die Zusammenarbeit mit Autor/innen sowieso.

Aufbau und Pflege der eigenen Marke – „Spiegel online" wie „Süddeutsche online" sind Markenprodukte – sind ebenfalls zentrale Aufgaben der dort tätigen Online-Journalist/innen.

1.1 Tätigkeiten

Akquise von Werbekunden und Kooperationspartnern ist nicht direkt eine online-journalistische Tätigkeit. In vielen Online-Redaktionen hat sich eine Trennung zwischen Anzeigenabteilung einerseits, Redaktion andererseits heraus differenziert. In anderen Redaktionen vermischen sich die Tätigkeiten – nicht immer zum Vorteil des online-journalistischen Angebots.

Was müssen Online-Journalist/innen gelernt haben? Arbeitgeber schätzen eine solide journalistische Grundbildung hoch ein; technische Kenntnisse und Fähigkeiten werden ebenfalls erwartet.

Der Deutsche Journalist/innenverband hat einen Vorschlag für ein Online-Volontariat erarbeitet (https://www.djv.de/fileadmin/user_upload/ Infos_PDFs/Tarife_und_Honorare/Entwurf_Tarifvertrag_f%C3%BCr_Online-Volont%C3%A4re.pdf). Wesentliche Punkte: die „Vermittlung der Grundlagen journalistischer Tätigkeit", die „Vermittlung der technischen und inhaltlichen Grundlagen des Internet, insbesondere Computer/EDV", die „Vermittlung des berufsbezogenen Grundlagenwissens, insbesondere Selbstverständnis und Ethik im Journalismus (Pressekodex)" und „Anspruch auf eine Crossmedia-Ausbildung".

Eine Übersicht über Aus- und Weiterbildungsmöglichkeiten bringt das Schlusskapitel dieses Buchs und die zugehörige Online-Ergänzung auf www.onlinejournalismus.org.

Nicht immer nennen Online -Medien in Stellenausschreibungen und Arbeitsverträgen ihre Mitarbeiter „Online-Journalist/innen", obwohl ihre Aufgabenbeschreibung eindeutig ist. Gründe dafür können in der mangelnden Bekanntheit des Berufsbilds liegen, aber auch in Überlegungen zum Entlohnungssystem: Freien Mitarbeitern werden gelegentlich Honorare gezahlt, die unter den Mindest-Zeilenhonoraren für Tageszeitungs-Journalist/innen liegen. Festangestellte Mitarbeiter erhalten manchmal eine Fantasiebezeichnung und ein Gehalt, das bestenfalls als Volontärsentlohnung durchgehen kann. Aber auch übertarifliche Gehälter werden gezahlt – für den Berufsanfänger schier undurchschaubar.

Arbeitsverhältnis. Online-Journalist/innen arbeiten in Festanstellung oder freiberuflich, als „feste Freie" mit Sozialversicherung oder als selbstständige Unternehmer. Das „Berufsbild des Journalist/innen" vom Deutschen Journalistenverband umfasst auch Online-Journalist/innen: Journalistinnen und Journalisten sind fest angestellt oder freiberuflich tätig für Printmedien (Zeitungen, Zeitschriften, Anzeigenblätter oder aktuelle Verlagsproduktionen), Rundfunksender

(Hörfunk und Fernsehen), digitale Medien, soweit sie an publizistischen Ansprüchen orientierte Angebote und Dienstleistungen schaffen, Nachrichtenagenturen, Pressedienste, Presse- und Öffentlichkeitsarbeit in Wirtschaft, Verwaltung und Organisationen sowie in der medienbezogenen Bildungsarbeit und Beratung." (www.djv.de/fileadmin/user_upload/Der_DJV/DJV_Infobrosch%C3%BCren/DJV_Wissen_4_Berufsbild_Journalist_Torstr_JVBB.pdf, abgerufen 27. Dezember 2019).

Einkommen. Von 12 € pauschal für einen kommentierten Link bis hin zu eindrucksvollen Gehältern und Honoraren der jeweiligen Branche reicht die Bandbreite der Verdienstmöglichkeiten. Wer bei einem klassischen Medium arbeitet, kann sich an den Tarifverträgen für Redakteure von Tageszeitungen oder von Zeitschriften orientieren, im Zweifel auch an branchenüblichen Gehältern (z. B. in der IT- oder Versicherungsbranche). In Medienzentren wie München, Köln oder Hamburg wird gelegentlich übertariflich gezahlt.

Als Richtschnur für Freiberufler/innen können die Honorarempfehlungen der Verbände DJV und dju/verdi gelten, aber auch Umfragen, wie sie selbststaendigen.info von Verdi veröffentlicht (https://selbststaendigen.info/honorar-suche/).

Den Beruf vorwiegend von zu Hause aus erledigen zu können, wünschen sich viele Menschen, um Beruf und Familie besser in Einklang zu bringen. Wer das im Online-Journalismus auf Anhieb erwartet, wird möglicherweise enttäuscht werden: Natürlich findet viel Arbeit an PC oder mobilem Gerät statt. Es gibt virtuelle Redaktionen, die sich vorwiegend online absprechen und nur gelegentlich tatsächlich treffen. Aber zu Hause findet man weder Themen noch Auftraggeber. Auch redaktionelle Arbeit erfordert oft Anwesenheit vor Ort. Öfter findet man Redaktionen, die sich in einer Mischung aus Präsenz in der Redaktion und einem oder zwei Tagen im Home-Office organisieren. Selbst dann wird ein großer Teil der Arbeit – und darunter ist dann vor allem Planung, Projektkonzeption, Kontaktpflege und Präsentation zu verstehen – außer Haus stattfinden. Flexibilität ist also angesagt.

Multitalente haben die besten Chancen: Wer nicht nur auftragshalber recherchiert, sondern eigenständig Beiträge entwickelt, nicht nur gute Ideen hat, sondern die Kontakte selbst herstellen und in tragfähige Projekte ummünzen kann, nicht nur gut schreibt, sondern seine Konzepte auch umsetzen kann, wird sich in diesem Beruf wohl fühlen.

Dieses Handbuch beschränkt sich auf die zentralen Aufgaben im Online-Journalismus und beschreibt sie in den folgenden Kapiteln. Der Schwerpunkt liegt dabei auf dem praktischen Tun: Wie schreibt man einen Teaser? Wie baut man eine Community auf? Redaktionelles Management, kaufmännisches, speziell Marketing-Wissen kann man studieren oder sich darin weiterbilden, außerdem gibt es ausgezeichnete Lehrbücher. Soziale Kompetenz erwirbt man ebenfalls in der Praxis, darüber hinaus ist sie in speziellen Seminaren und mit Hilfe von ausgebildeten Coaches trainierbar. Ihr technisches Wissen sollten Online-Journalist/innen ständig selbst aktualisieren.

1.2   Arbeitsfelder

Wo arbeiten Online-Journalist/innen? Die Arbeitsfelder lassen sich in fünf Bereiche gliedern:

1. die klassischen Medien mit ihren Online-Auftritten.
2. reine Online-Medien: Online-Zeitungen, Web-Magazine, Portale.
3. Presse- und Öffentlichkeitsarbeit online.
4. Mischformen von Werbung und Journalismus.
5. Intranet-Redaktionen.

1. **Klassische Medien mit ihren Online-Auftritten** haben das Bild des Online-Journalismus geprägt – ähnlich, wie die ersten Radio-Journalist/innen von der Presse kamen und später die ersten Fernseh-Journalist/innen vom Hörfunk. Dabei sind bi- und trimediale Angebote – Presse plus Online, TV und Hörfunk plus Online – ebenso verbreitet wie tri- oder mehrmediale Konzepte. Crossmedial arbeitende Redaktionen, die für die Online-Präsenz des Muttermediums sorgen, es ergänzen und mehrmedial erweitern, sind bei Verlagen ebenso wie bei Hörfunk- und Fernsehsendern Standard. Sie konzipieren multimedial: Die Redakteurin der Lokalzeitung entscheidet, welcher Text als Online-News vorab veröffentlicht wird, ob das Interview mit dem Sänger, der auf Tournee in den Ort kommt, als Audio- oder Video aufgezeichnet wird oder ob es in der Printausgabe als Text verschriftlicht wird, oder beides. Ein TV-Beitrag umfasst nicht nur das Fernseh-Treatment, sondern auch die

Abb. 1.2 Martin Wagner, Bayerischer Rundfunk, über Trimedialität bei öffentlich-rechtlichen Medien (https://www.gelbe-reihe.de/online-journalismus/martin-wagner/ oder direkt https://youtu.be/RVjGs69THjo)

Entwicklung der multimedialen Animationen und zumindest einen Textbeitrag für die Online-Seiten zur Sendung. (Abb. 1.2)
2. **Als reine Online-Medien mit crossmedialen Inhalten** treten Online-Zeitungen oder Web-Magazine auf. „funk", das öffentlich-rechtliche Angebot für junge Leute, gehört dazu, ebenso „Telepolis", ein Magazin rund um Netzpolitik, Gesellschaft und Kultur. Vom Aufbau her orientieren sie sich an online-spezifischen Formaten wie Blogs oder Communitys und verbinden sie mit den Aktionsmöglichkeiten der Social-Media-Plattformen. Hier finden sich viele Elemente wie Abstimmen, Bewerten, Teilen, partizipative Formen wie Chats und Foren, Online-Tagebücher, Zusatz-Services wie Web-Mail oder Vernetzung mit anderen Nutzern.
3. **Presse- und Öffentlichkeitsarbeit online** nennen wir analog zur klassischen Presse- und Öffentlichkeitsarbeit die Formen von Auftragskommunikation, die Kommunen, Institutionen, Verbände, Unternehmen im Online-Bereich veranstalten mit dem Ziel, Inhalte an verschiedene Zielgruppen (Interessenten, Bürgern, Kunden, Mitgliedern, Journalist/innen usw.) zu kommunizieren und das eigene Ansehen (Image) in den Medien und der Öffentlichkeit zu pflegen. Dabei nimmt die Pressearbeit online (media relations) eine Sonderstellung

analog zur klassischen Pressearbeit ein: Sie vermittelt Text, Bild, Audio- und Video-Elemente („digitale Pressemappe") an Journalist/innen als Zielgruppe. Das Schlagwort lautet *Corporate-Media*.
Journalistik-Puristen wie Fachwissenschaftler haben unterschiedliche Positionen zur Frage bezogen, ob Corporate Media Journalismus sei oder nicht. Wer nach den Tätigkeiten in Online-Redaktionen von Kommunen oder Unternehmen insbesondere bei Corporate Media, den organisationseigenen Medien, fragt, für den lässt sich die Frage pragmatisch mit „Ja" beantworten. Denn anders als in der Werbebranche stehen auch hier Information, Vermitteln von Meinung und Service für die Nutzer im Vordergrund. Dieses Lehrbuch geht davon aus, dass das journalistische Handwerk in beiden Bereichen von den Methoden her dasselbe ist. Dabei folgt Organisationskommunikation anderen Zielvorgaben folgt als die journalistische Arbeit in einer Redaktion: der strategischen Kommunikation.

4. **Mischformen von Werbung und Journalismus,** gekennzeichnet durch das Schlagwort *Content-Marketing,* sind wohl der am meisten umstrittene Grenzbereich des Online-Journalismus. Hier gibt es Online-Geschäftsmodelle, die umrahmt sind von einem redaktionellen Angebot, hier finden sich Medienunternehmen wie zum Beispiel der Online-Buchhändler Amazon, der gleichzeitig Produkte verkauft und Öffentlichkeitsarbeit in eigener Sache macht. **Content-Marketing** – der Begriff beschreibt diesen Zwitter ganz gut. Steht der Content im Vordergrund oder doch eher das Marketing? Nicht immer ist die Entscheidung einfach und eindeutig. Was tun mit dem Apotheker-Informationsservice des Pharmakonzerns mit seinen medizinischen Nachrichten, dem täglich aktualisierten Weblog mit juristischen Tipps der Anwaltskanzlei oder dem Leserservice des Antiquariats mit aktuellen Buch-Informationen? Solche Mischformen werden als viertes mögliches Arbeitsfeld von Online-Journalist/innen aufgenommen.
Unterscheiden lässt sich das am besten anhand der Online-Produkte selbst: Communitys wie amazon.de oder die beliebten Reise- und Hotelbewertungs-Communitys (teilweise mit intransparent usergeneriertem Content) können eine eigenständige Qualität haben. Handelt es sich vorwiegend um die Verkaufsförderung von Produkten, erkennbar an Werbe-Sprache bei Teasern, Texten und Werbespots, kann man nicht von Online-Journalismus reden – ein virtueller Produktkatalog fällt unter *Werbung*.

5. **Intranet- und Extranet-Redaktionen** entstanden in Verwaltung und Unternehmen und gehören zur Öffentlichkeitsarbeit der jeweiligen Organisation ihren Mitarbeitern und Kooperationspartnern gegenüber. Sie dienen zunächst der internen Unternehmenskommunikation und dem dortigen

Wissensmanagement. Auf einer zweiten Ebene werden über Extranets Informationen Kooperations- und Vertriebspartnern zugänglich gemacht. Manchmal schließt sich als dritte Ebene direkt der Internet-Auftritt der entsprechenden Institution oder Firma an. Die hier Tätigen sind nur zum Teil hauptberuflich als Journalist/innen tätig; oft werden sie jedoch unternehmensintern „Redakteure" genannt. Sie sind meist hoch qualifizierte Fachleute. Ihr Hauptaufgabengebiet liegt in der Beratung, im Service, im Vertrieb; ihr Job ist die Organisation der Kommunikation mit den eigenen Mitarbeitern, mit Partnern oder Kunden. Mitarbeiter- oder Mitgliederzeitschriften können ebenso wie Business-TV als eine Art von Vorläufer der Intranet-und Extranet-Redaktionen angesehen werden, die Hauspost und die Telefonanlage als ein anderer.

Eine Dreigliederung der im Online-Journalismus Tätigen nehmen Maja Malik und Armin Scholl vor.[2] Sie unterscheiden.

- eine *Kerngruppe hauptberuflicher InternetJournalist/innen,* die mehr als die Hälfte ihres Einkommens aus journalistischer Arbeit beziehen und ihre gesamte Tätigkeit in Internet-Angebote investieren,
- einen *inneren Rand* wie oben, die jedoch nur einen Teil ihrer Arbeitszeit im Internet-Journalismus tätig sind, sowie
- einen *äußeren Rand* nebenberuflicher InternetJournalist/innen, die dementsprechend weniger als die Hälfte ihres Einkommens aus journalistischer Tätigkeit beziehen und auch weniger als die Hälfte ihrer Arbeitszeit, jedoch mindestens zehn Prozent für Internet-Angebote tätig sind.

Die aktuelle Worlds-of-Journalism-Studie für Deutschland schließt sich der Definition der Vorgängerstudie[3] an, schon, um Vergleichbarkeit herzustellen. Auch nach ihr gilt grundsätzlich: „Wer nur sporadisch Beiträge für

---

[2]Maja Malik, Armin Scholl, Eine besondere Spezies. Strukturen und Merkmale des Internet-Journalismus. In: Christoph Neuberger, Christian Nuernbergk, Melanie Rischke (Hrsg.): Journalismus im Internet: Profession – Partizipation – Technisierung (Wiesbaden: VS-Verlag 2009, S. 169–195, hier: S. 171 ff.)

[3]Siegfried Weischenberg (Hrsg.): Die Souffleure der Mediengesellschaft. Report über die Journalisten in Deutschland (UVK, Konstanz 2006)

1.2 Arbeitsfelder

Medienangebote liefert oder sich überwiegend aus verwandten Kommunikationsbereichen finanziert (wie aus PR oder Werbung), gilt ebenso wenig als professioneller Journalist wie Personen, die als Amateur- oder Hobby-Journalist/innen tätig sind (z. B. als Blogger).[4] Ganz anders definiert die Agentur für Arbeit in ihren Statistiken: Danach üben mehr als 220.000 Menschen eine Tätigkeit in Redaktion und Journalismus, Verlags- und Medienwirtschaft oder in der Öffentlichkeitsarbeit aus, Tendenz steigend.[5] Davon werden 158.000 oder 72 % zu den Bereichen Redaktion und Journalismus gerechnet.

Wie viele Online-Journalist/innen gibt es nun im deutschsprachigen Raum? Da weder die Arbeitsagentur noch die genannten Studien nach Mediensparten differenzieren, lässt sich das nicht so einfach sagen. Fest steht lediglich, dass die ständig steigende Gesamtzahl der journalistisch Tätigen auf den wachsenden Bereich des Online-Journalismus zurückgeht. Bei einer Auswertung von Stellenangeboten überwogen diejenigen für Online-Journalist/innen diejenigen für klassische Journalist/innen bei weitem. Man darf davon ausgehen, dass die Mehrheit der 158.000 journalistisch Tätigen teilweise oder ganz in onlinejournalistischen Tätigkeitsfeldern arbeitet.[6]

Abgrenzung: Nicht zahlenmäßig zu erfassen sind diejenigen Online-Redakteure, die in Unternehmen oder Institutionen im Rahmen ihrer hauptberuflichen Tätigkeit Texte für Internet und Intranet beisteuern. Auch bei ihnen nimmt der Anteil des Schreibens für Online-Medien zu. Sie werden in den Statistiken der Agentur für Arbeit völlig zu Recht bei ihrem Hauptberuf gelistet.

Ehrenamtlich Publizierende sind ebenfalls nicht zu den im Online-Journalismus beruflich Tätigen zu zählen. Der gesamte Bereich des Laien- oder Citizen-Journalismus online ist von den Innovationen, die von ihm ausgehen, sowie von der gesellschaftlichen Gesamtwirkung nicht hoch genug

---

[4]Nina Steindl, Corinna Lauerer, Thomas Hanitzsch, Journalismus in Deutschland. Aktuelle Befunde zu Kontinuität und Wandel im deutschen Journalismus. (Publizistik 2017, 62: S. 401–423).

[5]Blickpunkt Arbeitsmarkt, April 2019: Akademikerinnen und Akademiker. https://statistik.arbeitsagentur.de/Statischer-Content/Arbeitsmarktberichte/Berufe/generische-Publikationen/Broschuere-Akademiker.pdf

[6]Gabriele Hooffacker, Peter Lokk, Online-Journalisten – wer, wie, was, und wenn ja, wie viele? In: Gabriele Hooffacker, Cornelia Wolf (Hg.), Technische Innovationen – Medieninnovationen? (Wiesbaden: Springer VS, 2016, S. 34–46).

einzuschätzen. Wenn es um Berufstätigkeit, also bezahlte Tätigkeit geht, kann er nicht berücksichtigt werden.

Bei Intranet-Redakteuren gibt es vom Handwerk her zahlreiche Überschneidungen mit onlinejournalistischen Tätigkeiten: von der Informationsbeschaffung über ihre Strukturierung (Content-Management) bis hin zur mediengerechten Aufbereitung. Auch die technische Basis (Content-Management-Systeme, partizipative und Community-Elemente, Arbeitsabläufe vom Redaktionssystem bestimmt) ist identisch mit derjenigen etwa in einer „puren" Online-Redaktion. Deshalb wurden die Intranet- und Extranet-Redaktionen als Arbeitsfeld aufgenommen; dieses Handbuch richtet sich ausdrücklich auch an sie.

1.3 Mitarbeiter- und Redaktionsorganisation

Das Berufsbild des Online-Journalist/innen samt Arbeitsfeldern, Aufgaben und Verdienstmöglichkeiten haben wir beschrieben. So vielseitig ausgebildete Online-Journalist/innen – wie und wo findet man die? Journalistenschulen sind die erste Wahl bei der Mitarbeitersuche, Universitäten und Hochschulen stehen inzwischen fast gleichberechtigt neben ihnen: Ihre Ausbildung ist praxisnäher geworden als das noch vor zwanzig Jahren der Fall war. Zu vielen Studiengängen, Aus- und Weiterbildungen gehören Betriebspraktika: für beide Seiten eine gute Möglichkeit des gegenseitigen Kennenlernens. Die Adressen solcher Aus- und Weiterbildungseinrichtungen finden Sie im Kapitel „Die Aus- und Weiterbildung".

Welches Arbeitsverhältnis ein Medienunternehmen wählt, hängt von allerhand kaufmännischen Überlegungen und nicht zuletzt der Philosophie des Unternehmens ab. Von den redaktionellen Arbeitsabläufen her ist zu klären: Welche Arbeiten müssen von regelmäßig anwesenden Redakteuren organisiert werden, welche können per Outsourcing an externe Mitarbeiter ausgelagert werden?

Redakteure und Autoren/Reporter lassen das Online-Produkt entstehen. (Zum Bereich Marketing und anderen nicht primär journalistischen Aufgaben konsultieren Sie bitte entsprechende Websites und Fachliteratur). Ob der Chefredakteur eher kreativer Journalist oder Top-Manager sein muss, diese Streitfrage lässt sich nicht endgültig beantworten – vermutlich beides.

1.3 Mitarbeiter- und Redaktionsorganisation

Ohne feste Redakteurinnen und Redakteure kommt keine vernünftige Redaktionsarbeit zustande. Diese Erfahrung musste noch jedes Medium machen, bedeutet Journalismus doch, dass regelmäßig geplant, organisiert und publiziert wird. Wie diese feste Zusammenarbeit arbeitsrechtlich organisiert wird – in Form einer Festanstellung oder als vertraglich geregelte freiberufliche, selbstverantwortliche unternehmerische Tätigkeit – bleibt den Beteiligten, vor allem dem Arbeitgeber, überlassen.

Der feste Mitarbeiter ist in die regelmäßigen Arbeitsabläufe eingebunden; er verfügt über einen festen Arbeitsplatz in der Redaktion. Nichts spricht dagegen, dass er einen Teil seiner Tätigkeit von zu Hause aus erledigt – den größeren Teil der Woche jedoch wird er in der Redaktion verbringen. Dazu ist seine Einbindung in Teamaufgaben – Planen der Gesamtsite, Besprechungen zwischen verschiedenen Bereichen, Koordination der freien Mitarbeiter – zu groß.

Der freie Mitarbeiter, die freie Mitarbeiterin sind mit ihren Ideen, Kontakten und ihrer Freude am Recherchieren und Schreiben sowie an pfiffigen technischen Lösungen ein wichtiger Content-Lieferant. Sie findet man durch gezielte Suche in Karriereportalen wie LinkedIn oder Xing, in Journalist/innen-Netzwerken (gute Referenzen sind das A und O), durch eigene Online-Ausschreibungen (hier stellt sich das Problem der richtigen Auswahlkriterien) und nicht zuletzt beim Studieren von Konkurrenz-Produkten.

Manchmal werden aus festen Mitarbeitern freie, weil sich ihre Lebenssituation verändert hat, möglich ist auch der umgekehrte Fall.

Die Redaktionsorganisation ist im Wandel begriffen. Die klassische Redaktion mit ihrer Einteilung in Ressorts, etwa Politik – Lokales – Wirtschaft – Feuilleton – Sport, wurde flächendeckend abgelöst durch einen integrierten Newsroom, in dem die Redakteure themenorientiert zusammenarbeiten. Diese Verschiebungen hat Klaus Meier in seiner Dissertation dargestellt.[7] Sein Fazit: Im Extremfall wurden die klassischen Ressorts ganz aufgelöst; Projektteams arbeiten themenorientiert zusammen. Allmählich ist wieder eine Ausdifferenzierung der Aufgaben zu beobachten: Professionelle Videoteams unterstützen die Online-Redakteure, externe Experten steuern ihre Fachkenntnis bei.

---

[7] Klaus Meier, Ressort, Sparte, Team. Wahrnehmungsstrukturen und Redaktionsorganisation im Zeitungsjournalismus (UVK, Konstanz 2002)

Einen Verantwortlichen benennen. Das Wörtchen „Team" lässt sich auflösen als: „Toll: Ein anderer macht's". So schön Teamarbeit ist: Es muss eine Person geben, die die Schlussverantwortung trägt. Der „Redakteur vom Dienst" (RvD) oder „Chef vom Dienst" (CvD) sorgt fürs Einhalten des Zeitplans und des Gesamtkonzepts. Eine Möglichkeit: Alles, was online publiziert wird, muss von ihm freigegeben werden. Zu viele Kontrollinstanzen hingegen machen die Online-Publikation nicht besser – nur weniger aktuell.

Für das Intranet ist eine solche Instanz nur bedingt notwendig. Hier sollte jeder innerhalb seiner Kompetenzen und seiner Stellung in der Hierarchie veröffentlichen und freigeben dürfen. Dass man sich Texte von einem Kollegen gegenlesen lässt, bevor man sie publiziert, ist unabhängig davon zu empfehlen (Vier-Augen-Prinzip).

Team- und Projektmanagement. Die Tätigkeit der Online-Journalist/innen besteht unter anderem darin, Content zu planen, zu organisieren und zu gestalten, geeignete Organisationsstrukturen zu entwickeln, Reibungsverluste zu vermeiden, optimale Kommunikationsmöglichkeiten einzusetzen, mit vorhandenen strukturierten Daten zu arbeiten und Kooperations-Konzepte zu entwickeln.

Eigene Volontäre, Trainees, Hospitanten oder Praktikanten kann das Unternehmen auf die hauseigene Arbeitsweise prägen. Wer hier investiert, erfahrene Mitarbeiter zur Betreuung einsetzt und die Ausbildung der jungen Kollegen ernst nimmt, hat die Chance, längerfristig auf gut ausgebildete feste oder freie Mitarbeiter zurückgreifen zu können. Selbst wenn der gut ausgebildete Volontär dann zu einem anderen Unternehmen wechselt: Kontakt halten lohnt sich. Vielleicht arbeitet man später wieder zusammen – mit Gewinn für beide Seiten.

IT-Wissen brauchen Online-Journalist/innen mehr als Presse-, Radio- oder Fernseh-Journalist/innen, weil sie es nicht nur beim Texten bzw. Produzieren, sondern auch im Publikationsprozess einsetzen müssen: Per Redaktionssystem pflegen sie Dateien ein oder hacken noch schnell eine aktuelle Meldung in den PC, die sie sofort veröffentlichen. Damit hat es sich aber in vielen Online-Redaktionen dann schon erledigt mit der Technik: Das Grunddesign der Website hat ein Grafiker-Team geschaffen, die Datenbank hat ein Spezialist programmiert und für den Medieneinsatz gibt es Mediengestalter, die sich um Audio- und Video-Elemente kümmern. Der tägliche Arbeitsablauf oder Workflow wird im Wesentlichen vom Redaktionssystem (auch: Content-Management-System, kurz CMS) bestimmt.

1.3 Mitarbeiter- und Redaktionsorganisation

Technische Minimalanforderungen an Online-Journalist/innen

1. solide Grundkenntnisse an Desktop-PC und mobilem Endgerät jedweden Betriebssystems,
2. sicheres Anwenderwissen über das verwendete Redaktionssystem und die Kommunikationssoftware,
3. Anwenderwissen in digitaler Bildbearbeitung sowie in Audio- und Videoschnitt-Programmen,
4. intensives Anwenderwissen über die Funktionsweise des Web und gängige online verfügbare Tools,
5. Kenntnisse aktueller Erhebungen zum Nutzerverhalten und der Suchmaschinen-Optimierung.

Sicherheit im Umgang mit Dateien, Ordnerstrukturen, Netzwerken und mehreren Servern fällt unter den ersten Punkt: Auf welchem Server liegen interne Daten (Produktionsserver), auf welchem werden sie veröffentlicht (Publikations- oder Live-Server)? Online-Journalist/innen müssen mit verschiedenen Datei-Formaten und deren Besonderheiten zurecht kommen. Und sie wissen natürlich, dass das Word-Dokument, das sie gerade verfasst haben, so nicht ins Internet kommt – bzw. verstehen, warum das Redaktionssystem überhaupt nötig ist.

Schnell in das jeweilige Redaktionssystem eingearbeitet hat sich dann zweitens, wer über solide PC-Kenntnisse verfügt, – vorausgesetzt, es gibt eine ordentliche Schulung für den neuen Mitarbeiter. Ein Online-Journalist, der offensichtlich mit seiner Software zu kämpfen hat (wobei das Programm den Kampf gewinnt), macht keinen kompetenten Eindruck auf die Nutzer, wenn sie feststellen, dass das Foto fehlt oder die Links nicht funktionieren. Entsprechendes Anwender-Wissen lässt sich schnell erarbeiten – das sollte man auch tun.

Welches Programm soll man lernen? Hier gilt die Faustregel: Wer einen Vertreter einer Softwaregattung beherrscht, ist in der Regel in der Lage, sich per Selbststudium in ein weiteres Produkt derselben Gattung einzuarbeiten. Konkret: Wer das Bildbearbeitungsprogramm Fotoshop einsetzen kann, arbeitet sich auch rasch in das Produkt Gimp ein; wer die Videoschnitt-Software Premiere kennt, findet sich nach einer Einweisung auch in Avid oder DaVinci Resolve zurecht.

Digitaler Audio- und Videoschnitt ist (drittens) nur die eine Seite. Hinzu kommen muss eine journalistische Ausbildung, die zumindest Grundelemente von Hörfunk- und Fernsehjournalismus umfasst. Die Redaktionen der Sendeanstalten erwarten aber von ihren Mitarbeitern mehr und mehr, dass sie fertig produzierte Beiträge abliefern – nicht nur im Online-Journalismus.

Deshalb empfiehlt es sich für Online-Journalist/innen, mindestens ein Programm für den digitalen Audio- und eines für den Videoschnitt zu beherrschen.

Als Anwender selbst sehr gut kennen (viertens) müssen Online-Journalist/innen das Medium Internet und die zugehörigen Softwareprodukte wie z. B. gängige Apps am Smartphone, um Nutzerverhalten einschätzen und kompetent für das Medium konzipieren zu können. All das sind Kenntnisse von Anwenderprogrammen, also fertigen Software-Werkzeugen. Zudem müssen sie wissen, wo die Grenzen der ihm zur Verfügung stehenden Werkzeuge liegen. Sie sollten in etwa einschätzen können, wie aufwendig es beispielsweise ist, eine animierte Grafik zu gestalten oder eine interaktive Statistik zu bauen.

Was die Nutzer suchen, müssen Online-Journalist/innen wissen. Kenntnisse der einschlägigen Erhebungen und Studien sind Voraussetzung; mit der Suchmaschinen-Optimierung für Text-, Audio- und Videobeiträge müssen sie sich auskennen. Auch das Beobachten der aktuellen Trends zählt zu ihren Aufgaben.

Redaktionssysteme erlauben die komplette Verwaltung und Aktualisierung eines Intranets oder Web-Auftritts durch eine vielköpfige Redaktion. Damit es kein Durcheinander beim Publizieren gibt, arbeiten Redaktionssysteme mit Zugriffsrechten. Templates enthalten Gestaltungsvorgaben für das Layout. Bei den meisten Redaktionssystemen können sie vordefiniert werden. Ähnlich wie ein Zeitungsredakteur oft direkt ins Layoutprogramm mit seinem definierten Gestaltungsrahmen schreibt, ist der Online-Redakteur durch die Templates vom Layout her bereits festgelegt.

Autorensysteme bieten über das Leistungsspektrum von Redaktionssystemen hinaus multimediale umfangreiche Gestaltungsfunktionen. Ursprünglich als Entwicklungstool für Lern-Systeme auf CD-ROM entwickelt, sind sie gedacht für das Konzipieren und Gestalten komplexer Web- und Intranet-Angebote. Aktuelle Autorensysteme verwalten alle Bestandteile von Text und Bild bis hin zu Ton- und Filmsequenzen.

1.3 Mitarbeiter- und Redaktionsorganisation

Multimediale Software-Werkzeuge sind oft zusätzlich erforderlich, wenn es um Content-Management zwischen zwei verschiedenen Medien geht, beispielsweise den Online-Auftritt einer Tageszeitung oder eines Radio-Senders. In diesem Fall muss sich der Online-Journalist mit der Technik beider Medien so weit auskennen, dass er beispielsweise die Fotos, die er in einem für die Zeitschrift geeigneten Datenformat erhält, fürs Internet aufbereiten kann – oder zumindest weiß, dass das notwendig ist.

Denn die Dateiformate sind medientypisch. An der Schnittstelle Presse/Online beispielsweise fließen die Texte und Bilder vielleicht einerseits ins Layout ein, andererseits müssen sie – auf welchem Weg auch immer – fürs Internet umgesetzt werden. Ähnliche Besonderheiten gibt es an den Schnittstellen Radio/Online und Fernsehen/Online. Online-Videos müssen nicht im HD-Format vorliegen, und nicht jedes Fernseh-Format eignet sich für die Wiedergabe auf dem Handy.

Datenbanken spielen eine wesentliche Rolle im Online-Journalismus. Sie bilden die Basis eines jeden guten Redaktionssystems, sind sie doch die Voraussetzung für systematisches Einpflegen und Archivieren von Beiträgen. Ein gutes Content-Management-System erlaubt das Verschlagworten von Beiträgen (Text, Bild, Ton, Video), unterstützt die Volltext-Suche und übernimmt die Aufbereitung dynamischer Inhalte für den User.

Sinnvolle Schlagwörter zu vergeben, ist keine softwaretechnisch zu lösende Frage, sondern Kernaufgabe der Redakteure. Schließlich ist das Verschlagworten wesentlich für die Suchmaschinen-Optimierung. Bibliothekarisch unterscheidet man zwischen Schlagwort (Oberbegriff) und Stichwort (kommt im Text vor). Schlagwörter gehören zu den Meta-Informationen, Stichworte sind für die Volltext-Suche von Bedeutung. Schlagwörter sind auch für das Auffinden und die Verknüpfung von ähnlichen Inhalten zuständig. Umso wichtiger ist, dass sie nach einheitlichen Kriterien vergeben werden.

Webdesign-Werkzeuge sind Software-Produkte, die der Mediengestalter braucht – der Journalist nicht unbedingt. Was der Online-Journalist beherrschen muss, hängt vom jeweiligen Arbeitsplatz ab und lässt sich deshalb nicht allgemein beantworten. Um die Themen HTML, XML und XHTML kommt derjenige nicht herum, der wissen will, was sich im Hintergrund seines Redaktionssystems abspielt. Aber auch, wer mit einem Redaktionssystem oder einem der Webdesign-Tools arbeitet, sollte verstanden haben, wie HTML funktioniert. Im Notfall ist man dann in der Lage, auch ein paar Änderungen von Hand im Quellcode vorzunehmen.

Dieses Handbuch ist kein Lehrbuch für HTML oder XML und schon gar kein Programmierhandbuch – ich verweise auf einschlägige Werke, insbesondere die Website und die Bücher von Stefan Münz.

Kurse und Seminare für die eigenen Mitarbeiter qualifizieren Online-Journalist/innen in journalistischem Handwerk, technischem Know-how und den Soft Skills, wie soziale Kompetenzen neudeutsch heißen. Die Entscheidung, ob speziell zugeschnittene Inhouse-Schulung oder Teilnahme an externen offenen Seminaren, ob hauseigene Trainer oder externe, treffen oft Redaktionsleiter und Personalabteilung gemeinsam. Ein bewährtes Modell sind Bildungsbudgets in Form von Zeit- und Geldkontingenten, die jedem Mitarbeiter zur Verfügung stehen. – Dass einschneidende organisatorische Veränderungen – die Einführung eines neuen Redaktionssystems, Umstellungen in der Redaktionsorganisation – in Schulungen und Seminaren gut vorbereitet sein müssen, dient der Qualitätssicherung. Eine Übersicht zu Seminaranbietern finden Sie in einschlägigen Fachzeitschriften und Online-Angeboten sowie im Kapitel „Die Aus- und Weiterbildung".

Weiterführende Literatur

1. Deutscher Journalist/innenverband (Hrsg): Berufsbild des Journalist/innen, https://www.djv.de/fileadmin/user_upload/Der_DJV/DJV_Infobrosch%C3%BCren/DJV_Wissen_4_Berufsbild_Journalist_Torstr_JVBB.pdf (jeweils aktuelle Ausgabe)
2. La Roches Einführung in den praktischen Journalismus. Mit genauer Beschreibung aller Ausbildungswege (Journalistische Praxis), jeweils aktuelle Auflage
3. Klaus Meier, Journalistik (UVK, Konstanz, jeweils letzte Ausgabe)

Weiterführende Links

4. www.onlinejournalismus.de

Das Medium 2

> **Zusammenfassung**
>
> Wie unterscheiden sich Online-Medien von den anderen? In welchem Verhältnis steht Online-Journalismus zum Journalismus in Presse, Hörfunk und Fernsehen? Aktive Nutzer erreicht man mit interaktiven Konzepten – davon handelt der erste Beitrag dieses Kapitels. Definitionen der online-journalistischen Formen schließen sich im folgenden Beitrag an. Die ständige Präsenz der Technik verändert und prägt die Abläufe in der Online-Redaktion, den *Workflow*. Von Content-Sharing über intelligente Datenbank-Konzepte bis zum dynamischen Content reichen die Möglichkeiten des *Content-Management*.

> **Schlüsselwörter**
>
> Online-journalismus · Navigation · Hyperlink · Teaser · Mobiler Journalismus · Smartphone Journalismus · Darstellungsformen · Workflow · Contentmanagement · CMS

2.1 Was ist Online-Journalismus?

Für Online-Medien schreiben ist zuallererst: mehr als schreiben. Visuelles Denken ist Voraussetzung, aber auch akustisches und filmisches Planen und Gestalten, vor allem aber das Konzipieren von nichtlinearen Abläufen. Die Wiedergabemedien sind: Bildschirm und Lautsprecher – dem Fernsehjournalismus nicht unähnlich.

Abb. 2.1 Christoph Neuberger, Freie Universität Berlin, über Journalismus im Internet und die Identitätskrise im Journalismus (https://www.gelbe-reihe.de/online-journalismus/prof-dr-christoph-neuberger/oder direkt https://youtu.be/Ul9InZoXCxo)

Text und Bild liefern die Basisinformationen. Über die klassische Mattscheibe hinaus geht die Verknüpfung von Text-, Bild-, Video- und Audio-Elementen.

Für die User schreiben: Der Hauptunterschied von Online- zu allen klassischen Massenmedien liegt jedoch in der Aktivität des Nutzers (User, von engl. to use: gebrauchen, nutzen): Per Touchscreen oder Maus haben User die Befehlsgewalt über das Online-Medium, sie navigieren selbsttätig durch Hypermedia. Vor allem aber kommunizieren sie mit anderen Usern direkt – das konnte ursprünglich keines der anderen Medien bieten.

Das macht das Produzieren fürs Web so aufregend. Online-Journalist/innen müssen sich die User zu ihrem Werk mit dazu denken. Was wollen sie? Wen oder was suchen sie? Wie gehen sie dabei vor? Wie helfe ich am besten dabei, dass sie das findet, was sie brauchen? (Abb. 2.1).

Was ist das Ziel der User auf der Online-Seite, die Sie gestalten? Schnell zum Ziel kommen wollen alle online – schon, um Zeit und Kosten zu sparen. Die Instrumente der Marktforschung helfen dabei herauszufinden, was das konkret für spezielle Angebote bedeutet.

Studien über das Verhalten von Usern im Netz sind fürs Planen erfolgreicher Online-Angebote notwendige Hilfsmittel. Eine Einführung gibt das Kapitel „Die Online-Nutzer".

2.1 Was ist Online-Journalismus?

Aktiv auswählen macht den Reiz beim Nutzen von Online-Angeboten aus. Dazu müssen zuallererst Alternativen sichtbar sein: Jede gute Online-Seite führt zu weiteren. Aber wer die Wahl hat, hat die Qual: Zu viele Möglichkeiten verwirren. Ärger verursacht es auch, wenn sich hinter einem Link nicht das verbirgt, was die Ankündigung vermuten lässt. User möchten vorher in etwa wissen, auf was sie sich einlassen. Und sie möchten auf gar keinen Fall gegen ihren Willen etwas aufgedrängt bekommen, sondern sich bewusst dafür entscheiden.

Medien-Vergleich

Print	Radio	Fernsehen	Online
Leser/in hat die volle Zeithoheit	Hörer/in ist an zeitlichen Ablauf der Sendung gebunden; Abruf zeitversetzt möglich	Zuschauer/in ist an zeitlichen Ablauf der Sendung gebunden, Abruf zeitversetzt möglich	User hat die volle Zeithoheit
Kann: blättern, weg legen	Kann: weg hören, weg schalten, nebenbei etwas anderes tun	Kann: nebenbei etwas anderes tun, zappen	Kann: auswählen, anklicken, etwas eingeben, weg surfen – Nebenbeiaktivitäten individuell möglich
Linearer Text, optische Textelemente und Bilder bieten Leseanreize und helfen beim Zurechtfinden und Verstehen	Akustische Verpackungselemente, stimmliche Signale und Wiederholungen dienen dem raschen Zurechtfinden auch beim Nebenbei-Hören	Optische und akustische Signale, Farben, Wiederholungen, Wechselspiel Standbild/Bewegtbild, gesprochener/eingeblendeter Text vermitteln Information und Gesamtbild	Text-, Ton-, Bild- und Filmelemente werden zu einem Teil eingeblendet, zum größeren Teil hat der Nutzer ihre Abfolge in der Hand. Text-, optische und akustische Signale helfen bei der Navigation
Journalist/in schreibt Text, illustriert mit Fotos und Grafik	Journalist/in spricht und illustriert mit Klangelementen	Journalist/in schreibt Drehbuch, agiert vor und hinter Kamera	Journalist/in schreibt Drehbuch zum „Selberspielen" für den User

Print	Radio	Fernsehen	Online
Rückmeldung per Leserbrief (Anruf, Fax, E-Mail...), der *gedruckt* wird	Hörertelefon, „Wunschsendungen", Gewinnspiele zur Hörerbindung	Anrufe, Zuschauerpost, -faxe und –E-Mails, Rate- und Gewinnspiele, digitale Abstimmungen, Reality-TV	Kommunikation der User untereinander, Echtzeit-Chat mit geladenen Gästen und anderen Usern, WebCams, Live Streams mit User-Aktivität, zeitversetzte Diskussionsforen, Abstimmungen, eigene Beiträge (Text, Ton, Bild...) der User, gemeinsame Spiele und Wettkämpfe ...

Was User nicht wollen, ist vor allem: ohne Orientierung hilflos sein vor einem unüberschaubaren Online-Angebot. Sie wollen *nicht*

lange suchen müssen
in die Irre geführt werden
durch zu viel Information überfüttert und abgelenkt werden („information overload")
in Sackgassen landen
und auf gar keinen Fall: den Überblick verlieren.

Genau das ist aber nicht so einfach. Denn im Gegensatz zum Print-Medium kann der User online nicht blättern, sondern muss „scrollen" oder weiterklicken oder -tippen. Die Ausgangsseite verliert er rasch aus den Augen.

Krücken und Hilfsmittel gibt es viele: Inhaltsverzeichnisse, oft zum Ausklappen, auf der Bildschirmseite, optische und Text-Signale („Sie sind jetzt hier: -->Nachrichten und Medien -->Journalismus'). Site-Maps, alphabetische Indices, je nach Hierarchie-Ebene wechselnde Navigationsbäume sind weitere hilfreiche Werkzeuge.:
Am besten ist das Online-Angebot, das auch ohne all dies übersichtlich ist. Dann können solche Navigationshilfen hinzu kommen – sie werden gern angenommen.

Auf den Bildschirm (Screen) kommt es an: Was für User auf dem ersten Screen sichtbar wird, den sie aufrufen, gibt den Ausschlag. Die Schlagzeile fesselt – oder nicht, das Bild reizt – oder nicht, der Sound – ja nun, wer nicht gerade beim Telefonieren mit dem Geschäftspartner, im Großraumbüro oder im öffentlichen Nahverkehr ohne Headset surft, freut sich vielleicht über die originelle Hintergrundmusik. Viele User verwenden Kopfhörer oder Headsets und lassen sich gezielt kürzere Audio- oder Video-Beiträge vorspielen.

Wer für *Smartphone-Bildschirme* schreibt, hat mit besonders argen Beschränkungen zu kämpfen. Vom Nachrichten-Redakteur wird hier ähnlich wie beim alten *Videotext* allerhand an journalistischer Knappheit verlangt. Anbieter von Handy-TV mussten lernen: Ein Fußballfeld in der Totale kommt auf einem solchen Bildschirm nicht so gut rüber.

Das Wichtigste zuerst – diese journalistische Weisheit zu beherzigen, ist beim Online-Journalismus lebensnotwendig. Weil ein Bildschirm nur eine begrenzte Größe hat, muss er bereits in den ersten Zeilen den Überblick über das enthalten, was folgt. Unterstützend wirken aussagekräftige Fotos und Symbole. Bilder allein reichen jedoch meist nicht aus – Texte sagen in der Regel eindeutiger, worum es geht.

Keine Sackgassen: Daraus folgt die Grundregel beim Verknüpfen von Hypertext-Seiten: Legen Sie keine Einbahnstraßen und vor allem keine Sackgassen an, sondern bieten Sie *mindestens einen* weiterführenden Link an. Und erlauben Sie dem User, mit *einem* Mausklick zur Einstiegsseite zurück zu gelangen. Das sind die Minimal-Anforderungen an Online-Dokumente. Sie lassen sich durch einmaliges Anlegen eines Navigationsrahmens erfüllen. Weitere Ratschläge und Regeln für den Bau eines übersichtlichen Hypertext-Gebildes finden Sie im Kapitel „Hypertext".

2.2 Begriffe, Formen und Formate

Dieser Beitrag bringt *Begriffe und Definitionen* und beschreibt, was unter den *Formen und Formaten* des Online-Journalismus zu verstehen ist. Wie man sie konzipiert und einsetzt, wird in den folgenden Kapiteln gezeigt.

Online-Angebote sind vor allem *nicht-linear*: Sie bestehen nicht aus einem fortlaufenden Text, sondern aus mehreren *Dateien,* die mit einander verknüpft sind. Wer am Computer eine Reportage für ein Presse-Erzeugnis, etwa ein Magazin, schreibt, verfasst in der Regel *ein* Dokument, *eine* Datei. Von der Idee her beginnt der Leser oben links und hört am Ende des Texts, rechts unten, auf. Bereits im gedruckten Magazin sieht das anders aus: Da gibt es Infografiken, Textkästen mit einem Interview, Übersichten und Checklisten. In der Praxis überfliegt der Leser den Magazinbeitrag und bleibt hier an einer Zwischenüberschrift, dort an einer Infografik hängen.

Vom Text zum Hypertext: Online kann man nicht diagonal lesen – zumindest nicht über den Bildschirmrand hinaus. Also müssen die einzelnen Bestandteile (Dateien), vom Haupttext über die Infografik bis zum Interview, miteinander so verknüpft werden, dass der Leser den Überblick über das Gesamtangebot hat. Anstatt von Dateien spricht man im Online-Journalismus von einzelnen *Seiten* (engl. pages) – nicht zu verwechseln mit dem Inhalt einer Bildschirmseite (engl. screen). Das ist lediglich der in diesem Augenblick am Bildschirm sichtbare Ausschnitt aus der gesamten Seite.

Site: Der gesamte Online-Auftritt etwa des „Spiegels" umfasst Tausende vonseiten und wird *Site* genannt. Eine Web-Site ist also alles anderes als eine Seite (engl. site: Sitz, Lage, Platz). Online-Produkte können umfangreich sein oder nur wenige Seiten umfassen.

Ein einfaches Online-Angebot ist so aufgebaut: Die Einstiegsseite, auch *Startseite* oder *Homepage* genannt, enthält den Blickfang, bestehend aus einem Bild, der Überschrift und einem kurzen Text (Vorspann). Im amerikanischen Journalismus wird dieser Vorspann *Lead* genannt, weil er den Beitrag „anführt" (engl. to lead). Diesen klassischen Aufbau können Sie an den Startseiten der Online-Auftritte von „Spiegel" oder der „Tagesschau" beobachten (www.spiegel.de, www.tagesschau.de).

Im einfachsten Fall sieht das von der Konzeption her so aus:

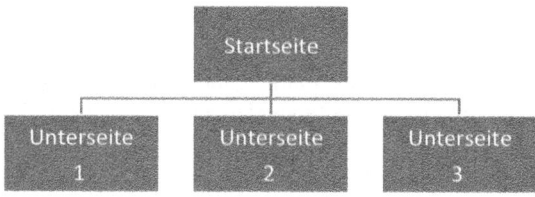

Damit die User den Anschluss auf dem nächsten Dokument wiederfinden und auch „Quereinsteiger" sich im Text zurechtfinden, wird der Teaser auf der folgenden Seite wiederholt.

2.2 Begriffe, Formen und Formate

Die „Spiegel"-Methode hat einen Nachteil: User müssen, um einen Überblick über das gesamte Inhaltsverzeichnis auf der Homepage zu bekommen, hinunter zum nächsten Bildschirminhalt blättern, „scrollen" (engl. scroll: Schriftrolle, Liste). Das tun viele nicht – Texte, die außerhalb des ersten Bildschirms stehen, werden nicht so häufig gelesen. Deshalb verkürzt man den Text auf der Homepage auf das Nötigste, um den User in das Folgedokument hineinzuziehen, im Extremfall auf wenige Wörter.

Teaser heißen diese „Reizwörter" (engl. to tease: necken). Der Begriff stammt aus dem Marketing, beispielsweise als „Anreiz" im Betreff der E-Mail (‚Sie haben gewonnen!'). Radio- und Fernseh-Journalist/innen kennen den Teaser als kurzen, themenanreißenden Hinweis auf nachfolgende Sendungen.

Die Teaser sorgen dafür, dass eine Einstiegsseite möglichst informativ ist: Sie machen neugierig, enthalten oft die Kernaussage des nachfolgenden Beitrags und reizen gleichzeitig zum Weiterlesen.

Nachprüfen lässt sich das auf den Homepages nahezu aller Medien, ob www.t-online.de, www.zeit.de, www.sueddeutsche.de oder www.vice.de: Die erste Bildschirmseite besteht immer aus mehreren Teasern. Je nach dem Marken-Charakter des Mediums wird bereits auf der Einstiegsseite mehr oder weniger weiterführende Information (bei Boulevard-Medien auch: Meinung) gegeben. Der eigentliche Artikel selbst folgt erst nach ein oder zwei Mausklicks.

Was User anklicken können, ist ein Text- oder Bildelement, das die Verknüpfung mit dem Folgedokument herstellt. Weil die technische Unterscheidung zwischen Text und Grafik für den User wenig Sinn macht – oft sieht ein Grafikelement aus wie Text – hat Klaus Meier für beides den Begriff *Navigationspunkt* geprägt.[1] Technisch gesehen ist der Navigationspunkt die Absprungstelle, die zum, hoffentlich zutreffend angekündigten, Ziel führt.

Dieses Sprungziel kann innerhalb desselben Dokuments liegen – dann spricht man von einem *Anker.* Der User gelangt per Mausklick oder Antippen zu einem Ziel weiter unten, in der Regel außerhalb des Blickfelds, jedoch innerhalb desselben Dokuments.

Die Verknüpfung zwischen Absprung und Ziel heißt *Hyperlink,* kurz *Link.*

---

[1] Klaus Meier (Hrsg.), Internet-Journalismus (UVK, Konstanz 3. Aufl. 2003)

Für Texte, die Hyperlinks enthalten, wurde der Begriff *Hypertext* (griech. hyper: über, Hypertext also sinngemäß: „Über-Text", „Super-Text") geschaffen. Von ihm hat die Auszeichnungssprache Hypertext Markup Language HTML ihren Namen.

Weil nicht nur Text-Dokumente verknüpft werden, spricht man inzwischen von *Hypermedia*. Aus demselben Grund hat sich der Begriff *Content* eingebürgert: Nicht nur Text, sondern auch Bilder, Audio- und Video-Elemente sind gemeint. Die einzelnen Elemente einer Seite – vom Button bis zur Video-Datei – heißen auch *Assets*.

Führt ein Navigationspunkt zu einem eigenen Dokument innerhalb des gesamten Online-Angebots, der Site, spricht man von einem *internen Link*.

Externe Links führen aus der Web-Site heraus zu Seiten anderer Online-Anbieter. Aus strategischen Gründen werden sie mit Vorsicht und meist eher gegen Ende eines Online-Beitrags eingesetzt: Schließlich möchte man den User ja möglichst lang auf der eigenen Web-Site behalten.

Dabei machen Links, ob innerhalb einer Seite, einer Site oder auch extern, das Wesen von Hypertext und Hypermedia aus: Sie stellen ein Beziehungsgeflecht von Texten, Bildern, Audio- und Video-Dokumenten her, das über die Möglichkeiten des einzelnen Anbieters hinaus geht.[2]

Wie ein Seemann muss der User per Klick oder Tippen durch die Seiten navigieren. Eine übersichtliche Struktur ist das A und O einer gut gemachten Site. Ähnlich den Ressorts der anderen Medien (redaktionellen Einheiten, themen- oder formengebunden) gliedern Online-Anbieter ihre Site in verschiedene Themen-Rubriken oder Hierarchie-Ebenen. Bei einem Online-Magazin können die Rubriken beispielsweise Lifestyle, Business, Familie, Essen & Trinken, Wellness und Partnerschaft heißen.

Die Navigation zwischen den Rubriken innerhalb der Site dem User so einfach wie möglich zu machen, sollte gemeinsames Ziel des Online-Journalist/innen wie des Screen-Designers sein.

Eine Navigationsleiste besteht aus den – möglichst treffenden oder „sprechenden" – Texten oder Symbolen für die einzelnen Rubriken der Web-Site. Sie kann sich hinter einem Burger-Symbol verbergen, die Form von Registerkarten haben oder einem Inhaltsverzeichnis ähneln, ihr Aussehen je nach Aktion des Users verändern oder als Fixpunkt bestehen bleiben – Hauptsache, sie wird

---

[2]Tim Berners-Lee, Der Web-Report, (Econ Verlag, München 1999).

2.2 Begriffe, Formen und Formate 31

ihrem Auftrag gerecht, das Zurechtfinden und die Navigation zu erleichtern. Zur Konzeption und Planung eines guten Web-Angebots legen Sie ein *Storyboard* an, bevor Sie drauflos texten. Mehr über die Kunst der Konzeption, der Navigation, das Wesen der Links und wie man sie setzt, finden Sie im Kapitel „Hypertext".

Was versteht man unter den Formen des Online-Journalismus? Zum einen diejenigen Darstellungsformen, die aus den klassischen Medien auf das Internet übertragen wurden und nun als Hypertext angeboten werden:

Journalistische Darstellungsformen online

- *Informierende* Darstellungsformen wie Meldung, Nachricht, Bericht, die online mit möglichst kurzer Zeitverzögerung aktuell sind, wie im Newsticker oder im Livestream
- *Erzählende* Darstellungsformen wie Reportage oder Interview, die online häufig in Sammelformaten wie einem Dossier oder einer Webdoku vorkommen
- *Kommentierende* Darstellungsformen wie die Kritik oder die Glosse, die online häufig auch als Userbeitrag auftauchen,
- *Beratende* oder *Servicebeiträge* wie Ratgeber-Texte, Umfragen, Quizzes und Selbsttestst
- Auch *dreidimensionale virtuelle Welten, Virtual Reality* sowie *Augmented Reality*, wie sie der VR-Journalismus nutzt.

Content-Management ist für alle Formen und Formate erforderlich: planvolles Anlegen und Sammeln der Daten, um sie rasch und zielgerichtet erschließbar zu machen. Dazu werden Redaktionssysteme oder Content-Management-Systeme (CMS), speziell fürs Web manchmal auch Web-Content-Management-Systeme (WCMS) genannt, eingesetzt. Sie erlauben es, den Content unabhängig vom Verwendungszusammenhang anzulegen, zu bearbeiten, zu publizieren und zu archivieren.

Aus statischen, dynamischen und semidynamischen Informationen kann sich der Content zusammensetzen. Der klassische Hypertext war statisch, das Online-Archiv ebenfalls. Dynamisch sind heute nahezu alle Informationen, die sich User aus einem Datenbank-Angebot *individuell* zusammenstellen, wie „alle Kabarettveranstaltungen im Lauf der nächsten 14 Tage" aus einem Veranstaltungskalender, und die gleichzeitig laufend *aktualisiert* werden, meist in automatisierter Form wie Wetterdaten oder Börsenkurse. Semidynamische Informationen sind eine Mischung aus statischen und dynamischen Elementen: Sie stehen auf Abruf zur Verfügung, werden aber redaktionell aktualisiert, wie etwa Adressdatenbanken.

Datenbanken – also streng strukturierte Informationen, Karteikästen mit Karten und Rubriken vergleichbar – sind Kernbestandteil dynamischer Angebote. Archive aller Art – vom Foto- über das Zeitungs- bis zum Film- und Musikarchiv – beruhen auf Datenbanken. Ihre Stärke sind die Filter- und Sortierfunktionen sowie die geordnete Ausgabe der Suchergebnisse. Sie werden unter dem Oberbegriff *Content-Management* behandelt. Man spricht manchmal auch von „Datenbank-Journalismus". Gemeint ist nicht das simple Eingeben von Daten – das geschieht mehr und mehr automatisiert. Der Witz liegt im Konzipieren und Strukturieren solcher Datenbanken, um die Informations- und Kommunikationsstränge gut erschließbar zu machen.

Die partizipativen Formen und Formate des Online-Journalismus nutzen nicht nur die bisher beschriebene Verknüpfung digitaler Dokumente, sondern die besonderen Möglichkeiten von Useraktion und Userkommunikation, die sich aus der Verbindung von digitalem Journalismus und Onlineübertragung ergeben. Sie setzen auf den technischen Möglichkeiten auf, die das Medium bietet, und nutzen sie für neue, onlinetypische Darstellungsformen.

Der Begriff des *User Generated Content* beschreibt nur einen Teilbereich davon, nämlich den Anteil der Nutzer, ohne die konzeptionellen Vorgaben durch die Redaktion und die Moderation zu berücksichtigen. Mit andern Worten: Ab hier wird es eigentlich erst richtig spannend mit dem Online-Journalismus.

Partizipative Formen und Formate
(Auswahl, vgl. das gleichnamige Kapitel):
   Grundsätzlich das abgestufte Einbinden von Nutzeraktivitäten (usergenerierte Inhalte) in ein Online-Angebot. Beispiele:

- Crowdbasierter *Datenjournalismus,* der die Nutzer mit zur Datengewinnung einbindet und daraus neue Zusammenhänge generiert und visualisiert,

2.2 Begriffe, Formen und Formate

- *Blogs*, eigentlich zunächst einmal eine Sonderform eines Content-Management-Systems, die mit unterschiedlichen journalistischen Inhalten gefüllt werden können
- *Microblogging-Dienste*, die auch als Aggregatoren fungieren, wie *Twitter*
- *Foto-, Podcast- und Videoplattformen* und weitere Dienste, die das Verteilen von individuell generiertem Content (Text, Bild, Audio, Video) mit Abonnement, Rückmeldung (Kommentar) und weiteren Vernetzungsmöglichkeiten verbinden
- Individuelle Kommunikation zwischen den Usern oder auch zwischen User und Journalist per *Direktnachricht, Chats, Instant Messenger,*
- *Einbeziehung weiterer Social-Media-Plattformen oder Communitys* von Drittanbietern wie Instagram, Facebook, Twitter, Xing oder TikTok
- Kollaboratives (gemeinschaftliches) Schreiben in *Wikis* (Beispiel: Wikipedia) und Indexieren (*Folksonomy*), auch *Geotagging,*

Animationen lassen sich zur Visualisierung von Information ebenso einsetzen wie zu kommentierenden, karikierenden Zwecken: So wird die Reportage online erweitert um das 360-Grad-Panoramafoto oder VR-Reportage, das Netzdossier zu einem medizinischen Thema um eine Datengrafik, die statistische Informationen animiert umsetzt. Satirische Internet-Formate haben schon früh den Online-Cartoon entstehen lassen, eine eigenständige kommentierende visuelle Form.

Streaming heißt die Technologie, derer sich Livestreams oder auch Web-Cams bedienen: In Echtzeit (realtime) werden Audio- und Video-Daten empfangen und gleichzeitig wiedergegeben. Zum einen werden klassische Radio- und TV-Sendeformate per Internet übermittelt. Eigenständige Online-Formate sind entstanden. Internetradio- und Online-TV-Stationen sind hinzugekommen, oft erweitert um partizipative, kollaborative Produktion. Für mobile Endgeräte werden die Daten komprimiert.

Diese Medienformate zum Herunterladen bereitzustellen (download) ist die Bandbreiten schonende Alternative zum Streaming. Der Nutzer kann sie dann *zeitversetzt* anhören oder ansehen. Dabei dient das Internet lediglich als Transportmedium.

Dem User Rede und Antwort zu stehen, gehört ebenfalls zu den Aufgaben des Online-Journalist/innen. Nicht nur, dass er meist aus dem direkten User-Kontakt Korrekturen, Meinungsäußerungen und Anregungen erhält, nicht nur, dass er (häufiger) selbst Ratgeber ist, – darüber hinaus ist die schnelle und einfache Kommunikation per Mail auch die beste Garantie für die User-Site-Bindung.

Werden mehrere Darstellungsformen und Medien verknüpft, sprechen wir in diesem Buch von Online-Formaten. Communitys leben vom Meinungsaustausch, der Wert eines Newsletters liegt in der Qualität der Ratschläge, die er erteilt (Ratgeber- oder Service-Journalismus), die Nachrichtenredaktion eines Online-Magazins überlässt die Meinungsäußerung den Usern. Weblogs bestehen häufig aus Kommentaren.

Online-Formate

- Onepager und „Scrollytelling", die auf einer einzigen, sehr langen Seite unterschiedliche Darstellungsformen und Medien zu einem Thema verbinden
- Themen-Dossiers und Webdokus, die Beiträge aus unterschiedlichen Medien und aus unterschiedlichen Darstellungsformen in einem umfangreicheren Online-Angebot aus mehreren Webseiten verbinden.
- *Mashups,* die solche Dienste mit klassischen Formen verknüpfen.

Zwischen synchronen und asynchronen Formen zu unterscheiden ist ebenfalls hilfreich bei der Klassifikation. Chat und dynamische Seiten gehören zu den synchronen oder „Live"-Formen, Blogs, Podcasts oder Mediatheken zu den zeitversetzt nutzbaren, asynchronen.

Werbende und redaktionelle Beiträge werden klar erkennbar getrennt: Das verlangt der Rundfunkstaatsvertrag (RStV) bzw. der Medienstaatsvertrag, ist aber auch im Sinne der eigenen Glaubwürdigkeit: Der User merkt, wenn er durch eine Buchbesprechung in einem scheinbar unabhängigen Online-Magazin lediglich zum Anklicken der Buchbestellung animiert werden soll, und die Glaubwürdigkeit des Texts sinkt. Bei einem Online-Buchshop hingegen wundert sich der User über diese Verbindung nicht. Transparenz ist deshalb angesagt: durch deutliche Kennzeichnung („unser Partner im Online-Buchhandel: Amazon') oder den schlichten Hinweis ‚Anzeige'.

2.3 Workflow und Content-Management

Projekt-Management und moderne Kommunikationssysteme sind aus einer Online-Redaktion nicht wegzudenken, die mit Autoren und Content-Brokern einerseits, mit Usern und Geschäftspartnern andererseits Content austauschen will.

Bei der effizienten Bündelung der Ressourcen Personal, Material und Zeit helfen Software-Pakete. So schwer das ist: Lassen Sie sich die Arbeitsabläufe nicht von der Software diktieren, sondern legen Sie in der Online-Redaktion gemeinsam den Workflow fest. Das Software-Produkt, für das Sie sich dann entscheiden, muss diese Organisationsabläufe nicht nur ermöglichen, sondern transparent machen. Sonst können Sie gleich zur Stecktafel zurückkehren.

Regelmäßige Teambesprechungen helfen beim Planen über den Tag hinaus. Ein Blick auf den gemeinsamen Terminkalender zeigt, was die kommende Woche, der nächste Monat bringt: die Bilanzpressekonferenz der Deutschen Telekom AG, die Veröffentlichung der aktuellen Arbeitsmarktzahlen, die Eröffnung eines neuen Internet-Kaufhauses. Saison-Themen und jahreszeit-bedingte „Löcher" lassen sich in Themenpläne integrieren. Unvorhergesehenes passiert sowieso ...

Einen festen Platz nimmt bei Online-Redaktionen die *On-Air-* oder *Blattkritik* ein – Begriffe, die aus den klassischen Redaktionen übertragen wurden. Möglichst jeweils ein anderes Redaktionsmitglied analysiert die aktuelle Online-Ausgabe und kommentiert Aufbau, Text- und Bildgestaltung sowie die Verlinkung.

Monitoring ist ein Hilfsmittel, die Position der eigenen Redaktion innerhalb der Medienlandschaft zu bewerten. Darunter versteht man das Beobachten und Kommentieren von Produkten vergleichbarer Online-Angebote anhand objektiver Bewertungskriterien.

Stylebook oder Styleguide enthalten die redaktionellen Vorgaben zu Text und Design. Sie sorgen für reibungslosen Arbeitsablauf und für Transparenz. Die Regeln oder *Guide-lines* machen Vorgaben für die textliche (z. B. redaktionelle Vereinbarungen) und grafische Gestaltung (z. B. Schriftbild, Farbe), beispielsweise zu Teaser, Überschrift, Lead, Fließtext, Templates und Metadaten, aber auch zu Bildern und Bildunterschriften.

Im Marketingbereich vermitteln Stylebook oder Styleguide zusätzlich das zugrundeliegende Leitbild, die Kommunikationsziele und die Kernbotschaften.

Kurze Entscheidungswege, flache Informationshierarchien helfen, wenn es doch eng wird mit dem Zeitplan. Murphys Gesetz gilt unerbittlich: Was immer schiefgehen kann, wird schiefgehen. Gut, wenn für die wichtigsten Fälle Ersatzlösungen bereit stehen. Chefredakteur im Urlaub, CvD im Krankenhaus: Kann der allein in der Redaktion verbliebene Online-Redakteur Nachrichten freischalten? Kommt er an alle Informationen, die er braucht? Oder liegen die zentralen Informationen gut abgesichert auf dem Rechner des Chefs?

Das redaktionseigene Archiv umfasst längst nicht mehr nur die publizierten Beiträge. Elektronisch verwaltet und für den gemeinsamen Zugriff freigegeben werden sollte die Kommunikation mit den Zulieferern (Autoren, Content-Brokern etc.) ebenso wie diejenige mit den Usern. Namen, Anschriften, Telefonnummern, E-Mail-Adressen müssen der gesamten Redaktion zur Verfügung stehen.

Content Repository heißt dieses digitale Ablagesystem. Es kann als Dateisystem, als Datenbank oder als Mischung aus beidem organisiert sein und verwaltet die *Assets*. Darunter versteht man die einzelnen Bestandteile einer Webseite, aus denen sich der Content zusammensetzt: Text-, Bild-, Sound- oder Videodateien. Zu jedem Asset hält man fest, wer es wann angelegt hat und wann es wo verwendet wurde. Diese *Meta-Informationen* gehören zusammen mit den Assets ins Content Repository. Im Verlauf der redaktionellen Arbeit werden Assets konzipiert, produziert und abgelegt. Der *Content-Life-Cycle* beschreibt die Stationen, die ein Asset von der Idee bis zur Archivierung durchläuft.

Datenbank-Konzepte stecken hinter allen Redaktionssystemen. Sie gehen davon aus, dass Information strukturierbar ist – evident bei Adressen, weniger einzusehen bei Kontaktinformationen (Wer kennt einen Experten für Katzenzucht?), schwer umzusetzen bei Volltext-Datenmengen. Hier helfen nur knappe Abstracts von jedem Text in der Datenbank, journalistisch gesehen: Lead-Texte. Zumindest diese *Zusammenfassungen* müssen als Volltext durchsuchbar sein. Eine Notlösung sind *Schlagwörter,* die den Inhalt möglichst genau beschreiben und vor allem wieder auffindbar machen. Auch das Durchsuchen von Audio- und Videomaterial ist machbar – es dauert nur länger.

Datenjournalismus: Das Bündeln und Auswerten von Datenbank-Informationen ist nicht mehr Aufgabe des Online-Journalist/innen. Kluge Apps nehmen ihm diese Aufgabe ab. Mit einer Ausnahme: Die Fragen an die Datenmengen muss

2.3 Workflow und Content-Management

nach wie vor der Journalist, die Journalistin stellen. Programmierkenntnisse und ein Grundverständnis für strukturierte Information sowie Kenntnisse in statistischen Verfahren sind von Vorteil.

Roboterjournalismus ist ein etwas unglücklicher Name für automatisierte Texterstellung. International sind die Begriffe *automated journalism, algorithmic journalism* oder *machine-written journalism* verbreitet. Dabei wird eine Datenbank mit sehr viel strukturiertem Text gefüttert. Bekommt sie nun entsprechend strukturierte neue Daten, beispielsweise über ein Fußballspiel, stellt sie per Algorithmus eine Sportreportage zusammen, die die wesentlichen Fakten enthält – auf Wunsch sogar aus der Perspektive der einen oder der anderen Mannschaft. Print- wie Online-Redaktionen arbeiten längst damit. Je mehr Informationen hinzukommen, desto mehr lernt das System. Der nächste Schritt ist eine automatisierte Videoproduktion standardisierbarer Inhalte.

„Wie beim Datenjournalismus oder bei der Recherche mit großen Datenmengen *(Big Data)* wird der Journalist auch beim Roboterjournalismus verstärkt vom Computer unterstützt bzw. teilweise ersetzt", schreibt der Journalismusprofessor Markus Kaiser. Er berichtet auch von Tests, die Software neben den vorgegebenen strukturierten Daten zum Thema selbstständig nach weiteren Informationen online suchen zu lassen, um diese in die Texte einzubauen.

Redaktionssystem, Content-Management-System (CMS) oder Web-Content-Management-System (WCMS) – die Begriffe werden für Mini- bis Riesensysteme für die Online-Publikation verwendet. Korrekt spricht man im Online-Bereich von *Web-Content-Management-Systemen* (WCMS) – aber auch hier hat sich die verkürzte Bezeichnung CMS eingebürgert. Unabhängig von der Bezeichnung unterscheiden sich die Softwarelösungen im Leistungsumfang zum Teil erheblich.

Entscheidungskriterien für ein Redaktionssystem

- Welche Möglichkeiten des Dokumentenmanagements und der Verwaltung der Assets bietet das CMS?
- Welche externen Hilfsmittel (Editoren) können eingebunden werden?
- Die Skalierbarkeit: Welche Skriptsprachen unterstützt das CMS? Welche Web-Techniken werden unterstützt?

- Wie können weitere Formate eingebunden werden? Verarbeitet das CMS Standard-Formate, über die es Daten importieren und exportieren kann, wie HTML oder XML?
- Projekt- und Workflow-Management: Wie regelt es die Zugriffskontrolle, den Freigabezyklus, To-do-Listen und Statusberichte?
- Systemspezifische Daten wie Server-Plattform, unterstützter Web-Server und unterstützte Datenbank-Systeme

Testmöglichkeiten, Referenzkunden, Preis.

Wissensmanagement bedeutet nichts anderes, als: Information ist lediglich der Rohstoff. Auf seine Beschaffung, Verarbeitung und Verfügbarkeit kommt es an: Steht jedem Redakteur genau die Information, die er braucht, zum richtigen Zeitpunkt zur Verfügung?

Organisatorisch sind die Problemstellungen ähnlich, ob man als Online-Redakteur in einem Dienstleistungsunternehmen wie einer Bank oder Versicherung sitzt, für eine Kirche oder Gewerkschaft, bei einem Massenmedium mit Online-Auftritt, oder einer Online-Redaktion „pur" tätig ist.

Content für wen? In fast allen Redaktionen hat man es mit dem Dreiklang *Intranet – Extranet – Internet* zu tun, der sich unter der gemeinsamen Browser-bedienbaren HTML- oder XML-Oberfläche abspielt:

Intranet, Extranet, Internet

- *Intranet* bezeichnet ein geschlossenes Netz von einer genau definierten Userzahl: den Mitarbeitern des eigenen Hauses. Sie verfügen über eigene Zugangsberechtigungen (Accounts) und haben je nach Abteilungszugehörigkeit abgestufte Lese- und Schreibrechte. In redaktionellen Zusammenhängen nehmen mit unterschiedlichen Rechten alle Verlagsmitarbeiter am Intranet teil, vom Marketing über die Redaktion bis zur Personalabteilung.
- *Extranet* erweitert den Kreis der Zugangsberechtigten um die externen Mitarbeiter oder Vertriebspartner. Bei einer Redaktion sind ins Extranet die Außenredaktionen und Korrespondenten eingebunden, bei einem

2.3 Workflow und Content-Management

> Verband oder einer Institution vielleicht die ehrenamtlichen Mitarbeiter (neben den hauptamtlichen, die das Intranet nutzen) oder die hauptamtlichen Mitglieder anderer Regionalgliederungen. In global agierenden Unternehmen sind ins Extranet insbesondere der Außendienst – bei Versicherungen auch: die selbstständigen Versicherungsmakler – integriert. Kennzeichnend ist auch hier ein Passwort-geschützter Zugang zu einem definierten Bereich, oft getrennt nach Lese- und Schreibberechtigung. Das heißt beispielsweise: Lesen darf einer alles, was die andern schreiben, ihnen in ihre Texte hineinpfuschen darf er nicht.
> - *Internet* bezeichnet die Gesamtheit der Online-Publikationsmöglichkeiten schlechthin, zugänglich für jeden User. Was hier steht, ist öffentlich lesbar. Die Schreibberechtigung für User ist begrenzt. Eine Schlussredaktion für alles, was online geht, ist zu empfehlen.

Die Zielgruppen unterscheiden sich nicht nur organisatorisch nach der Zugriffsberechtigung. Bei der Auswahl der Inhalte macht es einen wesentlichen Unterschied, ob eine Information für die Kollegen aus demselben Haus, für die Kooperationspartner in den USA oder für den User irgendwo da draußen aufbereitet wird. Online-journalistisches Handwerk, wie es in den vorangegangenen Kapiteln beschrieben wird, benötigen Sie auf jeden Fall.

Content-Arten. *Dynamische* Seiten, die automatisiert ihren Inhalt ändern, stehen im Gegensatz zu rein statischen Angeboten. Jedes Hypertext-Angebot ist zunächst *statisch:* Es präsentiert sich dem User so lange in derselben Form, bis der Online-Journalist etwas daran ändert. Den Veranstaltungskalender des Stadt-Portals zusammenzustellen, würde für ihn auf diese Weise zu einer zeitraubenden Tätigkeit. Aber auch für den User: Der müsste sich durch Berge von Veranstaltungstipps scrollen, bis er endlich bei den gesuchten Jazzkonzerten wäre. Hier hilft eine Termin-Datenbank auf dem Server, aus der mithilfe einer Eingabemaske das Gewünschte nach mehreren Merkmalen sortiert – etwa Zeitraum und Genre – rasch herausgesucht werden kann. Die Termindaten bezieht der Anbieter bereits automatisiert von einem Content-Lieferanten, der für regelmäßige Aktualisierung sorgt. Nach dem Start der Suchanfrage stehen auf dem Bildschirm des Users dann lediglich alle Jazzkonzerte, die für Donnerstag bis Samstag angekündigt sind.

Semidynamische Informationen sind eine Mischung aus statischen und dynamischen Elementen: Sie stehen auf Abruf zur Verfügung, werden aber redaktionell aktualisiert. Börsenkurse, Produkt-Warenkörbe, aber auch Kochrezepte oder Verbrauchertipps können aus streng strukturierten Datenbeständen aktuell und individuell zusammengestellt werden. Weitere Beispiele: die Kursentwicklung der Microsoft-Aktie im Verlauf der letzten Woche – oder alle Kochrezepte, in denen der Topinambur verwendet wird.

Personalisieren von Web-Content setzt dynamische Konzepte bei der Benutzerverwaltung voraus. Das Ergebnis sind individuelle Text-Angebote des Online-Magazins, speziell auf die Interessen des Users abgestimmt, oder *Personal Radio* mit den Lieblingstiteln jedes einzelnen: Das System hat sich die Vorlieben des Users „gemerkt".

Content woher? Die journalistische Informationsbeschaffung aus Quellen wie dem Agenturmaterial, eigener Recherche sowie aus Archiven und Bibliotheken zählt zu den Grundlagen der journalistischen Ausbildung.[3] Ein Irrtum wäre es, zu glauben, Online-Journalist/innen würden ausschließlich online recherchieren – das ist genauso unsinnig wie die Behauptung, Radio-Journalist/innen müssten zur Recherche vor allem Radio hören und TageszeitungsJournalist/innen ausschließlich andere Zeitungen lesen. So telefonieren Online-Journalist/innen, lesen gedruckte Pressemitteilungen und führen Vor-Ort-Interviews wie alle anderen Journalist/innen auch.

Überdies erlaubt auch die Online-Recherche verschiedene Wege der Informationsbeschaffung: Online finden sich Originalquellen, aus dem Userkontakt entstehen Ideen, lassen sich Kontakte herstellen, sind Agenturmeldungen, Archive und Datenbanken verfügbar – darunter auch jede Menge journalistisch aufbereiteter Informationen.

Recherche und Gegenrecherche. Dass Online-Journalist/innen sattelfest in der Online-Recherche sein sollten, versteht sich von selbst. Lehrbücher dazu gibt es.[4] Darüber hinaus sollten sie die Methoden der klassischen journalistischen Recherche kennen und einsetzen. In Zeiten von Content-Partnerschaften und

---

[3]La Roches Einführung in den praktischen Journalismus (Journalistische Praxis), Wiesbaden: Springer VS, 20. Aufl. 2017.
[4]Einige Beispiele: Klaus Meier (Hrsg.): Internet-Journalismus, Konstanz: UVK 2002, 3. Aufl.; Stefan Karzauninkat: Die Suchfibel, Leipzig: Klett Schulbuch-Verlag 2008; Markus Kaiser, Recherchieren (Journalistische Praxis) Wiesbaden: Springer VS 2015.

2.3 Workflow und Content-Management

sonstigen Kooperationen ist die Aufforderung: „Man muss immer auch die Gegenseite hören" (*audiatur et altera pars*)[5] ganz besonders wichtig.

Informationen übernehmen? Große Unsicherheit besteht – nicht nur bei Online-Journalist/innen – hinsichtlich der rechtlichen Lage: Darf ich Content von anderen Anbietern, der gut in mein Angebot passen würde, einfach übernehmen?

Die Antwort ist etwas komplizierter, sie lautet: Das Urheberrecht gilt natürlich auch online, vgl. Kapitel „Das Recht". Und das sagt klipp und klar: Ideen sowie der Informationsgehalt sind nicht schützbar.

Eine Information, die Sie online finden, dürfen Sie also getrost übernehmen, wenn Sie sie selbst formulieren. Sie tragen allerdings alle Folgen, wenn sich die simple Meldung, die Sie unbesehen aus dem Nachrichtenangebot eines anderen Online-Magazins übernommen haben, als Falschmeldung herausstellt. Die *Quellenangabe* (Wie der Branchendienst XY meldet …), durch Hyperlink untermauert, hat also durchaus ihren Sinn.

Mit komplett aufbereitetem Content sieht das ganz anders aus: Vollständige Textbeiträge, Fotos, Audio und Video können Sie nur dann übernehmen, wenn Sie mit dem Lizenzgeber die Rechte geklärt haben (vgl. auch Kapitel „Das Recht").

Eine Ausnahme von dieser Regel gibt es: Presseinformationen aller Art, die von Unternehmen und Institutionen als solche gekennzeichnet ins Netz gestellt werden, sind für die Weiterverwendung gedacht. Zunehmend finden Sie hier nicht nur Texte und Statistiken, Fotos und Charts, sondern auch O-Töne und Videos.

Wenn Sie jetzt noch den Satz „Man muss immer auch die Gegenseite hören" im Ohr haben, kann fast nichts mehr passieren: Neben die jubelnde Ad-hoc-Meldung, wie stark der Aktienkurs des Unternehmens zugelegt hat (O-Ton des Vorstandsvorsitzenden), stellen Sie die Meldung aus dem Branchendienst, dass sich kein Investor findet.

Agenturen und Broker liefern Informationen marktsegment-gerecht. Dafür, dass die Beiträge 1:1 übernommen werden können, müssen Medienunternehmen zahlen. Geliefert werden Wort, Foto, Grafik, Audio und Video beispielsweise von der Deutschen Presseagentur (dpa). Die größte deutsche Agentur liefert

---

[5] La Roche a.a.O.

Nachrichten aus allen Ressorts (Politik, Wirtschaft, Kultur, Sport, Vermischtes). Für Nachrichtenangebote im Internet hat dpa einen eigenen Dienst entwickelt, dpa-online. Zielgruppengerechte Informationsangebote gibt es auch für Kunden, die nicht der Medienbranche angehören.

Große Agenturen mit ihren Online-Auftritten: Deutsche Presse-Agentur auf www.dpa.de, Agence France Presse (AFP) auf www.afp.com, Associated Press (AP) auf www.ap.org, Reuters auf www.reuters.de.

Ergänzt wird das Informationsangebot der Agenturen durch zahlreiche Themenanbieter, die mehr oder weniger spezialisiert sind: Vereinigte Wirtschaftsdienste (vwd) auf www.vwd.de, Sport-Informations-Dienst (sid) auf www.sid.de, Evangelischer Pressedienst (epd) auf www.epd.de und Katholische Nachrichten-Agentur (KNA) auf www.kna.de.

Portale, Kataloge und Suchmaschinen betätigen sich ebenfalls gelegentlich als Content-Broker. Informationen aus der ganzen Welt liefern der automatisch zusammengestellte Newsüberblick von Google (news.google.de) oder Bing (www.bing.com/news). Die Medienunternehmen betätigen sich selbst als Content-Verkäufer wie zum Beispiel Burda mit Focus digital.

Branding hat nichts mit Tätowierungen zu tun, sondern mit Pflege der eigenen (Medien-)Marke. Plant die eigene Online-Redaktion, sich als Content-Broker auf den Markt zu begeben, sind mehr Marketing- als journalistische Kenntnisse gefragt: Welches Marktsegment decken Sie ab? Mit welchem Wettbewerb müssen Sie rechnen? Was macht den Markencharakter Ihres Produkts aus? Beschädigt es das Image Ihres Online-Produkts, wenn es in diesem oder jenem Kontext auftaucht? Falls es eines gibt: Wahren Sie den Markencharakter des Muttermediums *(one brand/all media)*.

Zu den beliebtesten Inhalten, die man online buchen kann, gehören Nachrichten allgemein, Börsen- und Finanzinformationen, Horoskope oder der Wetterbericht. Aber auch Sparteninformationen aus der Medien- und Computerbranche, aus Medizin und anderen Wissenschaften, aus Kunst und Literatur sind online zu haben, sogar komplette Ratgeber- und E-Learning-Produkte.

Content-Syndication heißt das Schlagwort für den Handel mit Inhalten. Wem es zu unbequem ist, sich Content von den verschiedenen Anbietern selbst zusammenzustellen, für den übernehmen Content-Shops das als Dienstleistung. Sie lassen sich die Inhalte von dpa, afp oder von Spezialdiensten wie Wall-

2.3 Workflow und Content-Management

street Online liefern und stellen sie für den Kunden nach dessen Anforderungen individuell zusammen. Dabei kümmern sie sich um die Rechte (Digital Rights Management) ebenso wie um die technische Umsetzung (Encoding, Hosting, Schnittstellen). Insbesondere bei *Audio-und Video-Content* hat dieses Modell als Streaming Content Syndication Zukunft.

Die Akquise von Partnerschaften und Kooperationen gehört ebenfalls bei manchen Medienunternehmen zum Geschäft des Online-Journalist/innen. Dabei werden in der Regel umsatzorientierte Provisionen gezahlt. Wer in diesem Bereich tätig ist, braucht zumindest eine gute kaufmännische Nase – eine betriebswirtschaftliche Ausbildung schadet aber auch nicht.

Technische Kenntnisse wiederum sind notwendig, um die Umsetzung der Content-Partnerschaft zu konzipieren. Dabei ist besonders wichtig, dass die Schnittstellen stimmen: zwischen dem Format, in dem die Daten abgegeben, und demjenigen, in dem sie implementiert werden. In vielen Häusern ist das nicht Aufgabe der Online-Journalist/innen, sondern der Webmaster.

Nach wie vor ist die Anzeigenakquise traditionell in der Marketing-Abteilung angesiedelt. Online-Redakteure, die per Provision direkt am Umsatz eines Produkts beteiligt sind, das sie im redaktionellen Teil vorstellen, können beim Deutschen Presserat nachlesen, wie der das Thema Schleichwerbung sieht: Auf www.presserat.de sind journalistische Tugenden und Laster mit praktischen Beispielen gut lesbar zusammengestellt.

Transparenz schaffen. Die Forderung nach einer Trennung von redaktionellem und Anzeigenteil ist online fast noch schwerer durchzuhalten als in Radio- oder TV-Sendungen. Wo die genaue Trennlinie zwischen „Kooperation" und „bezahlter Anzeige" verläuft, lässt sich oft nur im Einzelfall feststellen.

Ein Kriterium: Nimmt der Anzeigenkunde insofern Einfluss auf den Inhalt, als eine einseitig verzerrte Information, beispielsweise als Verbraucherinformation getarnt, gegeben wird, die andernfalls so nicht veröffentlicht würde? Ein anderes: Ist die Kooperation für den User transparent? Heißt ein Diskussionsforum bei der Online-Ausgabe einer Frauenzeitschrift zum Thema Abnehmen, das von einem Margarinehersteller gesponsert wird, „Lätta-Forum", ist das sicherlich gegeben – die dort verfügbaren Tipps zum Abnehmen können trotzdem vom Hersteller unabhängig und hilfreich sein. (Nicht behandelt werden in diesem Handbuch Fragen des Marken- und des Wettbewerbsrechts).

Auch Bezeichnungen wie „XY-Online-Shop" machen klar, dass hier am Verkauf verdient wird. Ärgerlich für den User sind Sites, die sich als Informationsangebote beispielsweise für Senioren ausgeben – und auf jeder Seite einschlägige Produkte redaktionell anpreisen. Die Glaubwürdigkeit solcher „Magazine" ist entsprechend gering. Lutz Frühbrodt hat über die für die Nutzer intransparente Mimikry von Content-Marketing gegenüber fachlichen journalistischen Portalen eine kritische Studie verfasst.[6]

---

[6]Lutz Frühbrodt: Content Marketing. Wie "Unternehmensjournalisten" die öffentliche Meinung beeinflussen. Frankfurt am Main: Otto-Brenner-Stiftung 2016.

Die Online-Nutzer 3

Zusammenfassung

Das Kapitel beschreibt Methoden der Nutzerforschung und erklärt die Grundlagen der Suchmaschinenoptimierung (SEO).

Schlüsselwörter

Nutzerforschung · Tracking · Suchmaschinenoptimierung · SEO

Wie viele Online-Nutzer gibt es? Was machen sie online? Was suchen die Nutzer online? Die Frage, ob jemand online oder offline ist, kann im Jahr 2020 getrost ad acta gelegt werden. Nach den aktuellen Zahlen der ARD-ZDF-Online-Studie (2019) sind mehr als 90 % der Bundesbürger regelmäßig online. Doch online sind seit der Verbreitung der Smartphones ohnehin alle – die Unterscheidung hat sich nahezu erledigt.

Trotzdem gilt grundsätzlich: Wer online Content anbietet, muss sich mit seinen Zielgruppen beschäftigen. „Alle interessierten Bürgerinnen und Bürger" ist zu unpräzise. An wen richtet sich das Webangebot? Was soll vermittelt werden? Nur dann kann das Online-Angebot geplant und konzipiert werden, nur dann kann man entscheiden, wie Inhalte formuliert und aufbereitet werden müssen, damit sie bei der Zielgruppe auch ankommen.

Zur Konzeption eines journalistischen Online-Angebots gehört im Vorfeld die Markt- und Zielgruppenanalyse. Daraus ergeben sich Überlegungen zu Inhalt,

Aufbau und Gliederung. Wenn das Angebot online ist, helfen Kennzahlen wie die *Page Impressions (PI)* und *Visits,* Nutzerstrukturen und -vorlieben zu erkennen.

Information und Kommunikation suchen die Nutzer am meisten: „Suchmaschinen nutzen" gaben mehr als 80 % der Nutzer an, dicht gefolgt von „E-Mails schreiben". „Zielgerichtet bestimmte Angebote suchen" nennen immerhin noch mehr als 50 %. Nach Altersgruppen unterscheidet sich die Internet-Nutzung stark: Fast alle Jugendlichen zwischen 14 und 19, so die ARD-ZDF-Studie, sind online. Selbst bei den über 70-Jährigen ist es knapp ein Drittel.

Mobil ins Internet geht derzeit (2019) etwa 80 % der Handybesitzer, so eine Studie des Branchenverbands Bitkom. Mindestens 57 Mio. der Deutschen nutzen ein Smartphone. Parallel dazu gehen die Verkaufszahlen für MP3-Player, Digitalkameras oder Navigationsgeräte zurück.

Woher man solche Zahlen bekommt und wie sie zustande kommen, beschreibt dieses Kapitel zunächst. Darauf baut der Abschnitt „Mit Suchmaschinen gefunden werden" auf.

3.1 Nutzerforschung und Marktanalysen

Wie viele Menschen nutzen aktuell das Internet? Bevor wir schnell eine Zahl nennen wie zum Beispiel „rund vier Milliarden" oder „rund 50 % der Weltbevölkerung", müssen wir fragen: Wie kann man sie überhaupt zählen? Wer soll mitgezählt werden – jeder, der irgendwie Zugriff aufs Internet hat, Menschen mit einer eigenen Mailadresse, oder nur solche, die einen eigenen Computer haben?

Über die Zahl der tatsächlichen Nutzer, die über einen solchen Host Zugriff aufs Internet haben, kann man nur Schätzungen aufgrund von Befragungen anstellen. „The art of estimating how many are online troughout the world is an inexact one at best", beschreibt der Informationsdienst *Nua Internet Surveys* die Sachlage. Er definiert „Internet User" als Person mit Internet-Zugriff – das sind deutlich mehr als diejenigen, die über einen eigenen bezahlten Internet-Zugang (Account) verfügen. Wie bei den meisten statistischen Erhebungen werden erst Festlegungen getroffen und dann repräsentative Stichproben ausgewertet. So arbeiten das Marktforschungsinstitut Nielsen, die International Telecommunications Union (ITU) oder die Gesellschaft für Konsumforschung.

3.1 Nutzerforschung und Marktanalysen

Wenn Sie eine Antwort auf die eingangs gestellte Frage interessiert: Die Website internetworldstats.com wertet die verfügbaren Quellen aus.

Exakte Zahlen liefert die Technik aufgrund der Organisationsweise des Internet lediglich für die Zahl der angemeldeten *Domainadressen*. Für die Bundesrepublik ist die *Denic* (Deutsche Network Information Center eG, www.denic.de), eine Genossenschaft, zuständig. Sie ist eines von vielen nationalen Unternehmen, die die Domain-Adressen verwalten. Die Denic ist eine gute Quelle, wenn man wissen möchte, wer hinter einer Webadresse mit der Endung.de steckt. Aus Datenschutzgründen muss man allerdings zuvor nachweisen, dass man ein berechtigtes Interesse an dieser Information vorweisen kann, weil man z. B. Forderungen an jemanden hat.

International koordiniert bislang die Non-Profit-Organisation *Internet Corporation for Assigned Names and Numbers* (ICANN) die Internet-Verwaltung. Nach und nach übergibt sie die Verwaltung der Domains an Privatunternehmen wie zum Beispiel Verisign.

Unter dem Namen „W3B-Umfragen" führt die Unternehmensberatung Fittkau & Maaß regelmäßig Online-Befragungen durch. Untersucht werden soziodemografische Strukturen, allgemeine Medien-Nutzungsgewohnheiten, Nutzung von Printmedien und Fernsehsendern online sowie Wünsche, Meinungen und Einschätzungen der Online-User zu Themen wie Werbung, Online-Shopping und -Finanzdienstleistungen. Auswahlgrundlage sind alle Personen, die innerhalb des sechswöchigen Erhebungszeitraums online sind und sich an der Umfrage beteiligen. Der Stichprobenumfang ist von der Anzahl der teilnehmenden World Wide Web-Benutzer abhängig und steigt seit der ersten W3B-Umfrage 1995 kontinuierlich an (www.w3b.de).

In die klassische Medienforschung wird die Online-Nutzung mehr und mehr einbezogen. Die ARD-"Medien Basisdaten", ein Gemeinschaftsprojekt der Fachzeitschrift „Media Perspektiven" und der SWR-Medienforschung, stellen Informationen zum Programmangebot und zur Mediennutzung in allen Mediensparten in Deutschland für Online-Recherchen zur Verfügung (www.media-perspektiven.de). Das Themenspektrum umfasst neben den Angaben zum Medienangebot und zur Mediennutzung auch Daten zur technischen Empfangssituation und zur Medienwirtschaft in Deutschland. Hier werden differenziert erfasst die Soziodemografie der Onlinenutzer, Zeiten, Dauer, Ort der Online-Nutzung sowie die tatsächlich genutzten Online-Einsatzmöglichkeiten.

OnSite- und Telefon-Befragungen zu Online-Reichweiten führt seit 2004 die *Arbeitsgemeinschaft Media-Analyse e. V.* durch (www.agma-mmc.de).

Als „Digitalverband Deutschlands" bezeichnet sich der Branchenverband Bitkom. Er erhebt regelmäßig Marktdaten, darunter Arbeitsmarkt- und Konjunkturdaten, und betreibt auch Nutzerforschung (www.bitkom.de).

Ins Blickfeld der Publizistik- und Kommunikationswissenschaft ist das Internet seit Mitte der 90-er Jahre gerückt und zum Arbeitsfeld für zahlreiche medienspezifische Untersuchungen geworden, vgl. die aktuellen Forschungsvorhaben beim Leibniz-Institut für Medienforschung – Hans-Bredow-Institut (www.hans-bredow-institut.de) oder die Untersuchungen von Christoph Neuberger, Münster. Eine gute Anlaufstelle: die Fachgruppe *Digitale Kommunikation* bei der *Deutschen Gesellschaft für Publizistik- und Kommunikationswissenschaft* (DGPuK).

Abrufzahlen online haben eine vergleichbare Funktion wie das Ermitteln von Auflagenzahlen oder der verkauften Auflage bei der Presse: Damit wird die Werbeträgerleistung von Online-Medien ermittelt. Abrufzahlen von Online-Medien, die sich freiwillig diesem Verfahren unterziehen wollen, veröffentlicht seit 1997 monatlich die *Informationsgemeinschaft zur Feststellung der Verbreitung von Werbeträgern* (IVW). Technisch wird dazu eine Zählsoftware verwendet, die die Daten sammelt und auswertet. Sie nutzt die Fähigkeit jedes Web-Servers, die Zugriffe auf die einzelnen Seiten in sogenannten *Logfiles* („Logbuch-Dateien") zu protokollieren.

Die sogenannten Hits, Zugriffe auf die einzelnen Dateien, zählt das serverseitige Programm im einfachsten Fall. Eine HTML-Seite kann aus einer oder vielen Dateien bestehen – je nachdem, mit wie vielen Grafik- oder sonstigen Medienelementen gearbeitet wird. Beispiel: Ein User klickt die Homepage an, die aus 18 kleinen Grafiken und vier Textdateien besteht – eine Seite, viele Hits. Deshalb wurden aussagekräftigere Kennzahlen als die Hits geschaffen.

Page Impressions und Visits: Die Abrufzahl beispielsweise des Firmenlogos oder eines Navigationsbuttons ist aber wenig aussagekräftig. Deshalb werden lediglich die sogenannten *Page Impressions* (PI), die Zugriffe auf die HTML-Seiten selbst, gezählt. Sie bezeichnen die Anzahl der Sichtkontakte von Usern mit einer HTML-Seite. Bei Angeboten mit Rahmen (Frames) zählt nur der Erstabruf eines Framesets als PI.

Je länger sich ein User mit einer Web-Site beschäftigt, desto mehr Seiten betrachtet er, und umso länger ist die *Verweildauer*. Einen solchen zusammenhängenden Nutzungsvorgang oder Besuch bezeichnet man als *Visit* (auch: *unique visit*). Er definiert laut IVW den Werbeträgerkontakt. Jeder Anbieter von Webseiten kann die genannten statistischen Daten von seinem Provider erhalten und mittels eines geeigneten Tools auswerten.

Bei dynamischen Angeboten, die jeweils aktuell aus Datenbanken generiert werden, hilft auch diese Messgröße nicht weiter. Dafür hat die IVW ein zeitbasiertes Messverfahren entwickelt: Wie lange ist ein bestimmter dynamischer Inhalt für eine bestimmte Anzahl von Nutzern sichtbar *(Nutzerminuten)?*

Verzerrungen bei der Erhebung der Abrufzahlen entstehen dadurch, dass Web-Angebote im Internet auf sogenannten *Proxy-Servern* zwischengespeichert und von dort abgerufen werden. Diese und weitere methodische Schwierigkeiten und wie sie sich auf die Messungen auswirken, beschreibt die IVW auf ihrer Site (www.ivw.de).

3.2 Mit Suchmaschinen gefunden werden

Die beliebteste Suchmaschine in Deutschland ist derzeit (Stand 2020) mit knapp 95 % *Google. Bing* als zweitbeliebteste kommt nur auf einen Marktanteil von etwas mehr als vier Prozent. Wer im Internet mit einem Webangebot gefunden werden will, kommt an Google nicht vorbei.

Wie oft andere Seiten auf eine bestimmte Seite verlinken, hat Google als erste Suchmaschine einbezogen, nach dem Motto: Was viele gut finden, kann nicht ganz verkehrt sein. Das Ergebnis ist frappierend: Fast immer liefert Google ausgezeichnete Ergebnisse aus halbwegs vertrauenswürdigen Quellen. Wer für das Internet schreibt, muss also darauf achten, dass seine Texte via Google gefunden werden.

Wie Google genau funktioniert, ist letzten Endes wie bei jeder Suchmaschine Betriebsgeheimnis. Das Unternehmen gibt unter der Rubrik „Google für Webmaster" jedoch allerhand Ratschläge, was zu einem guten *Ranking* auf den ersten Plätzen verhilft und was nicht. Unter den ersten zehn Treffen bei Google zu stehen, ist ein ganz gutes Ranking. Nur, nach welchem Begriff suchen die Leute? Wenn die Autorin dieses Buchs mit Google nach ihrem Namen sucht, findet sie sich ganz oben – kein Kunststück. Denn wie viel Konkurrenz wird es bei diesem Namen geben? Und noch wichtiger: Wer sonst wird schon nach „Hooffacker" suchen? Viel interessanter wäre in meinem Fall, dass bei der Suche nach „Online-Journalismus" die Website zu diesem Buch unter den ersten zehn Treffern zu finden ist. Das ist individuell unterschiedlich, da die Suchergebnisse personalisiert sind – probieren Sie es aus.

Kann man Google kaufen? Nein, der Verlag hat nicht dafür bezahlt, dass dieses Buch gelegentlich vorn bei den Google-Treffern auftaucht. Bezahlt wird allerdings dafür, dass bestimmte Fundstellen, farblich etwas abgesetzt, an erster Stelle stehen. Deshalb steht über diesen Treffern auch das Wort *Anzeige*. Dasselbe gilt für die Fundstellen rechts am Rand. Dahinter verbirgt sich bei Google eine Werbemöglichkeit über Schlagwörter namens *Adwords,* vgl. adwords.google.com.

Wie man hingegen unter den ersten zehn Treffern bei Google gelistet wird, ist ein Handwerk, bei dem Text eine große Rolle spielt. Es hört auf den Namen *Search Engine Optimization (SEO)*, auf deutsch etwas unelegant *Suchmaschinenoptimierung.*

Suchmaschinenoptimierung ist keine Hexerei. Suchmaschinen wie Google versuchen mit ihren Bewertungsalgorithmen das Leseverhalten der Nutzer abzubilden. Dazu bedienen sie sich diverser Hilfskonstruktionen. Kommt ein Begriff nicht nur einmal auf einer Webseite vor, sondern öfter? Steht er eher weiter vorn? Kommt der gesuchte Begriff vielleicht sogar in der Überschrift vor? Wenn es mehrere Begriffe sind, die gesucht werden: Stehen diese Begriffe nah beieinander anstatt weit auseinander? Wird die Seite ab und zu aktualisiert? All dies sind -- neben der guten Verlinkung -- für eine Suchmaschine Anzeichen dafür, dass die entsprechende Webseite ziemlich einschlägig für den gesuchten Begriff ist.

Wie sie die einzelnen Kriterien gewichten, darin unterscheiden sich die Suchmaschinen. Daher liefern sie leicht voneinander abweichende Suchergebnisse. Webseiten verändern sich ständig, und damit auch das Ranking – deshalb kann man sich nie allzu lang auf den Lorbeeren eines einmaligen guten Rankings ausruhen.

Wie funktioniert eine Suchmaschine? Grundlage jeder Suchmaschine ist eine ziemlich große Datenbank. Deren Datenbestand kommt dadurch zustande, dass zum einen ein Programm, ein *Crawler* oder *Robot,* das World Wide Web durchsucht. Sobald er einen Link auf eine weitere Seite findet, folgt er diesem und nimmt auch die neue Seite in seinen Bestand auf. Der Inhalt der Seite wird für

3.2 Mit Suchmaschinen gefunden werden

den Index ausgewertet. Wenn Sie eine Suchanfrage stellen, wird nicht etwa „das Internet" durchsucht, sondern lediglich der Index.

Damit ist auch bereits deutlich geworden, dass keine Suchmaschine „das Internet" vollständig abbildet. Sie kennt immer nur einen Ausschnitt. Daneben gibt es Bereiche, die für Suchmaschinen nicht sichtbar sind. Das sogenannte *Darknet* gehört dazu.

Die Suchmaschinen führen grundsätzliche eine Volltext-Recherche durch. Das heißt, alle Wörter, die auf den Webseiten vorkommen, werden aufgenommen und indiziert. Wer eins dieser Wörter in seine Suchanfrage eintippt, erhält an irgendeiner Stelle auch den Hinweis auf diese Seite.

Meist ist es gar nicht notwendig, die eigene Website bei der Suchmaschine anzumelden – was nichts kostet und ganz einfach geht. Doch dafür zu sorgen, dass der Robot oder Spider von Suchmaschine oder Katalog die eigene Homepage bei seinen Routine-Touren durchs Web findet, ist nur der erste Schritt.

Zahlreiche Mythen ranken sich um die Suchmaschinenoptimierung. Da das Geschäftsmodell der Suchmaschinen darin besteht, möglichst individuell zugeschnittene Werbung zu liefern, versuchen sie, die für die Nutzer bestmögliche Antwort zu finden. Dabei ist das Geheimnis schnell enträtselt: Für Suchmaschinen schreiben heißt für User schreiben. Und dabei hilft das journalistische Handwerk:

- die eigene Zielgruppe kennen,
- aktuelle Themen und Inhalte erkennen,
- gängige Begriffe und treffende Verben verwenden,
- die lexikalische Varianz (also „Drahtesel" statt „Fahrrad") zurückhaltend einsetzen.
- in mehreren Medien aktiv sein und vom einen zum andern querverlinken.

Mehr zu diesem Thema steht im Kapitel „Darstellungsformen".

Text zählt. Damit die schönen Animationen, Grafiken, Audios und Videos von Suchmaschinen gefunden werden, benötigen sie sprechende Beschreibungstexte. Die Suchmaschinen-Programmierer arbeiten zwar daran, Bild- und AV-Dateien auszuwerten. Doch bislang werden beim Bild, beim Audio- oder Videopodcast neben dem Verlinkungsgrad vor allem der Text und die Schlagwörter berücksichtigt. Nichtsdestoweniger verbessern der Einsatz von Bild oder Video das Ranking.

Hinzu kommen einige einfache Dinge, die technisch zu beachten sind.

Wie bringt man einen neuen Begriff bei Google unter? Um das zu testen, hat das Computermagazin c't im April 2005 einen Suchmaschinenoptimierungs-Wettstreit ausgerufen. Ziel war, an den zwei Stichtagen, 15. Mai und 15. Dezember, die beste Position in bestimmten Suchmaschinen, darunter auch Google, zu erreichen. Als Begriff wurde *Hommingberger Gepardenforelle* gewählt, weil es weder einen Ort *Hommingberg* noch eine *Gepardenforelle* gibt. Aus den Top Ten der Gewinner lassen sich bis heute einige gültige Strategien zum Gefundenwerden ableiten, auch wenn sich die Regeln fürs Ranking ständig ändern.

Kommt der Begriff in der URL vor? Der *Domainname* spielt eine wesentliche Rolle. www.hommingberger-gepardenforelle.de war fast immer unter den ersten zehn Treffern. Aber auch de.wikipedia.org/wiki/Hommingberger_Gepardenforelle hatte gute Karten. Anstatt Dateinamen wie 12345.html zu verwenden, sollte man den einzelnen Seiten aussagekräftige URLs zu verpassen, wie das inzwischen viele Content-Management-Systeme (CMS) machen.

Eine sprechende Domainadresse ist das A und O. Wohl dem, der frühzeitig aussagekräftige Adressen wie www.zeit.de, www.spiegel.de, www.frauenbund.de oder www.verbraucherzentrale.de ergattert hat. Solche Wörter können sich Menschen besser merken als www.vzbv.de oder www.kdfb.de. Wer nur über eine solche Adresse verfügt, ist gut beraten, sich noch eine verständlichere Adresse hinzu zu definieren.

Das Wesentliche steht im Titel. Dieser technische *title* ist nicht identisch mit der Überschrift des Beitrags auf der Webseite. Sie finden ihn, wenn Sie in Ihrem Browser oben in die blaue Statuszeile sehen. Die meisten CMS erlauben, diesen Titel händisch einzugeben. Wenn der gesuchte Begriff hier vorkommt, wird er beim Ranking bevorzugt. Sollte bei Ihnen nur „Home" stehen, besteht Handlungsbedarf.

Was steckt dahinter? Webseiten werden mit einer Standardsprache namens HTML geschrieben und teilen sich in einen sichtbaren (body) und einen unsichtbaren Teil (head) auf. Werfen wir einen Blick auf den HTML- oder Quelltext einer beliebigen Seite: Im Kopf oder „head" des HTML-Dokuments finden Sie immer eine Zeile, die mit <title> beginnt und mit </title> endet. All diese Befehle in spitzen Klammern werden englisch „tag" (Plural: tags) genannt. Darauf, was dazwischen steht, möchten wir Ihre Aufmerksamkeit lenken: Denn diese Zeile wird von den Suchmaschinen bevorzugt ausgewertet.

Angenommen, eine Firma bietet Seminare zu Zeit- und Projektmanagement an. Dann sollte nicht nur das Wort „Seminar" im Titel vorkommen, sondern auch ein treffendes Schlagwort zum Inhalt der Seminare, beispielsweise „Zeitmanagement". Der Robot wertet diese Schlagwörter aus und die Suchmaschine berücksichtigt sie beim Ranking.

Kommt der Begriff in der Überschrift vor? Im HTML-Code werden Überschriften ebenfalls mit einem „tag" ausgezeichnet. Die Suchmaschine gewichtet, was zwischen Überschriften-Tags steht, höher als einfachen Text. Eine treffende, journalistisch formulierte Überschrift hilft also auch bei der Suchmaschinen-Optimierung. Ähnliches gilt für Fettgedrucktes (für die Suchmaschine ebenfalls durch HTML-Tags erkennbar), Bildunterschriften und die sogenannten Alternativ-Tags, die bei Bildern angezeigt werden, wenn man mit dem Mauszeiger drauf geht.

Futter für die Datenbank: Meta-Stichworte. Auch zu den Autoren und zum Inhalt kann man der Suchmaschinen-Datenbank gezielt Informationen zukommen lassen. Das Titel-Tag haben wir bereits kennen gelernt. Hinzukommen Tags, die festlegen, was direkt in die Datenbank übernommen werden kann, sogenannte Meta-Tags. Bei Stefan Karzauninkat, dem Verfasser der „Suchfibel", finden Sie eine Übersicht der wichtigsten Tags (www.suchfibel.de).

Vorsicht, Falle: Google mag es nicht, wenn Sie Schlagworte als Keyword in den Metatags eintragen, die mit dem Text nichts zu tun haben!

Wie findet man die richtigen Schlagwörter? Am besten versetzt man sich in die Situation eines Menschen, der nach einem bestimmten Thema sucht. Sie können aber auch einfach die Gewohnheiten Ihrer Nutzer beobachten: Welche Suchbegriffe verwenden sie in welcher Kombination? Suchen sie eher nach „Auto" oder nach „Kfz"? Auch hier hilft Google mit den gängigsten Suchbegriffen oder einer Trendanalyse, die Sie zwei oder mehr Begriffe vergleichen lässt (trends.google.de).

In welchem Kontext kommen Suchbegriffe vor? Welche weiteren Wörter haben eine semantische Verwandtschaft zum Begriff? Wer Werbeerfolge über Google Adwords generieren möchte, findet dort Tipps und Tools beim Finden der richtigen Begriffe.

Dass eine Website mobil nutzbar ist, ist ebenfalls eine wichtige technische Voraussetzung für ein gutes Ranking. Hinzu kommt die Schnelligkeit der Website auch bei der mobilen Suche sowie in zunehmendem Maß die Optimierung für Sprachassistenten.

Tools und Toolbars. Um Websites auf ihr Potenzial hin zu untersuchen, stellen Google, Yahoo und andere kostenlose Online-Werkzeuge *(Tools)* zur Verfügung. Dazu zählen etwa Ergänzungen zum Browser, sogenannte Toolbars, die einfach zu installieren sind. Diejenige von Google gibt es unter toolbar.google.com. Damit kann man leicht testen, wie eine Website im Vergleich zum Wettbewerb online da steht. Weitere Tools zur Wettbewerbsanalyse stellt Google unter dem Namen Google Analytics zur Verfügung (www.google.com/analytics). Von „Seobility" über „Yoast" bis „Screaming frog": Da sich die Nutzungsbedingungen oft ändern, recherchieren Sie am besten online nach aktuellen SEO-Tools.

Wer Themen oder Produkte auffindbar machen möchte, kann auf speziellen *Landing Pages* für die entsprechende Suchwortdichte sorgen. Eine solche Seite fängt den User auf und bietet ihm passende weiterführende Aktionen an. Bei einem journalistischen Textbeitrag ist das in der Regel nicht nötig: Wenn Autoren die Regeln für journalistisch gute Texte beherzigen, die Dinge beim Namen nennen und treffende Überschriften finden, ergibt sich die Suchmaschinenoptimierung fast von selbst. Man kann das Ganze aber auch „Redaktionelle Suchmaschinenoptimierung" (engl.: *editorial search engine optimization,* ESEO) nennen und gezielt betreiben.

Mit sozialen Netzwerken fürs Gefundenwerden sorgen, kann man auch *„Social Media Optimization"* nennen – und wenn es gut läuft, auch *„Virales Marketing" online.* Dabei macht man sich die Tatsache zunutze, das sich gute oder witzige Inhalte online fast von selbst verbreiten: über die Nutzer nämlich. Das gemeinschaftliche Indexieren mit *Hashtags,* benannt nach dem Doppelkreuz # „hash" sowie nach den Schlagworten „tags" auch Tagging genannt, sorgt ebenso für Traffic wie entsprechende Blog-Einträge. Da die Blogger durch Links, Backlinks, Trackbacks vernetzt sind, verbreiten sich gute Links rasch. Über Twitter kann man in Kürzestform Informationen samt URLs oder deren Kurzfassung, die TinyURLs, verbreiten. Podcasts zum Anhören und Anschauen unterstützen die Suchmaschinenoptimierung ebenfalls, vorausgesetzt, sie sind gut betextet und verschlagwortet. Vor allem aber werten Suchmaschinen die Beziehungen von Personen über *Social Media* aus.

Ob Webseite, Blogeintrag, Bild oder Podcast – die genannten Tipps gelten für alle Medien. Beim Foto oder der Grafik ist der Alternativ-Text wichtig, aber auch die Bildunterschrift. Podcasts, ob Audio oder Video, brauchen eine treffende Textbeschreibung, einen suchmaschinenoptimiert geschriebenen Teaser. Bei allen Social-Media-Anwendungen ist die Verschlagwortung essenziell.

Links gelten als Empfehlung. Weil beim Ranking der Suchmaschinen besser abschneidet („PageRank", benannt nach Larry Page), wer viele Links auf die eigene Site vorweisen kann, bemühen sich viele Inhaber von Webseiten intensiv um Linkpartnerschaften zu Sites mit einem guten Ranking. Linktausch und gegenseitige Verlinkung sind legitime Möglichkeiten, das eigene Netzwerk gewinnbringend einzusetzen.

Vorsicht, Falle: Wenn die verlinkten Seiten thematisch wenig miteinander zu tun haben, hält Google das Linking für einen Trick. Dasselbe gilt für die früher beliebte Methode, künstlich Links auf die eigene Site zu generieren. Findige Anbieter nutzen dazu rein zu diesem Zweck erfundene Sites – es kostet ja nichts, auf die eigenen Seiten zu verlinken.

Google mag es auch nicht, wenn mehrere URLs auf denselben (gespiegelten) Inhalt verweisen.

Suchmaschinen entlarven Tricks. Die meisten dieser Tricks helfen nur kurzfristig. Auch die Programmierer der Robots und der Rankings für die Suchmaschinen beobachten, was die Anbieter von Webseiten so treiben, und basteln Gegenmaßnahmen dazu.

Stefan Karzauninkat, der Autor der „Suchfibel", bemerkt etwas genervt: „Etliche Schlauberger versuchen, die Suchmaschinen zu Höchstleistungen anzuspornen mit dem Ziel, die eigene Seite möglichst als erste in der Liste der Suchergebnisse zu präsentieren." Doch das helfe nichts: „ Inzwischen werden solche Seiten ganz hinten in die Liste strafversetzt oder erst gar nicht im Index aufgenommen."

Was, wenn Google eine Site nicht mehr mag? In diesem Punkt kann die Macht einer großen Suchmaschine rasch sehr unangenehm werden: Wenn Google den Eindruck hat, eine Site arbeite mit unlauteren Methoden, wird sie schon mal komplett herausgenommen. Die Site ist dann für User, die mit Google suchen, nicht mehr auffindbar.

Weiterführende Literatur

1. Wiebke Möhring, Daniela Schlütz: Die Befragung in der Medien- und Kommunikationswissenschaft. Eine praxisorientierte Einführung, Wiesbaden: Springer VS 2019.
2. Julian Dziki: Suchmaschinenoptimierung für Dummies. Weinheim: Wiley-VCH 2018

Weiterführende Links

3. Google für Webmaster: https://www.google.com/webmasters/
4. Google Trends: https://www.google.com/trends/
5. Google Analytics: www.google.com/analytics/

Hypertext und Storyboard 4

Zusammenfassung

In diesem Kapitel gibt es die praktische Anleitung für onlinegerechtes Konzipieren: Wie schreibe ich Hypertext? Wie sorge ich für usergerechte Navigation, wie schreibe ich ein Drehbuch (Storyboard) für die Site?

Schlüsselwörter

Hypertext · Links · Teaser · Textstruktur · Schreiben für Online-Medien · Storyboard · Usability · UX

Hypertext beginnt im einfachsten Fall mit einem kurzen Text, der auf eine Folgeseite mit Text, Audio, Video oder einem anderen Dateielement verweist. Längere Beiträge erfordern eine *Strukturierung mit Hilfe von Links*. Thematisch zusammenhängende Dossiers oder ganze Online-Magazine benötigen ihrerseits eine übersichtliche Hypertext-Struktur. Deshalb fängt dieses Kapitel bei der kleinsten Einheit an und nähert sich dann schrittweise dem kompletten Online-Angebot.

Der erste Beitrag ist dem Schreiben von Hypertext gewidmet – von der kurzen Zusammenfassung (Lead) über die treffende Überschrift (Head) bis zum Anreißer (Teaser). Wie man einen längeren Text übersichtlich gliedert, beschreibt der anschließende Beitrag „Links strukturieren den Lesefluss". Strukturieren eines Online-Magazins und Navigation sind Themen des nächsten Beitrags „Storyboard für die Navigation". Dort finden sich auch Tipps für die Gestaltung der Startseite sowie für die umfangreicheren Formen im Web, vom Dossier bis zum Online-Magazin.

4.1 Wie schreibt man Hypertext?

Wie schreibt man für Online-Medien? Soll man überhaupt noch von „Schreiben" sprechen, oder ist „Gestalten" oder „Kommunikations-Design" der treffendere Ausdruck? Ich bevorzuge den Begriff „schreiben", um klar zu machen: Am Anfang steht nach wie vor das Wort.

Zur Orientierung online dienen zu allererst Wörter. Dass Online-Journalist/innen erstens optisch (wohin sieht der Nutzer?), zweitens interaktiv denken müssen (was macht der Nutzer?), stellt dazu keinen Widerspruch dar. Für Piktogramme und Grafiken als Navigationshilfe muss in der Regel erst ein Kontext hergestellt werden, in dem sie ihren Gültigkeitsbereich haben.

Wie sehr Wörter unsere Wahrnehmung prägen, verdeutlicht der Stroop-Effekt. Der amerikanische Psychologe J. Ridley Stroop testete in den 30-er Jahren das Wahrnehmungs- und Wiedergabeverhalten von Lesern, wenn der angebotene Text widersprüchliche Signale sendet. Er fragte: Wie beeinflusst die Farbgebung des Schriftbilds die Wahrnehmung des Wortinhalts? Konkret: Wenn das Wort „blau" grün gedruckt ist – was liest der User?

Probieren Sie es aus: Auf www.kommdesign.de hat der Kommunikationspsychologe Thomas Wirth eine eindrucksvolle Demonstration des Stroop-Effekts gelegt. Der User kommt ins Stocken, wenn er die Farbe der andersfarbig gedruckten Wörter nennen soll. Das Wort „blau", grün gedruckt, kommt beim User als „blau" an. Als Ursache für diesen Effekt hat bereits Stroop die Überlagerung (Interferenz) zweier Prozesse, nämlich „Lesen" und „Nennen der Farbe", dingfest gemacht. Solche Störungen lenken den User nicht nur ab, sondern können dazu führen, dass er den Lesevorgang abbricht und sich wegklickt. Online kann man auf www.kommdesign.de/texte/stroop.htm den Stroop-Effekt selbst ausprobieren und eigene Schlussfolgerungen ziehen.

Der Stroop-Effekt ist kein Argument gegen Bilder – ganz im Gegenteil: Selbstverständlich sind Fotos und Grafiken nicht nur hervorragende Blickfänge, sondern liefern im Idealfall Informationen, die der Text nur verzögert oder unter großem Aufwand wiedergeben könnte. Doch bereits Bilder ohne erläuternde Worte hinterlassen den Zuschauer ratlos: Text muss sein. Und wenn sich Bild und Text in der Aussage widersprechen, können die entstehenden Interferenzen den User derart irritieren, dass er die Seite verlässt. Oder noch schlimmer: Die Bilder verhindern, dass die User sich auf den (komplexen) Text konzentrieren.

4.1 Wie schreibt man Hypertext?

Ein Beispiel für gelungenen Text-Einsatz ist Google mit seiner schlichten Startseite, deren Ziel rasche Orientierungshilfe für den Nutzer ist. Text liefert aber auch quer durch die Medien die grundlegende Orientierungshilfe online: bei Foto-Seiten, bei Audio-Sequenzen und sogar und gerade bei Film und Video. Und unterstützt Text Ihre Auffindbarkeit bei Google.

Hypertext heißt die Form, die von allen Online-Formaten dem klassischen Text noch am nächsten verwandt ist. Hier gibt es eine klare Trennung Sender/ Empfänger. Der User nimmt den Text zeitversetzt, asynchron, wahr. Damit enden aber die Gemeinsamkeiten auch schon. Eine vage Ähnlichkeit gibt es noch zwischen Magazin- und Online-Texten: Bereits die Magazinseite stellt mithilfe des Layouts Textblöcke heraus und bietet Möglichkeiten für den Quereinstieg. Teasertexte auf der Titelseite sollen den Leser zum Weiterlesen im Innern und zum Kauf des Blatts animieren.

Fortsetzung folgt! Auf diesen Nenner könnte man die einfachste Hypertext-Anwendung bringen. Alle Redaktionen von Presseprodukten setzen sie ein, wenn sie einen Beitrag aus Tageszeitung oder Magazin eins zu eins online wiedergeben. Weil der Text auf jeden Fall zu lang für die Homepage ist (schließlich soll dort auch noch auf andere Themen hingewiesen werden), wird er lediglich angerissen oder „geteast".

Wie schreibt man eine Hypertext-Nachricht? Die folgende Information ist ein Auszug aus www.spiegel.de. Bitte lesen Sie den Text durch und überlegen Sie: Welche Informationen müssten unbedingt in einem Ankündigungstext auftauchen, welche sind verzichtbar? Welche Überschrift würden Sie dazu texten?

> (dpa) In Bayern ist ein Güterzug ungebremst auf dem Weg aus dem böhmischen Wald in Richtung Wiesau in der Oberpfalz gerollt. Der Lokführer eines privaten Zugunternehmens habe den Mitarbeitern im Stellwerk signalisiert, dass es keine Bremswirkung gebe und um Hilfe gebeten, sagte ein Sprecher der Deutschen Bahn.
> Ein Unfall habe wegen der schnellen Reaktion mehrerer Fahrdienstleiter entlang der Strecke verhindert werden können. Sie stellten die Signale an der Strecke so ein, dass der Zug nach mehr als 80 km schließlich ausrollen konnte und zum Stehen kam.
> Warum der Zug bei seiner Fahrt auf der leicht abschüssigen Strecke am vergangenen Donnerstag nicht bremsen konnte, wird derzeit untersucht. (gekürzt).

Praktische Übung zum Mitspielen: Bitte verfassen Sie eine Nachricht, die aus dieser Information das Wesentliche herausfiltert, von maximal 250 Zeichen. Die

Länge überprüfen Sie bitte mit der Funktion „Wörter zählen" im Menü „Extras" von Word.

> Beim Lösen der Aufgabe helfen Ihnen die sieben journalistischen W-Fragen:
> *Wer*
> (tut) *was*
> *wann*
> *wo*
> *wie*
> *warum*
> *woher*

Damit wissen Sie, was unbedingt in die Nachricht hineingehört.
In unserem Beispiel könnte diese simple Checkliste folgendermaßen aussehen:

Wer Zug
(tut) was rollt
wann (August 2019)
wo durch Bayern
wie ungebremst
warum menschliches Versagen
woher (stammt die Information)? dpa

Aus diesen Antworten hat Spiegel online damals seine Überschrift gestrickt:

((Dachzeile)) Angeblich mehr als 100 km/h
((Überschrift)) Güterzug rollt ungebremst durch Bayern
((Lead)) In Bayern haben bei einem Güterzug die Bremsen versagt: Die Lok und die Waggons rollten Dutzende Kilometer ungebremst Richtung Donautal.

Ziemlich dramatisch, oder? Aber ist das wirklich der Nachrichtenkern? Die Antworten könnten auch so aussehen:

Wer Eisenbahner
(tut) *was* verhindern Zugunglück
wann (August 2019)

4.1 Wie schreibt man Hypertext?

wo Oberpfalz
wie mit schneller Reaktion
warum Zug rollte mehr als 80 km, Bremsen hatten versagt
woher (stammt die Information)*?* dpa.

n-tv hat sich für diese Lösung entschieden:

((Dachzeile)) Schweres Unglück verhindert
((Überschrift)) Güterzug steuert ungebremst durch Bayern
((Lead)) Die Lokführer betätigen die Bremsen, aber ihr Zug wird nicht langsamer: Ein Güterzug aus Tschechien kommt erst viele Kilometer von seinem Ziel entfernt zum Stehen. Jetzt ermitteln die Behörden.

Bei der Informationsauswahl werden unterschiedliche Strategien deutlich: „informieren" versus „neugierig machen". Insbesondere seit tagesaktuelle Medien ihre Beiträge hinter einer Paywall verstecken, verwenden sie die Neugierigmacher. Das ist für die User unbefriedigend, weil der Teaser den Nachrichtenkern nicht vollständig vermittelt.

Eine Nachricht für den Bildschirm aufzubereiten heißt vor allem: das Wesentliche, das Aktuelle, das Besondere herausfinden. Dazu braucht man etwas Wissen – nämlich darüber, was für die eigene Zielgruppe an dieser Information neu, und was bereits bekannt ist. Und dazu muss man wissen, für wen man schreibt.

Wie schreibt man einen guten Teaser (Anreißer)? Bitte probieren Sie es selbst einmal aus: Wie könnte ein solcher Teaser aussehen?

Wenn Sie die Aufgabe vor Ihrem PC lösen wollen, verfassen Sie bitte einen Kurztext, der nicht mehr als 120 Zeichen umfasst, und eine Überschrift von maximal sechs Wörtern. Die Länge des Texts überprüfen Sie bitte mit der Funktion „Wörter zählen" von Word. Falls Sie über 180 Zeichen liegen, prüfen Sie bitte ernsthaft, auf welche Informationen man verzichten könnte.

Nach kurzem Nachdenken haben Sie vielleicht etwas geschrieben, was in der Abfolge Überschrift – Teaser – Nachricht so ähnlich aussieht wie der folgende Text.

((Dachzeile)) Schnelle Reaktion
((Überschrift)) Eisenbahner stoppen Geisterzug
((Lead)) Güterzug rollte 80 km durch Bayern. Die Bremsen hatten versagt

Wer auf Clickbaiting setzt, hat vielleicht so getextet:

((Dachzeile)) Rollende Zeitbombe
((Überschrift))Zug rast ungebremst durch Bayern.
((Lead)) Mit mehr als 100 hkilometern rollte ein Güterzug durch zahlreiche Bahnhöfe.

Denkbar wäre aber auch

((Dachzeile)) Bremsversagen
((Überschrift)) Zug rollt 80 km durch Bayern
((Lead/Teaser)) Wie Eisenbahner ein Zugunglück verhinderten.

Die unterschiedliche Informationstiefe ist kennzeichnend für Texte im Web. Viele Redaktionen stellen vor längere Beiträge einen sogenannten „Lead" oder eine Zusammenfassung: Hier steht das Wichtigste vorneweg – also auf jeden Fall diejenigen Ws, die Sie als wichtigste für den ersten Satz ausgewählt haben.

In Printmedien „führt" der Lead den Beitrag an – daher der Name. Einen Lead-Text schreiben zu können zählt zum klassischen journalistischen Handwerk. Wer genau wissen will, wie's geht, liest in der „La Roches Einführung in den praktischen Journalismus" nach.

Was versteht man unter einem Teaser? Der „Anreißer" oder die „Reizwörter" fungieren auf der Startseite als Einstieg in den ausführlichen Beitrag auf einer nachfolgenden Webseite. Journalistisch ähneln sie dem ersten Satz eines längeren Beitrags, der als „Rutschbahn" in den Artikel wirken soll – mit einem wesentlichen Unterschied: Online kommt es allein auf den Teaser an, ob der User überhaupt bis zum ausführlichen Beitrag gelangt. Entsprechend lassen sich nach ihrer inhaltlichen Funktion *zusammenfassende Teaser, Frage-Teaser* und *Ankündigungs-Teaser* unterscheiden (vgl. die Übersicht zu Teasern auf den folgenden Seiten).

Die Überschrift enthält der Teaser fast immer, oft ergänzt um eine Zeile, manchmal auch um den Lead-Text. Manchmal sind es nur zwei bis drei Wörter, in die der nachfolgende Inhalt komprimiert gepackt werden muss. Teaser lassen sich einfach nach der Länge einteilen: Vom Zwei-Wort-Satz bis zur Kombination aus Überschrift und Vorspann von mehr als 200 Zeichen ist alles drin. Auch wenn auf der Einstiegsseite nur ein kurzer Satz steht, der zum Weiterlesen reizen soll, spricht man von einem Teaser. Er zeichnet sich dann durch eine Länge von meist weniger als 65 Zeichen (= einer langen Zeile oder zwei bis drei kurzen Zeilen) aus.

Der Teaser kann aber durchaus die Länge eines ausgewachsenen Leads erreichen. Manche Nachrichtenticker im Web übernehmen als Teaser einfach die

Überschrift oder den ersten Satz des Beitrags. Das setzt voraus, dass der Beitrag selbst nach journalistischen Prinzipien verfasst wurde: Der erste Satz muss das Wichtigste in Ws, die Kernaussage, enthalten.

Raschen Überblick sollen die Teaser dem User verschaffen. Die Nachrichtenseiten praktisch aller einschlägigen Medien online belegen das: Ob bei Tagesschau.de oder bei „Spiegel", „Focus" oder „Süddeutscher Zeitung": Der Text im Nachrichtenüberblick ist kurz, sachlich und informativ. Die vertiefte Information folgt beim Klick auf den Teaser.

Wiedererkennen muss möglich sein: Auf der nächsten, nachfolgenden Ebene sollten Elemente des Teasers wiederholt werden: Bei Kurzteasern der gesamte Text, bei mehrstufigen auf jeden Fall die Überschrift. Darin liegt die Kunst der Online-Aufbereitung: In Kürze treffend informieren, auf der nächsten Ebene vertiefte Informationen bieten. Das klassische „Prinzip der umgekehrten Pyramide" gilt auch für den Nachrichtenaufbau online: Das Neue, das Wichtige, das Besondere steht ganz vorn, gefolgt von den Einzelheiten. Erst später kommen die Details und die Vorgeschichte.

Darin unterscheidet sich das Handwerk des Nachrichtenschreibens für Online-Medien kaum von dem für die klassischen Medien. Online stehen neben informierenden Darstellungsformen wie der Nachricht und meinungsäußernden wie dem Kommentar noch mehr Formen zu Verfügung – ihnen ist das nachfolgende Kapitel „Die interaktiven Formen" gewidmet.

Teaser-Übersicht. Einteilen lassen sich Teaser einmal einfach nach der *Länge,* sodann nach ihrer *Funktion,* schließlich auch nach der verwendeten journalistischen *Darstellungsform.*

Nach Länge und Ausführlichkeit lassen sich folgende Arten von Teasern unterscheiden:

Überschriften-Teaser, der den Informationsgehalt in Kürzestform bringt. Bei dieser Form fungiert der ganze Teaser als Hyperlink, Beispiel:

Japans Wirtschaft wächst.
Frau an Grippe gestorben.

Überschrift plus Text. Bei dieser Form ist nicht nur die Überschrift als Hyperlink ausgezeichnet, sondern der Text ist um ein Symbol (etwa einen Pfeil) oder einen Zusatz (‚Mehr ..., Weiter, Lesen Sie mehr ...') erweitert, der zum ausführlichen Dokument verlinkt.

> „Die Welt ist gegen uns"
> Israelis wie Palästinenser sehen sich nicht als Täter, sondern als Opfer. So kann es nie Frieden geben.

Teaser mit Bild als Aufmacher: Längere Teaser-Formen enthalten fast immer ein Bild. Stehen sie als erster Text in einem Online-Angebot, nehmen sie dieselbe Funktion wahr wie der Aufmacher in einer gedruckten Zeitung.

Tempolimit-Debatte
Scheuers Nein macht SPD sauer
Die SPD will ein Tempolimit auf Autobahnen. Doch in der Union findet der Plan keine Unterstützung. "Bockig" nennt ein SPD-Politiker das Nein von Verkehrsminister Scheuer. Auch die FDP ist gegen ein Tempolimit. | mehr

Teaser mit Bild als Aufmacher bei tagesschau.de, 26. Dezember 2019

Nach ihrer *Funktion* unterscheiden wir:

Zusammenfassende Teaser
geben den Informationskern der nachfolgenden Webseite wieder:
‚Handwerk rechnet mit Umsatzminus'
Eine Frage als Teaser verlangt Wiederholung der Frage und umgehende Antwort im nachfolgenden Text:
‚Konzern-Quiz: Kennen Sie Deutschlands heimliche Riesen?'
‚Was sagen die Sterne heute?'
Ankündigungs-Teaser beschreiben lediglich, was folgt:

4.1 Wie schreibt man Hypertext?

> ‚Eine Stadt macht Party. Wo Sie in Stockholm am besten feiern, essen und übernachten und sich mitten in der Stadt an einen Strand legen können'

Aber auch nach Zugehörigkeit zu ihrer *journalistischen Form* kann man Teaser einteilen:

> **Nachrichten-Teaser** stellen eine häufige Form dar: Sie informieren ohne Meinungsäußerung.
> ‚Steuerreform: Mittelständler werden entlastet'
> **Kommentierende Teaser und Teaser mit Appell-Charakter** finden sich online oft zusätzlich zur oder anstelle der Überschrift. Sie sind häufig kombiniert mit der Aufforderung, in partizipativen Formen wie Diskussionsforen der User-Community mitzudiskutieren.
> ‚Lafontaines großer Bluff'

Der Podcast der Bundeskanzlerin Angela Merkel wurde im November 2019 wie folgt angeteast:

> Die Bundesregierung will gemeinsam mit der Automobilindustrie den Wandel in der Mobilität vorantreiben. Am Montag findet dazu zum zweiten Mal der strategische Dialog statt. Bundeskanzlerin Angela Merkel nennt in ihrem aktuellen Video-Podcast drei Kernbereiche für das Treffen: die Förderung alternativer Antriebe, den Ausbau der Ladeinfrastruktur und die Auswirkungen auf die Arbeit in der Automobilwirtschaft. Die Zukunft der Mobilität werde viel vernetzter gedacht werden, so die Kanzlerin.
> https://www.bundeskanzlerin.de/bkin-de/mediathek/die-kanzlerin-direkt/podcast-mobilitaet-1687758!mediathek?query=, 26.12.2019.

Der Teaser bringt die zentrale Information. Auch wer das Video nicht anschaut, ist informiert.

Das Prinzip der zunehmenden Informationstiefe ist kennzeichnend für Hypertext. Neu gegenüber dem linearen Schreiben ist die Aufteilung auf verschiedene

Dokumente: Überschrift und Teaser liefern die Grundinformation. Online steht der Teaser auf einer anderen Bildschirmseite als der Folgetext. Einzelheiten folgen nach dem Klick auf den Teaser. Hier wird die Information breiter, der Informationsgehalt weniger dicht. Parallel zur zunehmenden Informationstiefe sprechen wir von der *abnehmenden Informationsdichte.*

Weiterführende Links verstärken dieses Prinzip noch: In der Regel führen sie zur Originalquelle der Information. Die ist meist nicht so gut aufbereitet wie der online-journalistische Beitrag. Dafür enthält sie aber mehr Einzelheiten. Im Beispiel der 66 Hamburger könnte man auf die originalen Statements der Künstler verlinken. Bei der Entscheidung, ob dieser Link notwendig und hilfreich ist, hilft die Frage: Hat der User dadurch einen Zusatznutzen? Diese Frage ließe sich im Beispiel getrost mit „Nein" beantworten.

Netzreportage und Netzdossier. Onlinespezifische Darstellungsformen arbeiten ausgiebig mit den Möglichkeiten assoziativer und vertiefender Informationsverlinkung. Die Netzreportage verschafft dem User im Haupttext einen Überblick über ein aktuelles Thema, zum Beispiel „Rechtsextremismus im Internet". Textlinks führen zu den angesprochenen, meist externen Quellen; unterhalb des Texts werden die Links noch einmal systematisch aufgelistet und oft auch kommentiert. Ein Netzdossier hingegen besteht aus mehreren eigenen Beiträgen zu einem Thema; es enthält in der Regel interne wie externe Links.:

Wie lang dürfen zusammenhängende Texte online sein? Das abfällige Wort vom „Häppchenjournalismus" wird besonders gern auf Online-Formate angewendet. Inzwischen dürfte deutlich geworden sein: Lange Texte sind online durchaus erlaubt – sie müssen aber userfreundlich strukturiert sein, vgl. den nachfolgenden Beitrag „Links strukturieren den Lesefluss". Gerade Online-Medien bieten die Möglichkeit, den User über die gewünschte Informationstiefe entscheiden zu lassen. Ein weiterführender Link darf deshalb durchaus auf die 80-seitige wissenschaftliche Studie zum Thema verweisen, wenn er das richtig ankündigt – der User muss ihm ja nicht folgen.

Druckfassung und Download anbieten. Nicht wenige User laden sich lange Texte auf den eigenen PC oder das mobile Lesegerät, speichern sie dort ab oder geben sie am eigenen Drucker aus. Für diesen Fall ist es besonders hilfreich, dem User eine Druckfassung anzubieten. Eine Möglichkeit zum Herunterladen der kompletten 80-seitigen Studie hilft dem User ebenfalls, seine Online-Zeit kurz

4.1 Wie schreibt man Hypertext?

zu halten und die gewünschte Informationstiefe in aller Ruhe offline zu wählen. Wählen Sie für solche Dokumente ein Standard-Dateiformat wie PDF, das zu allen Computersystemen kompatibel ist.

Quellenangaben unterstreichen die Glaubwürdigkeit. Hartnäckig hält sich das Gerücht, Informationen aus dem Internet würden als *weniger glaubwürdig* angesehen als gedruckte. Es stammt aus den Anfangszeiten des Internet, als von einem eigenständigen Online-Journalismus noch nicht die Rede war. Richtig daran ist, dass online für den User oberflächlich ununterscheidbar seriöse neben unseriösen Quellen stehen. Wie immer Sie Ihr eigenes Online-Angebot einschätzen: Wenn Sie Glaubwürdigkeit erzeugen möchten, nennen Sie Quellen, zu allererst Ihre eigene Anschrift. Zu einem Impressum sind Sie nach deutschem Medienrecht ohnehin verpflichtet, vgl. das Kapitel *Recht*. Dort finden Sie auch juristische Hinweise zum Thema „Links setzen".

Keine Angst vor Redundanz: Wenn der User den nachfolgenden Text auf dem Bildschirm sieht, ist der vorangehende weg. Ähnlich wie im Radio-Journalismus ist die Wiederholung der Kernaussagen deshalb nicht schädlich, sondern hilfreich. Insbesondere die Kernbegriffe müssen wiederholt werden. Andernfalls geben Sie dem User Rätsel auf: Bin ich hier noch richtig? Kaum ein User verfügt über ein derart trainiertes Gedächtnis, dass er den Inhalt einer eben überflogenen – und jetzt weggeklickten – Seite noch komplett im Kopf hat.

Einige gängige Irrtümer über die Online-Sprache können wir an dieser Stelle ausräumen. Einer lautet: „Schreiben Sie wie Sie sprechen!". Richtig ist, dass Online-Sprache mehr mit Hörfunk-Sprache zu tun hat als mit dem „Schreiben wie gedruckt": Der Satzbau ist einfacher, die Wortstellung klarer, die Sätze sind kürzer. Das hat jedoch nichts mit Alltags-Sprechen, seiner Weitschweifigkeit und seinen grammatikalischen Freiheiten zu tun. Ganz im Gegensatz zur gesprochenen Sprache ist die Online-Sprache knapp, klar und ausgefeilt.

Eng damit zusammen hängt die Warnung vor Wiederholungen – ein zweiter gängiger Irrtum. Radiotexte verlangen Wiederholung, Radiosendungen eine gewisse Redundanz, weil ein Hörer nach einmaligem Hören nicht den gesamten Text präsent hat. Dasselbe gilt online, wie gezeigt wurde: Weil der Online-User nicht die gesamte Hypertext-Abfolge präsent hat, helfen ihm Wiederholungen von Überschrift, von Teilen aus Lead und Teaser beim Verständnis derjenigen Seite, die ihm gerade vorliegt.

Der dritte große Irrtum lautet: Online-Sprache ist Werbesprache. Er kommt dadurch zustande, dass online Werbe-Angebote dominieren – weit vor journalistischen Angeboten. Die Unterscheidung funktioniert hier wie im richtigen Leben: In journalistischen Texten gelten die Regeln für journalistische Sprache – in Werbetexten die für Werbesprache. Und Ihnen sollte klar sein, was Sie gerade schreiben.

Zwei Online-Lesetypen lassen sich unterscheiden: diejenigen, die rasch Information suchen, auch „horizontale" Leser/innen genannt. Sie brauchen alles auf einen Blick, auf einer Ebene. Das Überfliegen der Teaser reicht ihnen. Ihnen gegenüber stehen die „vertikalen" Leser/innen, die mit Genuss die vertiefte Information aufnehmen. Sie werden, wenn sie noch mehr Zeit investieren, zu surfenden, schmökernden Leser/innen: Sie folgt den weiterführenden Links, um sich möglichst direkt aus der Originalquelle zu informieren.

Die meisten Online-Angebote tracken bzw. scannen das Userverhalten. Je nach Nutzungssituation wechseln die Lesetypen. Alle Online-Leser/innen stellen sich aus dem großen Angebot einer Nachrichtensite online ihr individuelles Menü zusammen.

Wer beim Verfassen von Hypertext gezielt mit Teasern, mit Links und dem Prinzip der zunehmenden Informationstiefe arbeitet, wird beiden Lesertypen gerecht. Gleichzeitig ist der Behauptung die Schärfe genommen, online müsse jede Information in kleine Häppchen zerlegt werden. Längere Texte sind online möglich – wenn sie mit einem guten Teaser und einem brauchbaren Lead versehen und mit Links übersichtlich strukturiert sind.

Flache Text-Hierarchien sind überschaubar, lockere Netzwerke laden zum Lesen ein. Kleine Einheiten sind auf der Einstiegsseite unumgänglich – gewiss. Doch gerade das Schmökern in längeren, nicht hierarchisch, sondern assoziativ zusammenhängenden Dokumenten kann besonders reizvoll sein und Anstöße zu eigenen Assoziationen und Erkenntnissen geben.

Dass das Setzen von Links eine eigene Kunst ist, mit der sich dieses Lehrbuch intensiv beschäftigt, wird bereits sichtbar. Bislang haben wir lediglich mit dem site-internen Link vom Teaser zum Text gearbeitet sowie einen weiteren Link gesetzt, der entweder ebenfalls site-intern zu einem früheren Beitrag zum Thema oder extern zur Originalquelle führt. Mehr zum Thema „Links strukturieren den Lesefluss" finden Sie in einem eigenen Beitrag auf den folgenden Seiten. Bitte notieren Sie jedoch bereits hier: *Nicht zu früh Links setzen!* Sonst ist Ihr User weg.

4.2 Links strukturieren den Lesefluss

Für einen kurzen informierenden Beitrag reicht die Abstufung Teaser – Text mit ihrer Verteilung auf zwei Ebenen, eventuell noch ergänzt um einen externen Link zur Quelle. Links sind aber nicht nur die Gelenke, die die Teile des Textgerüsts miteinander verbinden, sie stellen bei umfangreicheren Online-Texten den User vor Entscheidungen: dem Link folgen oder nicht? Diesem Link folgen, oder einem anderen? Dramatisch ausgedrückt: Der User steht vor einem Hypertext mit Linkangeboten wie Buridans Esel vor zwei Heuhaufen. Der Esel verhungert schließlich, weil er sich nicht entscheiden kann. User hingegen besuchen einfach eine andere Site – und das Online-Angebot verhungert.

Gute Links helfen dem User bei der Entscheidung. So hübsch es sein kann, sich überraschen zu lassen: Auf der Suche nach Information will man sich nicht immer vor neue Überraschungen stellen lassen, sondern möglichst rasch einschätzen können: Lohnt es sich, diesem Link zu folgen, oder nicht?

Unechter Hypertext zwingt dem User eine Entscheidung auf. Wer einen Krimi schreibt, konzipiert linear, für ein ganzes Buch: Den Schluss sollte man nicht vor dem Mittelteil lesen, sonst ist die Spannung weg. Je näher sich eine journalistische Form an klassische literarische Formen annähert, desto mehr ist sie linear geprägt.

Eine Kolumne oder Glosse lässt sich nicht in beliebiger Reihenfolge lesen: Gedankenführung und Sprachwitz sind linear aufgebaut. Solche Darstellungsformen lassen sich, wenn überhaupt, fast nur als Gesamttext online bringen. Da macht es dann auch nichts, wenn die Kolumne etwas länger geraten ist: Viele User drucken sie aus und lesen sie am Frühstücks- oder am Schreibtisch.

Man kann auch mit einem Zwangskorsett von Links arbeiten, das dem User die Linearität überstülpt, ob er will oder nicht. Die Struktur eines solchen Online-Textes mit *erzwungener Linearität* sieht dann aus wie in Abb. 4.1.

Sie finden sie online immer dann, wenn Ihnen aus inhaltlichen, pädagogischen oder Marketing-Gründen eine bestimmte Botschaft vermittelt werden soll. Klassiker dieser Form sind Bildergalerien, mit deren Hilfe eine Story erzählt wird. Ein Trick sind neugierig machende Teaser am Ende einer Seite, sogenannte *Cliff Hanger,* bekannt vom herkömmlichen Fernsehen, die dem User das Klicken

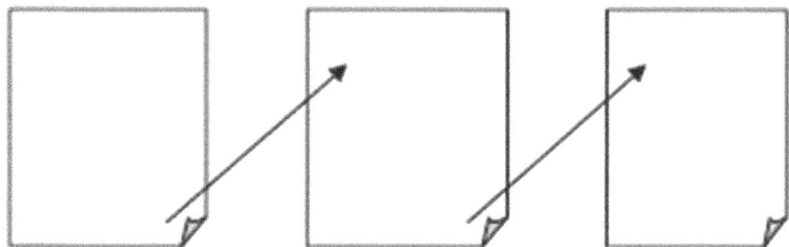

Abb. 4.1 Lineare Navigation

schmackhaft machen sollen. Merkwürdigerweise funktioniert, was im gedruckten oder gesendeten Medium wunderbar klappt, online meist nicht. Stattdessen erzeugt der erzwungene Ablauf – und sei er noch so spannend – beim User wachsenden Unmut, je länger er dauert.

Tunnelstruktur nennen die Marketingleute diese Abfolge, die dem User die Zeit-und Aktions-Autonomie nimmt: Er muss sich dem vorgeplanten Zeitablauf unterwerfen. Sinnvoll kann das bei einer Foto-Story oder einem didaktisch aufgebauten Selbstlern-Angeboten sein: Bei fast jedem Lernstoff muss ein Lernschritt nach dem andern getan werden. Beim Beantworten der Testfragen bekommt der User zwar mehrere Möglichkeiten angeboten, aber nur eine ist richtig. Mit Hypertext hat die Tunnelstruktur wenig zu tun, denn dem User werden alle Entscheidungen zur Abfolge abgenommen.

Der Witz am Online-Lesen ist aber die Interaktivität mit ihren Wahlmöglichkeiten für den User. Links sollten Wegweiser sein – keine Rätsel aufgeben, sondern bei der Entscheidung helfen, in welche Richtung der User weiterklickt. Nebenbei lösen sie die berüchtigten „Bleiwüsten", Überbleibsel aus der Gutenberg-Zeit, auf und strukturieren auch unübersichtliche Textmengen.

Bei Servicebeiträgen ist diese Art der Strukturierung besonders gut zu beobachten. So strukturieren Medizinportale wie onmeda.de ihre Beiträge nach den Kriterien Überblick – Ursachen – Symptome – Diagnose – Therapie – Vorbeugen – Quellen, vgl. hier am Beispiel Rückenschmerzen: https://www.onmeda.de/krankheiten/rueckenschmerzen.html (abgerufen 26. Dezember 2019).

Seiteninterne Links, die zu sogenannten Ankern oder Sprungmarken führen, helfen beim Strukturieren eines langen Textes. Stellen Sie sich dazu den Text als

4.2 Links strukturieren den Lesefluss

fortlaufend wie von einer Papyrusrolle abrollend vor. Auf den Bildschirm passt immer nur ein Ausschnitt des Textes. Weil Sie die technische Ausstattung Ihres Users (Bildschirmauflösung) nicht kennen, können Sie nicht einmal genau sagen, wie viel vom Text auf seinen Bildschirm passt.

Mit Sicherheit wissen Sie nur eins: Der Anfang ist auf jeden Fall sichtbar.

Das machen sich die seiteninternen Text-Links zunutze. Sie wurden erfunden, um studentische Seminararbeiten mit ihrer strikten Gliederung bildschirmtauglich zu machen.

Das Prinzip ist einfach: Zu Beginn des Texts gibt es die Zusammenfassung (abstract), gefolgt vom Inhaltsverzeichnis. Jede Kapitelüberschrift führt beim Anklicken zum entsprechenden Kapitel, siehe Grafik auf der folgenden Seite.

Vergessen Sie bei längeren Texten nicht, zwischendurch auch immer Links zu *Sprungmarken* oben beim Inhaltsverzeichnis einzubauen. Das erleichtert es dem User, den Überblick über die Gesamtstruktur des Textes zu behalten.

Weiterführende Links können einen solchen Beitrag abrunden: zur Seite der Fachzeitschrift, auf der eine Studie ausführlich beschrieben wird, zu einem Forschungsprojekt oder zu einer Überblicksseite eines anderen Anbieters, auf der Forschungsergebnisse rund um Social Media vorgestellt werden (für ein unabhängiges Online-Magazin).

Servertechnisch nennt man die zuletzt beschriebene Art weiterführender Links auch *externe* Links. Speziell auf sie bezieht sich die Regel, solche Links keinesfalls am Anfang eines Texts zu setzen. Dagegen sind Links, die den User tiefer in den eigenen Text, ins eigene Angebot hineinziehen, am Anfang eines Hypertexts ausdrücklich erlaubt!

Was für Arten von Links gibt es? Links lassen sich *servertechnisch, designtechnisch* und *inhaltlich* unterscheiden. Am einfachsten ist die servertechnische Unterscheidung, also danach, wohin der Link führt:

Servertechnisch unterscheiden wir drei Arten von Hyperlinks:

- *seiteninterne* Links, die zu einem Sprungziel (Anker) innerhalb des vorliegenden Dokuments führen,

- *site-interne* Links, die innerhalb des Online-Angebots bleiben, aber auf ein neues Dokument verweisen,
- *externe* Links, die zu einem anderen Server führen.

Auch die designtechnische Entscheidung, in was für einem Fenster das Zieldokument geöffnet wird, hat Folgen für den Lesefluss.

Von ihrer inhaltlichen Funktion her gibt es völlig verschiedene Arten von Links. Die einen helfen beim Erfassen des gesamten Hypertexts, andere liefern kurze Zusatzinfos, andere führen zu längeren Dokumenten. Zum Zurechtfinden in umfangreichen Online-Angeboten dienen meist ganze Link-Leisten oder -Spalten, und selbst das direkte Feedback ist mit einem Link zu regeln.

Wir unterscheiden fünf Funktionen:

- *Strukturierende* Links gliedern die Seite. Sie haben eine vergleichbare Funktion wie Zwischenüberschriften in einem gedruckten Magazin;
- *definierende* Links erläutern einzelne Punkte im Text. Beispiele sind Verweise auf ein Glossar oder Literaturverzeichnis (Beispiel: Telekolleg Deutsch des Bayerischen Rundfunks);
- *assoziierende* Links führen zu vertiefenden Beiträgen, die dem eben aufgerufenen Dokument gleichgestellt sind. Beispiel: Links zu andern Beiträgen des selben Online-Magazins (Beispiel: www.zeit.de);
- *Navigations-Links* treten meist gebündelt als *Navigationsleiste* auf. Sie helfen bei der Auswahl der Ebenen im Rahmen eines Hypertext-Angebots: innerhalb derselben Ebene, eine Ebene höher oder tiefer;
- *Kommunikations-Links* lassen ein Fenster „Neue E-Mail-Nachricht" aufgehen oder führen zu weiteren Community-Diensten.

Vom Aussehen her sind alle Links gleich: unterstrichen und/oder farblich hervorgehoben. Hauptproblem für den User: Er weiß nicht, um welchen Link-Typ es sich handelt. Auf diese Weise kann man User prächtig in die Irre führen. Eine weit verbreitete Unsitte etwa sind Personennamen, die ohne Erklärung mit Links unterlegt sind. Der User muss ausprobieren: Erfahre ich, wenn ich hier klicke, mehr über die Person, ihr Geburtsdatum, ihren Lebenslauf – oder kann ich ihr dann eine Mail schicken?

Zwar informiert sich der gewiefte User bereits vorab über das Sprungziel des Links, indem er mit der Maus lediglich auf den Link zeigt, ohne ihn anzuklicken. Fairer ist es, den User per Text oder Symbol darüber zu informieren, um was für eine Art von Link es sich handelt. Beispiel: Dass ein Kommunikations-Link lediglich zu einer E-Mail-Adresse führt, zeigt man am einfachsten dadurch an, dass neben dem Namen ein Briefsymbol steht.

Was aber, wenn die Visualisierung nicht eindeutig ist oder ein User den Text druckt? Dann ist die Information über die Sprungadresse weg. Der Internet-Journalist Martin Goldmann empfiehlt deshalb, E-Mail-Adressen ebenso wie Web-Adressen bei externen Links explizit mit anzugeben, Beispiel:

‚Weitere Informationen finden Sie bei BMW unter www.bmw.de.'

Hilfreich ist es auch, den kompletten Pfad oder *Deep Link* anzugeben, also etwa so:

‚Mehr über die Ausbildung zum Online-Journalist/innen finden Sie auf www.Journalistenakademie.de/index.php?p=3.'

Linktexte dürfen nicht zu lang sein. Eine kurze Überschrift von bis zu sechs Wörtern (Faustregel – es gibt ja längere und kürzere Wörter ...) ist geeignet, mehrzeilige Sätze oder Satzfetzen sind es nicht. In solchen Fällen empfiehlt es sich, zwischen Überschrift und Leadtext zu differenzieren und lediglich die Überschrift als Link zu verwenden.

Sprechende Linktexte. Der User muss wissen, was er bekommt, wenn er klickt. Jeder Hyperlink muss so beschriftet sein, dass der Leser sofort weiß, ob sich dahinter eine für ihn interessante Information befindet. Beschriftungen wie ‚Hier klicken!' rufen beim User die naheliegende Frage hervor: „Warum sollte ich?".

Mehrere Verweise auf dasselbe Dokument sind ausdrücklich erlaubt! Hypertext besteht ja gerade aus einem Geflecht von Dokumenten, nicht linearen Abläufen. Vermeiden Sie, dass auf Ihr Zieldokument nur von einem Navigationspunkt aus verwiesen wird, sondern schaffen Sie im Gegenteil mehrere Möglichkeiten, zum Zieldokument zu gelangen:

Buttons und Text als Link: Ein beliebter Fehler besteht darin, in einer Liste mit Links und voranstehenden grafischen Aufzählungszeichen nur grafische Elemente (Buttons) anklickbar zu gestalten. Das verwirrt. Wenn Sie Grafiken, Text und Links kombinieren, legen Sie Links hinter alle Elemente, also hinter den Button und den Text.

„**Verwaiste Seiten**" **und** „**tote Links**": Veraltete Webseiten werden in der Regel entweder gelöscht oder ins Archiv verschoben. Wenn man das nicht macht, entstehen verwaiste Seiten, auf die aktuell kein Link mehr zeigt. Umgekehrt kann es sein, dass Sie nach einiger Zeit Verknüpfungen auf Ihrer Seite haben, die ins Nirwana führen. Überprüfen Sie deshalb regelmäßig alle Links – interne wie externe –, um sicher zu gehen, dass sie noch funktionieren. Spezielle Hilfsprogramme oder gute Content-Management-Systeme checken Ihre Links automatisch.

Die Folgeseite muss für sich allein verständlich sein. Der User folgt keinem vorgegebenen Pfad. Er kann auf eine Webseite entweder über die Startseite eines Online-Angebots kommen, oder über Suchmaschinen und Verknüpfungen anderer Websites. Sie können also nicht wie bei einem Buch davon ausgehen, dass der Leser die vorhergehende Seite kennt. Auch deswegen gilt: Wiederholungen sind notwendig!

Brauchbar und verlässlich sollen Links sein, *usability* und *reliability* lauten die Forderungen. Was ist darunter zu verstehen? Die Forderung nach Benutzbarkeit von Webseiten hat Jakob Nielsen aufgestellt. Seine Website (www.useit.com) ist ein Muss für Online-Journalist/innen. „Erstaunlich, aber wahr. Jakob Nielsens Regeln machen auch in Zeiten höherer Bandbreite und neuer Browser-Generationen durchaus Sinn" urteilt der Online-Journalist Fiete Stegers. 2

Jakob Nielsens Begriff der Usability verknüpfte technische mit inhaltlichen Kriterien und Design-Regeln. Die technisch begründeten Regeln Nielsens von 1996 sind nicht mehr sklavisch zu befolgen. Nielsens Warnung davor, immer die neueste Technologie einzusetzen, kann man jedoch nicht deutlich genug unterstreichen: Ob sich ein Web-Angebot an Technik-Freaks oder an jugendliche Nutzer richtet, an Senioren oder Menschen mit Handicap: Es ist einfach nicht abzuschätzen, ob *alle* User dieser Zielgruppe 1. immer die neueste Hard- und Softwareausstattung installiert haben, 2. imstande sind, immer die neuesten Software-Updates zu installieren.

Das Online-Angebot sollte immer auch mit der älteren Software-Version nutzbar sein. Eigentlich müssten Online-Journalist/innen immer für die schlechtest

4.2 Links strukturieren den Lesefluss

denkbare Online-Ausstattung konzipieren, und User müssten möglichst die neueste Software anstreben. Tatsächlich ist es aber meistens umgekehrt.

Nielsen warnt Web-Designer vor blinkendem Text und ständig laufenden Animationen. Die Gültigkeit dieser Forderung ist ebenfalls unumstritten und von der Wahrnehmungspsychologie her belegt: Elemente, die ständig in Bewegung sind, beanspruchen einen Großteil der menschlichen Wahrnehmung[3]. Zuviel davon lenkt den Besucher einer Website ab. „Von der Rolle" ablaufende Texte legen den User darüber hinaus in der Zeitstruktur fest wie beim Fernsehen – User bevorzugen es aber, die Zeithoheit zu haben.

Dauerhafte Gültigkeit besitzen Nielsens Regeln, wo sie Verlinkung und Navigation ansprechen: Jede einzelne Webseite muss zurück zur Startseite, zumindest aber eine Ebene höher führen. Maximal mittels zweier Mausklicks muss der User herausfinden können, wozu diese Seite gehört und in welchem Kontext sie steht. Dafür sorgt in der Regel ein gut konzipiertes CMS. Nielsens Satz „Nimm niemals an, dass ein User so viel über deine Site weiß wie du selbst" kann als Grundregel über dem nachfolgenden Beitrag zur Navigationsstruktur einer Website stehen.

Die Forderung nach *reliability* von Links hat die Annenberg Journalism School aufgestellt. Dabei umfasst der Begriff sowohl die *Verlässlichkeit* als auch die bereits genannte *Vorhersehbarkeit* und die *Nachvollziehbarkeit:* Es muss vorab für den User ersehbar sein, wohin der Link führt, ob zu einem externen Angebot oder zu einem weiterführenden Text innerhalb der Site, ob zu einem Video oder zu etwas ganz anderem. Verlässlichkeit bedeutet aber auch: Der Link darf den User nicht in die Irre führen oder im Kreis. Es muss nachträglich nachvollziehbar sein, warum der Link genau hierher führt und nicht woanders hin.

Flow-Effekt: Wenn alles stimmt, stellt sich beim User die erwünschte Flow-Erfahrung ein, wie Thomas Wirth sie nennt (www.kommdesign.de): Wie von selbst navigiert der User durch den Hypertext.

Den Begriff „Flow" prägte der amerikanische Psychologe Mihalyi Czikzentmyhalyi Mitte der 70-er Jahre. Er untersuchte Tätigkeiten wie Schachspielen oder Bergsteigen – Handlungen, für die entsprechende Kenntnisse und Fertigkeiten notwendig sind. Im Idealfall befinden sich beim Flow für den Ausführenden Können und Ergebnis im Gleichgewicht.

Das Meistern der Aufgabe erzeugt Vergnügen. Wird die Aufgabe zu schwierig, wird sie abgebrochen, ist sie zu einfach, entsteht beim User Langeweile. Thomas

Wirths Fazit: Je anspruchsvoller die – gemeisterte – Aufgabe, desto intensiver der Flow. Websites, die beim User einen Flow-Effekt erzielen, werden gern wieder besucht.

4.3 Navigation für mobile Touch- und Voice-Steuerung

Die Mehrheit der User rezipiert Online-Texte auf mobilen Endgeräten; immer mehr User verwenden Voice-Eingabegeräte. Auch hier haben sich Regeln für die einfache Nutzung entwickelt.

Die Gestensteuerung auf Touchscreens ist weitgehend standardisiert. Es gibt

- Antippen
- Wischen
- Ziehen
- Aufziehen bzw. verkleinern.

Analog zur Desktop-Bedienoberfläche werden ein Zurück-Button, ein Vorwärts-Button sowie ein Home-Button angeboten. Da das Display und damit der sichtbare Textausschnitt klein ist, sind die drei Faktoren Sprache der Texte, Umfang der Texte und Strukturierung der Inhalte hier von noch größerer Bedeutung als am Desktop.

Dabei achten wir auf die Größe und das Kontrastverhältnis zwischen Schrift, Bedienelementen und Grafiken.

Menü-Bars dienen der Navigation und bieten die passenden Auswahlmöglichkeiten (Navigationspunkte) an. Sehr verbreitet ist die sogenannte „Hamburger-Navigation". Dabei verbirgt sich das Menü hinter dem Icon mit den drei Querbalken, dem symbolischen Sandwich oder Hamburger. Tippt man es an, öffnet es sich als *Dropdown* nach unten oder als *Off-Canvas*, das sich von links oder rechts über den Seiteninhalt schiebt.

Als *Canvas* (Leinwand) wird der Bildschirmausschnitt bezeichnet, der gestaltet werden kann. Scrollt man horizontal, verschiebt man also die „Leinwand", kann man Inhalte aus dem „Off" einblenden.

Ein *Karussell* ist eine weitere Navigationsmöglichkeit: Einige Navigationspunkte sind nebeneinander auf dem Screen sichtbar, weitere können durch Wischen ins Sichtfeld geholt werden.

Auf dieselbe Weise lässt sich der geöffnete Menüpunkt wieder schließen. Eine Off-Canvas-Navigation von links sollte sich entweder durch Wischen nach links oder durch Berühren des Symbols „X" beenden lassen.

Für die User muss ersichtlich sein, ob ein Menüpunkt direkt zu einer Seite oder zu einer weiteren Unterebene führt. Haupt- und Unterkategorien müssen für sie deutlich erkennbar unterschieden sein. Wenn die Menüpunkte nicht groß genug sind, lassen sie sich nicht gut antippen.

Eine Verteilseite lässt sich gut mit Kacheln strukturieren. Jede Bildkachel führt zu einer Unterseite. In der Desktop-Navigation sind die Kacheln in mehreren Zeilen und Spalten nebeneinander zu sehen. Auf dem mobilen Bildschirm ordnen sie sich je nach Größe neben- bzw. untereinander.

Ebenfalls typisch für mobile Endgeräte mit kleinem Bildschirm ist die „Akkordeon"-Navigation, die ähnlich wie die oben beschriebene Navigation mit Sprungmarken funktioniert: Die gewünschten Inhalte werden durch Antippen ausgeklappt, die restlichen Inhalte bleiben lediglich als Gliederungspunkte sichtbar.

Bei der Voice-Eingabe sind individuelle Besonderheiten der Nutzer/innen noch stärker zu beachten. Im Zentrum steht die Überlegung, mit welchem Ziel die einzelne Person die Oberfläche nutzt. Damit das Kurzzeitgedächtnis nicht überfordert wird, sollten nicht mehr als drei, maximal fünf Punkte zur Auswahl gestellt werden. Knappe und verständliche Rückmeldungen helfen bei der Voice-Navigation.

Nutzerszenarien wie das Persona-Konzept helfen dabei, die unterschiedlichen Nutzungssituationen zu systematisieren. Eine solche Persona erhält einen Namen, ein Alter und womöglich eine Kurzbiografie wie „Sandra, 45, Rechtsanwältin in Hamburg" sowie eine Funktionsbeschreibung: „sucht die aktuelle Entscheidung der Hamburgischen Bürgerschaft zur Auskunftspflicht".

4.4 Storyboard für die Navigation

Das einprägsame Bild vom Navigieren durch die Informationsfluten stammt aus den ersten Jahren des Internet: Paul Gilster nannte seine Einführung in das damals neue Medium direkt „Navigator". Und schließlich hieß auch einer der ältesten Browser so: Netscape Navigator. Drei wesentliche Aspekte hat das Seefahrer-Bild: 1. die Aktivität, die Entscheidungen des Steuermanns, die auf seinen Kenntnissen und seiner Erfahrung beruhen; 2. die Landkarten, der Kompass sowie weitere Navigationshilfen, die ihm zur Verfügung stehen; 3. die Dauer der Fahrt – die zeitliche Dimension.

Die Frage lautet nur: Wer sind die Navigatoren? Die Journalist/innen, die ihre User, die Passagiere, sicher durch die gefährlichen Informationsfluten steuert? Oder die User selbst, die das Steuerrad in die Hand nimmt? Welche Rolle haben Online-Journalist/innen, wenn es die klassische *Gatekeeper*-Funktion nicht mehr gibt?

In den aktuellen Informationswelten ist jeder sein eigener Navigator – soviel steht fest. Wer als Medienmacher Online-Welten gestaltet, muss diese drei Dimensionen berücksichtigen: die Aktionen und Ziele seiner User, die Anlage, den Plan des Geländes („Site" bedeutet wörtlich: Lage, Gelände), und die Zeitschiene, auf der die Fahrt des navigierenden Users stattfindet.

Aktion, Lokalität, Dauer – die drei bestimmen die *Navigation,* die *Site Map* und das *Storyboard* mit seinem Zeitablauf. Story-Telling online: Wie baut man ein Drehbuch, eine ansprechende Gliederung, eine sinnvolle, den *Flow* unterstützende Navigation für ein mehrseitiges, thematisch zusammengehöriges Online-Produkt?

Am Beispiel eines Netzdossiers zum Thema „Massendroge Alkohol" zeigen wir, wie aus einer Idee zunächst eine Stoffsammlung, dann eine Gliederung und schließlich eine Struktur für ein Online-Dossier wird. Daraus entwickeln sich die Channels, die Navigationsleiste und schließlich die Startseite.

Für wen ist das Angebot gedacht? Nicht nur wegen der möglichen Kooperationspartner und Anzeigenkunden ist die Frage nach der Zielgruppe zentral. Sollen Jugendliche angesprochen werden, Eltern, Lehrer oder gar Kollegen, also Medienmacher und Multiplikatoren? Will man Unwissende über ein Thema informieren oder Betroffenen ein Forum zum Austausch geben? Die Antwort auf diese Fragen hat entscheidende Auswirkung auf den Inhalt des Dossiers – deshalb steht sie am Anfang.

Welche Strategie Sie anwenden, hängt von Ihrem Auftraggeber ab. Einer möchte, um im Seefahrer-Bild zu bleiben, aus dem Ozean der User gezielt die fliegenden Fische herausfiltern – der andere hält mehr von der Schleppnetz-Methode. Für beide Strategien gibt es gute Gründe – und ausgezeichnete Methoden der Markt- und Medienforschung, um sich Entscheidungshilfe zu

4.4 Storyboard für die Navigation

holen. Manchmal soll auch eine gute Nase bei Seefahrern wie Journalist/innen erstaunliche Erfolge bringen.

Im Beispiel „Droge Alkohol" fallen Ihnen als Zielgruppe Jugendliche ein, außerdem Eltern, Lehrer, sonstige Pädagogen sowie im Business-Bereich Alkohol bei Kollegen/Mitarbeitern. Auslöser für Ihren Beitrag ist aber die spektakuläre Alkoholfahrt eines bekannten Politikers, dem nun der Führerscheinentzug droht. Deshalb entscheiden Sie sich für den Schwerpunkt „Alkohol am Arbeitsplatz".

Kriterien, die Sie beim Sammeln berücksichtigen sollten:

- Für wen ist das Online-Angebot gedacht?
- Welchen speziellen Nutzwert hat der User von Ihrem Dossier?
- Welcher Inhalt passt auf diejenigen Leute, die Sie ansprechen wollen?
- Wie fügt sich das Online-Dossier in Ihr gesamtes Online-Angebot ein?
- Welche Feedback- und Kommunikationsmöglichkeiten soll es bieten?

Was gibt es bereits online, und wie unterscheidet sich Ihr Angebot davon?

Brainstorming ist eine gute Methode, um Ideen für das Dossier zu finden. Gemeinsam mit Ihren Kollegen oder allein schreiben Sie alle Ideen auf, die Ihnen in den Sinn kommen. Nicht bewerten – lassen Sie sich nicht von Gedanken wie „Geht nicht" behindern! Jede Idee wird auf einem farbigen Kärtchen oder einem Blatt Papier festgehalten. Im Anschluss daran kann man die Kärtchen an der Wand oder einer Moderationstafel ordnen. Dabei entsteht bereits eine erste Struktur. Nehmen Sie sich dafür eine halbe Stunde Zeit.

Die Ideen sollten zunächst nicht diskutiert werden. Mögliche Ergebnisse des Brainstormings „Droge Alkohol":

Nutzwert Kochrezepte/Cocktails:
 – ohne Alkohol
 – mit Alkohol ...
Nutzwert Ansprechpartner/Hilfe:
 – An wen kann ich mich als Betroffener wenden?
 – Wer hilft Angehörigen?
 – Wer macht Therapien?
Tipps für Arbeitskollegen/Chef

Kooperationspartner: Gaststättengewerbe/Verbände, um preiswerte alkoholfreie Getränke in die Gaststätten zu bringen
Porträt eines ehemaligen Alkoholikers
Interview mit dem Partner/Lebensgefährten eines Alkoholikers
Medizinisch: wie wirkt Alkohol
– kurzzeitig
– langfristig
Gespräch mit einem Therapeuten: Wie erkenne ich die Gefährdung? Wie funktioniert Entzug?
Kontakt herstellen/möglicher Kooperationspartner: Anonyme Alkoholiker oder ähnliche Selbsthilfegruppe
Gesellschaftlicher Hintergrund: Alkohol als anerkannte, legale Droge
Statistiken: Wie viel Prozent der Bevölkerung sind Alkoholiker?
Umsätze mit Alkohol? Länder/Bundesländer mit höchstem Alkoholkonsum?
Kooperationspartner: alle Hersteller alkoholfreier Getränke
Kooperationspartner: Krankenkassen
Alkohol in Kunst und Literatur ...

In einem zweiten Schritt diskutieren und bewerten Sie und Ihre Kollegen die Ideen. Nach und nach kristallisieren sich ein paar besonders wichtige Punkte und Themen heraus. Wenn es dann noch Uneinigkeit über die Ziele gibt, erlauben Sie jedem Diskussionsteilnehmer, zwei oder drei Punkte für die ihm wichtigsten Schwerpunkte zu vergeben. Die Idee mit den meisten Punkten gewinnt, und Sie haben das Hauptthema Ihres Online-Dossiers.

Dass jetzt die eigentliche Recherche anfängt, dass eine Vorab-Recherche vorher sinnvoll sein kann – online wie offline –, dass Gespräche geführt, Termine vereinbart, Konzepte und viele Texte geschrieben werden müssen, all das ist klassisches journalistisches Handwerk. Aber davon handelt dieses Kapitel nicht.

Der Nutzwert des Online-Mediums liegt in seiner Interaktivität und Kommunikativität begründet. Was bietet Ihr Online-Dossier, was ein Presse-Erzeugnis oder eine Radiosendung nicht bieten kann? Wenn Sie auf diese Frage eine Antwort haben, haben Sie den Kerngedanken für Ihr Online-Dossier gefunden.

In unserem Beispiel könnte das die Möglichkeit für direkt oder indirekt Betroffene sein, miteinander und mit Selbsthilfe- und Therapie-Einrichtungen Kontakt aufzunehmen. Konkrete Tipps – soweit sie in allgemeiner Form gegeben werden können – machen ebenfalls einen hohen Nutzwert aus. Persönliche Aussagen von Betroffenen illustrieren das Thema. Erst danach kommen Hintergrund-Informationen wie Statistiken und Medizinisches.

4.4 Storyboard für die Navigation

Kern eines guten Online-Dossiers ist das übersichtliche Konzept mit mehrstufiger Informations-Hierarchie. Systematische Planung und straffe Online-Redaktion verhindern, dass das Konzept „aus dem Leim geht". Wenn Sie mitspielen wollen: Versuchen Sie, aus den oben genannten Ideen (oder Ihren eigenen) eine klare Gliederung herauszufiltern, auf die Sie die Ideen in etwa gleichmäßig verteilen können. Das Ergebnis muss keine wissenschaftliche Arbeit mit den Unterpunkten 3.1.2.7.1 bis 3.1.2.7.12 werden, sondern *von der Situation des einzelnen Users* her die Auswahl ermöglichen: Was interessiert sie oder ihn am meisten, was möchte er oder sie als erstes lesen?

Beispiel-Konzept für das Dossier „Alkohol am Arbeitsplatz"

- Wirkung
- Therapie
- Vorbeugen
- Diskussion (Community mit Userforen und Chat)
- Kontakt mit Experten und der Redaktion

Auf die einzelnen Kapitel verteilen sich die Themen wie folgt:
Wirkung
Interview mit dem Partner/Lebensgefährten eines Alkoholikers
Medizinisch: wie wirkt Alkohol
– kurzzeitig
– langfristig
Gesellschaftlicher Hintergrund: Alkohol als anerkannte, legale Droge
Statistiken: Wie viel Prozent der Bevölkerung sind Alkoholiker?
Umsätze mit Alkohol? Länder/Bundesländer mit höchstem Alkoholkonsum?
Kooperationspartner: Krankenkassen
Alkohol in Kunst und Literatur
Therapie
Porträt und Lebenslauf eines ehemaligen Alkoholikers
Wie funktioniert Entzug?
Nutzwert Ansprechpartner/Hilfe:
– An wen kann ich mich als Betroffener wenden?
– Wer hilft Angehörigen?
– Wer macht Therapien?
Tipps für Arbeitskollegen/Chef

Kontakt herstellen/möglicher Kooperationspartner: Anonyme Alkoholiker oder ähnliche Selbsthilfegruppe
Vorbeugen
Gespräch mit einem Therapeuten: Wie erkenne ich die Gefährdung?
Nutzwert Rezepte:
– ohne Alkohol (die Rezepte mit Alkohol hat die Redaktion dann wohlweislich doch lieber herausgestrichen ...).
Kooperationspartner: Gaststättengewerbe/Verbände, um preiswerte alkoholfreie Getränke in die Gaststätten zu bringen
Kooperationspartner: alle Hersteller alkoholfreier Getränke
Diskussion
Drei Diskussionsforen entsprechen den drei Rubriken – auf sie wird jeweils querverwiesen
Kontakt
Diese Funktion bieten die Rubriken jeweils direkt an – sie verweisen aber auch auf die Kontakt-Seite. ◄

Die Reihenfolge, in der dann die fünf Kapitel und damit die Channels ausgewählt werden, liegt im Ermessen des Users.

Das Storyboard oder Drehbuch, das aus diesen Ideen entsteht, sollten Sie optisch umsetzen. An Methoden bietet sich dazu alles an, was an Präsentationstechnik in Ihrer Redaktion herumsteht:

- Ein *Flipchart* reicht im einfachsten Fall für eine Skizze;
- eine *Pinnwand* mit farbigen Kärtchen ist flexibler, wenn Sie rasch eine Änderung zeigen wollen;
- geeignete *Software,* vom einfachen Präsentationsprogramm bis zum komplexen Designwerkzeug, hilft ebenfalls bei der Visualisierung.

Zwei Strategien für die Navigation lassen sich unterscheiden:

- die streng hierarchische und
- die assoziative oder Peer-to-Peer-Navigation.

Eine streng hierarchische Navigation gliedert das Dossier wie eine wissenschaftliche Arbeit (Abb. 4.2).

4.4 Storyboard für die Navigation

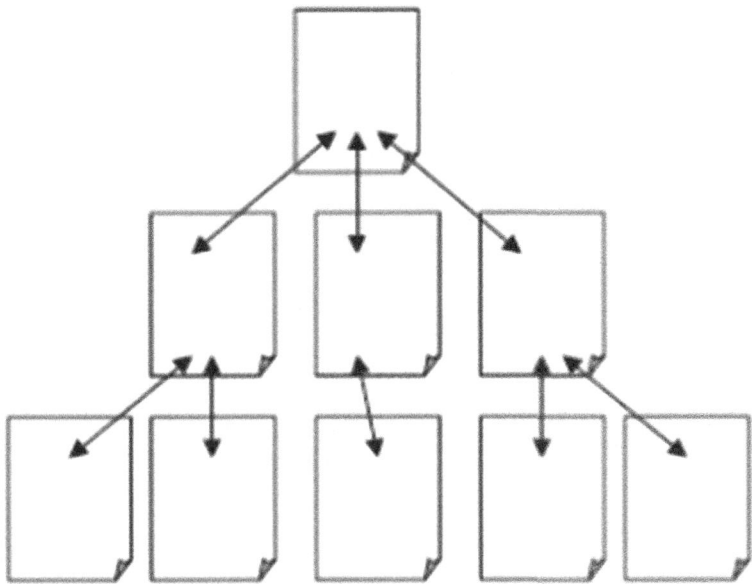

Abb. 4.2 Hierarchische Navigation

Damit ist auch schon die Schmerzgrenze für den User erreicht: Über mehr als drei Ebenen behält er in der Regel nicht den Überblick.

Die Peer-to-Peer-Navigation sieht grundsätzlich alle Seiten als gleichberechtigt an, wie man in Abb. 4.4 sieht.

Die Forderung, dass jede Seite für sich verständlich sein muss, ist in diesem Modell augenfällig: Der Kommunikationsaufwand (was muss der User über die Anlage des gesamten Dossiers wissen?) ist extrem hoch. Das Peer-to-Peer-Modell stellt auf jeder Seite umfangreiche Anforderungen an Leads und Teaser.

Das Storyboard, eine Kombination von Seiten und Pfeilen, verdeutlicht die gewählte Navigationsstrategie. In der Praxis ergänzen sich beide Strategien gegenseitig. Ein Beispiel ist Abb. 4.3.

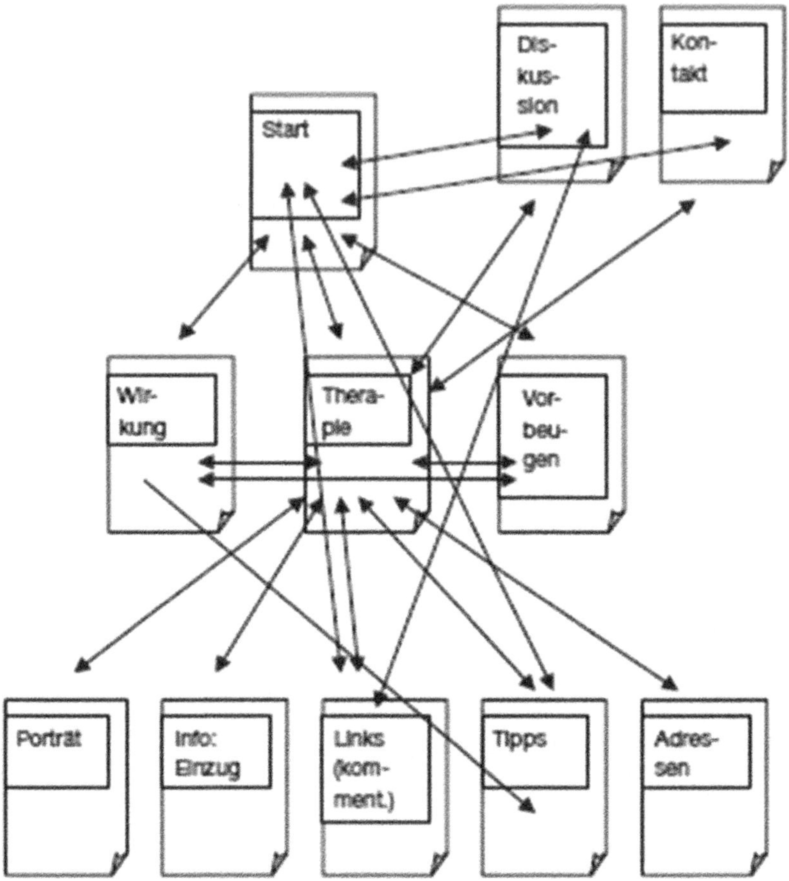

Abb. 4.3 Storyboard

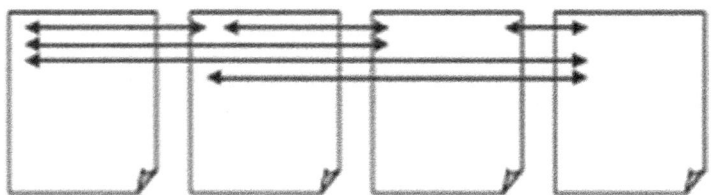

Abb. 4.4 Peer-to-peer-Navigation

4.4 Storyboard für die Navigation

Eine Vereinfachung haben wir uns erlaubt: Bereits die zweite Ebene haben wir, damit es nicht zu unübersichtlich wird, nur noch für die Rubrik „Therapie" ausgeführt, und bei der dritten Ebene fehlen die Querverweise untereinander – die denken Sie sich bitte dazu.

Ein möglicher Lesefluss könnte also so aussehen: Von der Startseite zu den Tipps für Arbeitskollegen, dort merken, dass Vorinformation hilfreich wäre, zurück zur Therapieseite, zurück zur Wirkung, dort schmökern und dann ins Diskussionsforum (allgemein interessierter User). Ein anderer: Von der Startseite zu „Wie erkenne ich …?", von dort zum Kapitel „Wirkung", über die Statistiken zu den Tipps, von dort ins Diskussionsforum (User mit dem Verdacht, dass ein Kollege/eine Kollegin betroffen ist). Oder … die Variationen lassen sich nicht alle aufzählen. Immer muss gewährleistet sein, dass der User von jeder Seite zu einem sinnvollen Anschluss gelangt.

Dramaturgie: Ähnlich wie in modernem Magazin-Layout zerlegen Sie den Gehalt Ihres Dossiers in übersichtliche Blöcke. Eine Möglichkeit ist, nach Darstellungsformen zu trennen: Das Interview bekommt ebenso eine Seite wie der Infoblock, die kommentierten Links oder die „Netzreportage" ebenso wie der Kommentar. Wie immer Sie Ihr Dossier anlegen: Achten Sie auf Abwechslung der online-journalistischen Darstellungsformen, wie sie im folgenden Kapitel beschrieben werden. Lauter Berichte aneinandergereiht sind genauso langweilig wie lauter Interviews oder Kommentare. Auf jeden Fall sollten Sie für den Wechsel zwischen interaktiven und partizipativen Formen sorgen.

Die Faustregel „Nicht mehr als drei Ebenen, über die der User den Überblick behalten muss, nicht mehr als vier Mausklicks zu einer Seite" lässt sich nicht immer umsetzen, als Richtschnur taugt sie jedoch ganz gut. Grundlegend ist, dass es praktisch keine Seite gibt, die nur *zu einer* weiteren verweist – und keine einzige, auf die nur *von einer* Seite verwiesen wird.

Pflicht: Jede Seite verweist auf die nächsthöhere Ebene sowie auf mindestens eine weitere Seite. Innerhalb einer Ebene sind verwandte Seiten per Navigationsleiste direkt zu erreichen, die direkt nachfolgende (falls doch jemand linear liest) ebenfalls. Von jeder Seite gibt es Links zu den Diskussionsforen, zur Kontaktseite, zum Impressum und zur Startseite des gesamten Online-Angebots, in dessen Rahmen das Dossier angesiedelt ist.

In einigen Fällen sind Textlinks (*Hot Words*) zu empfehlen, insbesondere bei den gleich- oder untergeordneten Seiten, in anderen Fällen eignen sich allgemeinverständliche Symbole (E-Mail, Homepage). Auf den Online-Seiten zum Buch (www.onlinejournalismus.org) finden Sie Beispiele für die Gestaltung solcher Navigationshilfen.

Kür: Hypertext ist letztendlich nichthierarchisch. Sein Charme beruht darauf, dass auf die Seiten mit hohem Nutzwert – etwa die kommentierten Links zu Einrichtungen, die einem Betroffenen weiterhelfen, oder die Tipps für Chef und Arbeitskollegen – *direkt von der Startseite des Dossiers aus* verwiesen werden kann. Und natürlich auch von der Titelseite des gesamten Online-Magazins aus.

Usertypen berücksichtigen: In unserem obigen Modell überlagern sich die beiden Modelle: das streng hierarchische und das locker-assoziative. Das hat Methode: Die User lassen sich danach unterscheiden, ob sie logisch-deduktiv vorgehen oder eher intuitiv-assoziativ. Man könnte auch sagen: eher von der linken oder von der rechten Gehirnhälfte gesteuert. Damit jeder Usertyp mit Ihrem Dossier zurechtkommt, bieten Sie beiden Navigationshilfen.

Für die User konzipieren könnte das Motto über diesem gesamten Beitrag sein. In welcher Situation stehen die User gerade? Die Reihenfolge, in der sie Ihrem Hypertext folgen, können sie selbst wählen – geben Sie ihnen dabei möglichst gute Entscheidungskriterien an die Hand. Dazu werden Sie auf jeder Seite die Werkzeuge *Link, Lead* und *Teaser* benötigen.

Optische Hilfsmittel werden im Idealfall vom Redaktionssystem oder der Designsoftware bereitgestellt. Dazu zählt eine Navigationsleiste mit grafischen Elementen (Buttons), die auf jeder Seite alle Kapitel derselben Ebene anzeigt und die Links zu Start- und Kontaktseiten enthält, sowie die Unterkapitel der direkt in der Hierarchie darunterliegenden Seiten zeigt. Zusätzliche Textlinks fördern das assoziative Lesen und den *Flow*.

Erst die Gliederung, dann das Design. Mit der Gliederung legen Sie fest, wie Sie die User durch die Site führen wollen. Erst wenn das klar ist, bauen Sie einen Text-Prototypen Ihres Dossiers. Alle Links, alle Elemente einer Seite sollten reiner, unformatierter Text sein – verzichten Sie auf dieser Ebene auf alle Design-Elemente, ähnlich wie bei Theaterproben zunächst ohne Maske und Kostüm gearbeitet wird. Über sogenannte Stilvorlagen können Sie zunächst die Gliederung vornehmen – später lässt sich das Design ohne Probleme aufsetzen und modifizieren.

Ein Argument für die Schlichtheit fanden wir in einer alten Programmiererweisheit: Erst wenn ein Programm richtig läuft, kümmert man sich um das

Design der Benutzeroberfläche. Baut man zuerst das Interface und stellt dann das Programm oder in diesem Fall die Site-Struktur um, ist unter Umständen der ganze grafische Entwicklungsaufwand für die Katz. Weiterer Vorteil des Prototypen: Er zwingt zur Konzentration auf den Inhalt.

Wie sollen die Buttons aussehen, wie die Navigationsleiste? Bei komplexen Online-Auftritten ist diese Entscheidung meist schon getroffen: Online-Journalist/innen haben nicht mehr viel Einfluss darauf. Ausnahme: Wenn Sie die Möglichkeit haben, eine Site komplett zu gestalten. Dann obliegt Ihnen die konzeptionelle Vorgabe für das Design.

Alles Weitere ist Aufgabe der Grafiker und Webdesigner und gehört in ein Lehrbuch *Webdesign*.

4.5 Usability und UX

Der Begriff *usability* stammt von engl. usable: brauchbar, benutzbar, verwendbar, ab und wurde ursprünglich für die Schnittstelle zwischen Mensch und Maschine verwendet. Die Übersetzungen ins Deutsche sind ein bisschen sperrig: *Gebrauchstauglichkeit* oder *Bedienbarkeit* von Produkten. Im Online-Journalismus beschreibt er, wie gut ein Online-Produkt in einem bestimmten Kontext genutzt werden kann, um bestimmte Ziele zu erreichen.

Die „User Experience" ergänzt die Usability. Darunter versteht man alle Effekte, die die Nutzung einer Bedienoberfläche vor, während und nach der Nutzung auf einen Nutzer hat. Entsprechend werden beide Begriffe auf die Bedienbarkeit von Eingabegeräten aller Art angewendet, vom mobilen Endgerät über 3-D-Umgebungen bis zu Mixed-Reality-Produkten.

Inzwischen gibt es ausgefeilte computergestützte Messmethoden. Bereits für die Messung der Usability von Zeitungsseiten war das Poynter Institute führend. Seine *Eyetracking-Studien* (Messung der Augenbewegungen beim Nutzer) prägen bis heute die Messmethoden.

Zur Analyse und Umsetzung von Nutzerbedürfnissen werden Methoden eingesetzt wie *Contextual Inquiry*, wobei Handlungsstrategien der Nutzer sowie der Nutzungskontext im Vordergrund steht, *Modellierte Realität* mithilfe von Persona-Konzepten und Szenarien, *Storyboards*, *Wireframes* sowie das Entwickeln von *Use Cases* und *User-Storys*. Einen weiteren nutzerorientierten Ansatz bietet *Design Thinking*. Im kreativen Prozess werden dabei in wenigen

Tagen sechs Phasen durchlaufen und ein Ergebnis erzielt: Understand, Observe, Point-of-view, Ideate (Ideengenerierung), Prototype und Test.

4.6 Site und Homepage planen

Wer bis hierher durchgehalten hat, kennt die Formen und Formate, die Hypertext bereithält, und ist imstande, die Navigation für ein komplexes Hypertext-Angebot zu bauen. Trotzdem empfehlen wir, bevor Sie ernsthaft ans Konzipieren eines ganzen Portals oder E-Zines gehen, erst noch die beiden folgenden Kapitel zu lesen: „Darstellungsformen" zu den abrufbaren Online-Darstellungsformen der klassischen Modi Text, Audio und Video, „Partizipative Formen und Formate" über die Online-Kommunikationsformen.

Denn Ihre Site lebt ebenso wie das Dossier von einem Wechsel der Formen und Formate, von einer Dramaturgie des Content. Ein Online-Angebot, das den *kommunikativen Mehrwert* von Online-Angeboten ignoriert, wird sich auf Dauer nicht halten können. Auf jeden Fall muss Ihre Konzeption *organisatorische Fragen* berücksichtigen: Wie sieht der Arbeitsablauf, der Workflow in der Redaktion aus?

Wie stark der Workflow von der eingesetzten Software bestimmt wird, ist eines der Kriterien, nach denen Sie das passende *Redaktionssystem* auswählen (vgl. das Kapitel „Das Medium). Das *Grunddesign* lassen Sie von einem Unternehmen erstellen, das auf Magazin-Design (nicht: Webdesign allgemein!) spezialisiert ist.

Fragen des Marketings sind auch für journalistische Formate wie ein Nachrichtenangebot online zu beachten: Was ist das Alleinstellungsmerkmal, die USP (unique selling proposition) meines Online-Angebots? Wenn es ein Muttermedium, sei es eine Hörfunksendung oder ein Fachmagazin, gibt: Was ist kennzeichnend für die *Marke* dieses Muttermediums? Was ist zu beachten, dass nicht eine Konkurrenzsituation zwischen Mutter- und Online-Medium entsteht? Auf jeden Fall ist das Online-Angebot in engem Austausch mit dem Muttermedium zu entwickeln.

Ohne Muttermedium konzipiert es sich freier, aber auch schwieriger. Woher soll der Content für Ihr Online-Angebot kommen? Worauf wollen Sie den Schwerpunkt legen? Einige Tipps und Hinweise finden Sie in den Kapiteln „Das Medium" und „Die partizipativen Formen".

4.6 Site und Homepage planen

Die kaufmännischen Voraussetzungen sind zu klären, bevor man ans Konzipieren geht. Dabei helfen die klassischen Methoden der Markt- und Medienforschung. Marktanalyse, Marktbeobachtung und Marktprognose sind ihre Werkzeuge. Wie bei jedem neuen Produkt, das auf den Markt gebracht werden soll, sind nach der ABCUV-Methode zu prüfen:

- **A**llgemeine Wirtschaftslage und -entwicklung
- **B**ranchenentwicklung
- **C**hancen des Produkts/der Dienstleistung
- **U**ser-Orientierung: Service-Motive und Nutzwert/Mehrwert für den User
- **V**ertriebswege und Kooperationspartner.

Idee und Titel. Gedruckte oder gesendete Magazine treiben großen Aufwand, um Grundidee und Titel des Produkts zu finden. Spicken Sie bei den andern Medien: Wie nennen die ihre Magazine, und wie sind diese Formate definiert? Rasch stoßen Sie auf Titel wie *Report*, *Abendzeitung* oder *Rundschau*, aber auch auf *Spiegel*, *Freundin* oder *Woche*. Für ein Online-Angebot bieten sich zunächst ebenfalls medientypische Bezeichnungen an: politik-digital.de, e-politik.de, sz-online.de. Damit ist die Palette der Möglichkeiten aber nicht erschöpft.

Was ist die zentrale Metapher Ihres Online-Magazins? Wenn Sie an die drei Dimensionen *Aktion, Lokalität, Dauer* denken, die *Navigation, Site Map* und *Storyboard* bestimmen, fällt die Metaphersuche nicht schwer:

Wer die *Aktion* in den Mittelpunkt stellt, wählt vielleicht die Fahrten- oder Reise-Metapher. In diesem Fall steht die Einladung zum Rundgang, zur Erkundung oder Eroberung im Vordergrund. Solche Angebote laden auf *Entdeckungs- oder Forscher-Reise* ein, z. B. www.perlentaucher.de.

Lokalitätsgespeiste Metaphern für Online-Angebote stellen ihren Usern Räume zur Verfügung, Journalist/innen beispielsweise einen *Newsroom* (Redaktionsbüro). Wer online Tagungsräume, Treffpunkte, Spielfelder anbietet, gestaltet Räume für die User. Auch der *Chatroom* hat als Basismetapher einen Ort.

Erzähl-, Musik- und Filmstrukturen definieren *Zeitabläufe* – nicht umsonst ist vom *Story-Telling* online die Rede. Theater, Film, TV: Ihre zentralen Metaphern heißen „Aufführung", „Show", „Sendung" – und dafür braucht man ein Drehbuch. Wer beispielsweise die Tagesschau online besucht, trifft auf eine ausgefeilte Navigation und Dramaturgie, wer www.bigbrother.de besucht, findet eine für den jugendlichen User attraktive Community mit Chatrooms, Foren und per

Hypertext erzählten Storys vor, die in beliebiger Reihenfolge ausgewählt werden können.

Mit der zentralen Metapher korrespondiert der Titel. Folgende Grundstrategien sind möglich: eine möglichst sprechende Bezeichnung, die dann auch die Domain-Adresse wird, oder eine neue Wortschöpfung, die noch nicht mit irgendeiner Bedeutung verknüpft wird. Dazwischen liegen die originellen Wortspiele, die ebenfalls einprägsam sind. Beispiele für die erste Gruppe sind *rundschau.de, wetter.de* oder auch *christkindlesmarkt.de*. Beispiele für Wort-Neuschöpfungen sind *xing.de* oder *telepolis.de*. Ein mehr oder weniger origineller Titel ist *donnerwetter.de* (für Wetter-Informationen).

Content – woher? Wollen Sie mit Ihrer Redaktion für den meisten Content selbst sorgen? Gibt es ein Muttermedium, das zuliefert? Welchen und wie viel Content wollen Sie zukaufen?

Welche besondere Kommunikations-Dienstleistung bietet Ihr Online-Magazin? Das ist inhaltlich die zentrale Frage. Bei einem Politik-Portal kann das beispielsweise die Möglichkeit sein, Online-Kampagnen zu organisieren, bei einem Finanzportal sind es vielleicht Expertentipps und -analysen. Von einem *Produktportfolio,* einem Dienstleistungs-Mix für die User, spricht Armin Gellweiler, Chefredakteur von web.de.[3]

Was immer Sie an Design wählen, wie immer Ihre Corporate Identity (CI) und Ihr Corporate Design (CD) festgelegt sind: Wählen Sie sie klar und übersichtlich. Dabei hilft Ihnen ein *Styleguide,* auch *Stylebook* genannt (vgl. Kapitel „Die interaktiven Formen"). In erster Linie muss sich das Aussehen am Inhalt und an den Bedürfnissen der User orientieren. Verzichten Sie bei online-journalistischen Formaten auf multimediale Spielereien, nichtssagende Grafikanimationen vorweg und auf vorgeschaltete Seiten, die lediglich das Logo Ihres Online-Magazins enthalten. Die halten den User auf der Suche nach Informationen nur auf.

Erliegen Sie nicht dem Trugschluss, man müsse Informationen und Kommunikationsdienstleistungen verstecken, damit der User Spaß beim Suchen hat. Die Zeit hierfür will sich niemand nehmen. Beantworten Sie deshalb möglichst gut auffindbar diese Fragen:

- Was bietet Ihre Site?
- Wer sind Sie?
- Was macht Ihre Online-Seiten so einzigartig?

4.6 Site und Homepage planen

Die Startseite ist Ihre erste und letzte Chance. Versorgen Sie die User sofort mit ersten Informationen und Links zu Ihren Inhalten – so machen es auch die Portale: Gleich am Eingang gibt es aktuelle Kurzmeldungen und die Querverweise. Achten Sie darauf, dass Ihre Einstiegsseite klar strukturiert ist, und überladen Sie sie nicht.

Um Ordnung in Ihr Themenangebot zu bekommen, bietet sich ein streng hierarchisches Prinzip an, das an die Verzeichnis- und Dateianordnung auf der Festplatte erinnert: Von einer Hauptseite aus kann der User auf eine Themen-Unterseite (Channel) zugreifen, die ihrerseits wiederum Unterseiten enthält. So lassen sich Themenbereiche zusammenfassen. Der User hangelt sich in dieser Struktur von Information zu Information immer weiter in die Site hinein. Bilden Sie diese Struktur auch in den Verzeichnissen Ihres Servers ab. Jede neue Rubrik landet in einem eigenen Ordner.

Auf allen komplexeren Sites ist eine solche Struktur sinnvoll, etwa wenn Sie viele Texte oder ein Portal mit mehreren Rubriken auf das Netz stellen wollen. Die Startseite braucht Links zu allen Unterseiten der nächsten Ebene. Ideal ist es, wenn neben diesen Verweisen auch noch Hyperlinks zur übernächsten Ebene stehen. Das erleichtert die Orientierung. Yahoo und andere Web-Kataloge arbeiten nach diesem Prinzip (Abb. 4.5).

Eine Startseite für die Unternehmenskommunikation am Beispiel von www.siemens.de**: Sie verwendet die selben Techniken wie ein journalistisches Angebot, spricht jedoch bereits verschiedene Zielgruppen direkt an.**

Navigationselemente müssen gut sichtbar und immer an derselben Stelle auf jeder Seite untergebracht werden. Bei framegestützten Sites packen Sie die Links in einen eigenen Frame. Wenn Sie ohne Frames arbeiten, bringen Sie die Navigationselemente links oder oberhalb jedes Dokuments an.

Optisch sollte man Wegweiser vom Inhalt trennen. Dazu reicht je nach grafischem Geschmack und Talent eine horizontale Linie, eine farbliche Hervorhebung oder eine eigenständige Grafik. Es entsteht eine Navigationsleiste, die der Leser auf jeder Seite wiedererkennt.

Wenn man mehrere Links braucht, setzt man zwei Leisten ein. Eine steht oben auf der Seite, die andere links neben dem Dokument. Die obere Leiste enthält die auf allen Seiten identischen Links, etwa den Verweis auf die Homepage, zu einer

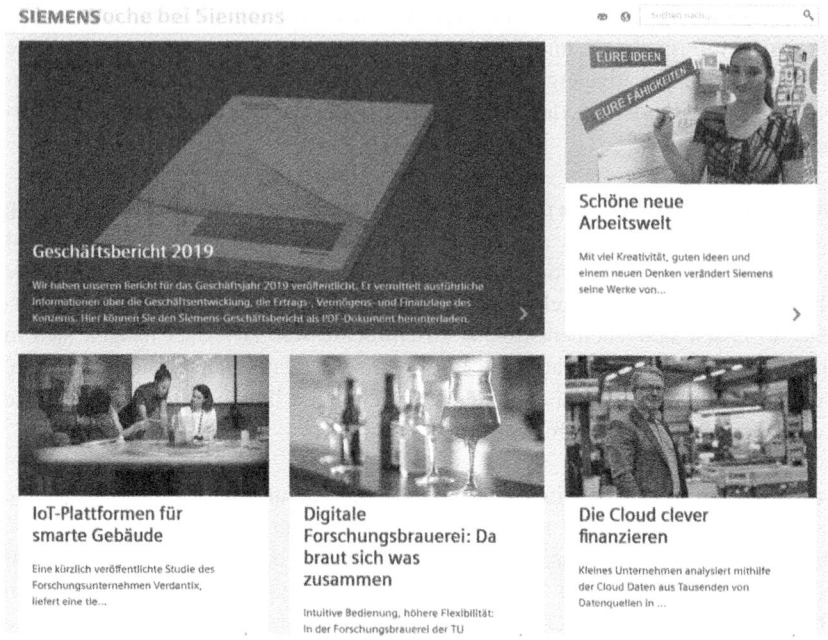

Abb. 4.5 Siemens

Suchfunktion oder zur Feedback-Seite. Links stehen dann die Querverweise zu weiteren Dokumenten oder Unterbereichen einer Site.

Design dient dem User. Starten Sie nicht auf jeder Seite ein neues Gestaltungsexperiment. Webdesign dient nicht vorrangig der künstlerischen Befriedigung des Gestalters. Das Design steht im Dienst der guten Nutzbarkeit einer online-journalistischen Seite. Das bedeutet: Die Web-Seite überfordert nicht die Ressourcen beim User (Client) und beim Server, der User fühlt sich angesprochen und er findet sich schnell zurecht.

Gerade dieser letzte Punkt ist wichtig: Der Leser darf nicht zur Suche gezwungen werden. Wer erst einmal eine Minute braucht, um die Inhalte zu entziffern und zuzuordnen, ist schnell wieder verschwunden.

Dazu braucht man vor allem möglichst genaue Kenntnisse über die eigene Zielgruppe. Ein Radiosender beispielsweise tut gut daran, seine Programmübersicht online so zu gestalten, dass sie auch Sehbehinderte per Sprachausgabe nutzen können. Ob für eine Site *barrierefreies Webdesign* ein Muss ist, hängt jedoch nicht nur von der Zielgruppe ab, sondern auch vom Anbieter: ob die Site einer Institution von Bund, Ländern oder Gemeinden gehört (www.barrierefreies-webdesign.de).

Auf Wahrnehmungsschemata weist Thomas Wirth hin und nennt

- das reflexartige Ansprechen unserer Aufmerksamkeit auf Bewegungen oder intensive Farben,
- gelernte Gewohnheiten, so etwa die Blickreihenfolge von links oben nach rechts unten, die durch die Leserichtung der westlichen Kultur vorgegeben wird,
- internetspezifische Gewohnheiten wie das schnelle, oberflächliche Querlesen von Internet-Seiten (Scanning),
- individuelle Gewohnheiten wie das Wegklicken von Popup-Windows oder auch die technische Vorgabe bestimmter Browser-Einstellungen für Schriften und Farben.

Auch Wirth kommt zum Fazit: „Je einfacher die Struktur einer Seite, je weniger Informationen gleichzeitig dargeboten werden, je deutlicher diese visuell artikuliert sind, desto eher kann man die Aufmerksamkeit (der User. G. H.) steuern und kontrollieren."

Weiterführende Literatur

1. Dietz Schwiesau/Josef Ohler (Hg.), Nachrichten – klassisch und multimedial (Journalistische Praxis), Wiesbaden: Springer 2016.
2. Steve Krug: Don't make me think! Web Usability – das intuitive Web. Frechen: MITP-Verlags GmbH & Co. KG 2014
3. Jakob Nielsen, Raluca Budiu: Mobile usability. Frechen: MITP-Verlags GmbH & Co. KG 2013.
4. Michael Richter, Markus Flückinger: Usability und UX kompakt. Berlin-Heidelberg: 4. Aufl. Springer Vieweg 2016.
5. Thomas Wirth: Missing Links. Über gutes Webdesign. München: Hanser 2002.

Darstellungsformen und mehrmodale Formate 5

Zusammenfassung

Welche onlinetypischen Darstellungsformen und Formate gibt es? Das Kapitel unterscheidet informationsorientierte, erzählende, meinungsorientierte und serviceorientierte.

Schlüsselwörter

Nachricht · Bericht · Newsgame · Interview · Podcast · Webreportage · Webdoku · Kommentar · Glosse · Ratgeber- und · Servicebeiträge · Newsletter · Chatbot · Mobile first · XML

Online-Journalismus setzt journalistisches Know-how voraus. Das Internet transportiert Inhalte aus allen Medien: Text, Bild, Audio, Video. Die journalistischen Formen und Formate aus Presse, Hörfunk und Fernsehen werden nicht nur eins zu eins übernommen, sondern verändert und an das Online-Medium angepasst. „Multimedia" und „Crossmedia" sind häufig dafür verwendete Bezeichnungen; im letzten Jahrzehnt ist auch die „Transmedialität" hinzugekommen. Da es online um die unterschiedlichen Rezeptionsmodi Lesen, Hören, Sehen geht, sprechen wir von *mehrmodalen Formen.*

Wer für das Internet journalistischen Content produzieren möchte, braucht medienspezifisches journalistisches Handwerk. Das fängt beim Schreiben von knapper, klarer Sprache an und reicht über den Audio-Mitschnitt von Interviews bis zur videojournalistischen Dokumentation. Es umfasst die Kenntnis journalistischer Darstellungsformen von der Meldung über das Feature oder die Glosse bis hin zur Konzeption eines umfangreichen Hypertext-Angebotes, das mehrere Darstellungsformen kombiniert.

Der User interagiert beim Surfen durch Hypertext mit dem Server – deshalb sprechen wir von *interaktiven* Formen, die von Journalist/innen gestaltet werden. Als *partizipativ* sind dem gegenüber diejenigen Formen anzusehen, bei denen mindestens zwei Menschen sich über digitale Plattformen austauschen, vom Chat über Twitter bis zur Community (vgl. das folgende Kapitel „Partizipative Formen und Formate").

Welche der Darstellungsformen man online-journalistisch wie einsetzt, beschreibt dieses Kapitel: die *informierenden,* die *kommentierenden* und die *Service-Formen.* Mehrmodales Arbeiten gehört für Online-Journalist/innen zum Alltagsgeschäft: Der Online-Auftritt zum Wochenmagazin muss mit der Printausgabe abgestimmt sein, die Webseiten des Radiosenders mit den aktuellen Sendungen. Kooperationen und Vernetzung machen Synergie-Effekte möglich. Der Beitrag *Mediengerecht konzipieren* beschreibt, wie man bi- und mehrmedial konzipiert, und wie man die Technik dafür einsetzt. In den folgenden Beiträgen werden entsprechend ihrer Bedeutung im Online-Journalismus einzelne Formen ausführlicher dargestellt, wie das Interview oder der Newsletter. Wie sie sich mediengerecht umsetzen lassen, wird bei der jeweiligen Darstellungsform angesprochen.

Blogs oder Podcasts verstehe ich nicht als Darstellungsformen, sondern als digital definierte Formate, die mit journalistischen Inhalten gefüllt werden können.

5.1 Mediengerecht konzipieren

Ein Großteil der Online-Publikationen ergänzt ein Muttermedium aus Presse, Radio oder Fernsehen. Hier haben crossmediale Konzepte ihre Wurzeln: Rasch merkten die Journalist/innen, dass es mit einer simplen 1:1-Übernahme ins Internet nicht getan war. Sie entwickelten jeweils medienspezifische Online-Formen. Mobile Endgeräte, Internet per Handy verändern die Nutzungsmöglichkeiten und damit auch das Konzipieren für das Medium.

5.1 Mediengerecht konzipieren

Rationalisierungsvorhaben haben die Redaktionsorganisation verändert: Am zentralen *Newsdesk* laufen die Fäden für alle Medienprodukte zusammen. Hier wird entschieden, welche Information auf welchem Kanal ausgespielt wird. Die Technik erlaubt, journalistische Beiträge und ihre Bestandteile unabhängig vom Ausgabemedium zu verwalten. Zum Beispiel: Texte können für die Print-Fassung oder den Online-Auftritt ausgegeben oder per Voice-Ausgabe von einer Maschine vorgelesen werden, Radio-Sendungen sowohl on-air als auch online publiziert werden, Video-Podcasts gesendet sowie in der Mediathek bereit gestellt werden. Journalist/innen arbeiten online für mehrere Medien oder Plattformen (multi-platform journalism).

Diese Konvergenz journalistischer Produkte verlangt Journalist/innen, die kompetent nicht nur für ein Medium produzieren können, sondern für mehrere: nicht nur für die gedruckte Ausgabe des Magazins, sondern auch für die Online-Ausgabe; nicht nur für die Radio- oder Fernsehsendung oder den jeweiligen Sender, sondern auch für den zugehörigen Online-Auftritt zu arbeiten.

Muttermedium und Online-Redaktion müssen ein gemeinsames Konzept haben: Wochenmagazin wie Tageszeitung werden online um live aktualisierte Informationsangebote ergänzt; Monatszeitschriften bieten Terminkalender und aktuelle Informationen online an. Fachbücher und Lehrmaterialien, wie auch das vorliegende Buch, werden durch ein umfangreiches Webangebot erweitert und aktualisiert. Die Website muss zum Magazin passen, die Leser des gedruckten Hefts müssen online die Besonderheit der Marke wiederfinden können.

Umgekehrt wandern usergenerierte Informationen aus dem Online-Angebot in die gedruckte Ausgabe: die schönsten Bilder aus dem Foto-Wettbewerb unter den Lesern, die besten Texte aus der Community auf die Jugendseite der Zeitung.

▶ **„Mobile first"** hat vor einiger Zeit den Slogan „online first" abgelöst. Mein Favorit: **Social first**.

Die gedruckte Ausgabe von Printprodukten wird nicht 1:1 zur kostenfreien Nutzung bereitgestellt. Das ist schon aus kaufmännischen Gründen nicht sinnvoll, weil in der Regel die Print-Fassung verkauft werden soll. Aber auch medienspezifische Anforderungen stehen der einfachen Übernahme entgegen. Für die Online-Publikation gibt es verschiedene Möglichkeiten:

- online Teaser zu den Beiträgen anbieten, für die Langfassung auf das kostenpflichtige Angebot beim Muttermedium verweisen;
- ausgewählte Beiträge online komplett anbieten, auf weitere Beiträge im Muttermedium hinweisen;
- insbesondere für Fachzeitschriften: online Abstracts zu den Beiträgen anbieten, für die ausführlichen Informationen auf die Printausgabe oder ein kostenpflichtiges Archiv verweisen;
- ein völlig unabhängiges Online-Angebot mit eigenständiger Finanzierung aufbauen oder
- die Printausgabe als *PDF* oder *E-Paper*, Radio- und Fernsehbeiträge als *Podcast* zum Herunterladen anbieten, auch gegen Gebühr.

Beitragsfinanzierte Angebote wie etwa diejenigen der öffentlich-rechtlichen Medien können über die Mediatheken kostenfrei zur Verfügung gestellt werden, soweit der rechtliche Rahmen dies erlaubt.

Die gefürchtete „Kannibalisierung des Muttermediums" tritt in der Regel nicht ein, wenn das Online-Medium als eigenständiges Medium begriffen und konzipiert ist. Dann ist es auch für Werbekunden attraktiv. Redaktionen, bei denen das Zusammenspiel Online-Printausgabe funktioniert, berichten, dass online neue Abonnenten hinzukommen. Sendeanstalten erreichen Hörer- und Zuschauergruppen, die bereits verloren geglaubt wurden.

Gegenseitige Verweise verstärken die Nutzerbindung: vom Radio oder Fernsehen aufs ergänzende Internet-Angebot, von den Online-Seiten aufs Printprodukt, von Zeitung oder Zeitschrift auf besondere Angebote auf den Webseiten.

Insbesondere im Service-Bereich ergeben sich hier Synergie-Effekte, die einerseits dem Leser oder Zuschauer Zusatznutzen bringen, wenn er auch ins Online-Angebot schaut, andererseits dem Online-User, der, auch gegen Gebühr, den ausführlichen Beitrag herunterladen kann.

Printmedien bieten online kostenpflichtig Services an, die früher der Anzeigenabteilung vorbehalten waren – von Stellenbörsen über Immobilienanzeigen bis hin zur Partnervermittlung.

Radio und Internet ergänzen sich gut, weil online genau die beiden Elemente geboten werden, die dem Hörfunk fehlen: (Lese-)Text und Bild. Die Webseiten

5.1 Mediengerecht konzipieren

eines Radiosenders bringen neben direktem Hörer-Service (Programmübersicht, Hinweise auf derzeit oder demnächst laufende Sendungen) Informationen zum Nachlesen, die dem User jederzeit zur Verfügung stehen, wenn er sie braucht:

- Nachrichten
- Wetter
- Verkehrsinformationen.

Solche Informationen können von der Online-Redaktion automatisiert übernommen werden. Allerdings bieten sie dann die vom User gewünschte zunehmende Informationstiefe nicht. Die Online-Nachrichtenredaktion kann solche Kurzinformationen mit weiterführenden Angeboten verlinken oder erweiterte Informationen zusammenstellen.

Eine eigenständige Online-Redaktion ist auf jeden Fall für programmbegleitende Angebote nötig: Die Ausstellungsbesprechung der Kulturredaktion wird online ergänzt durch eine Bildergalerie. Das Verbrauchermagazin im Radio weist auf die Service-Datenbank online hin, die Musiksendung auf das Netzdossier zur Band oder zur Musikrichtung.

Einen Zusatznutzen für den Online-User kann das Audioangebot bieten, wenn es online die wesentlichen Passagen und O-Töne aus aktuellen Sendungen zur Verfügung stellt. Die Kernaussage des Gesprächs mit dem Politiker vermittelt nicht nur die Nachricht, sondern bringt auch die Stimmung'rüber – die Wiedergabe des gesamten Interviews hingegen keine zusätzliche Information gegenüber der Textfassung.

Auch eine *Webcam,* die erlaubt, den Studiogast live zu sehen, oder der Chat, der die Sendung ergänzt, sind sinnvolle Online-Ergänzungen zum Radio.

Wo online Audio-Beiträge angeboten werden, sollte ein Symbol darauf hinweisen. Bei der Auswahl der Datenformate unbedingt darauf achten, dass die wichtigsten verfügbaren Formate angeboten werden (Abb. 5.1)!

Bei TV-Service- oder Bildungsangeboten entfaltet das Internet seine Stärke, ebenso als Ergänzung zu Nachrichtensendungen. Die Online-Nachrichtenredaktion bringt möglichst auf der Startseite einen Überblick über die aktuellen Nachrichten und verlinkt zu vertiefender Information. Wo Video-Beiträge angeboten werden, sollte ein Symbol darauf hinweisen.

Abb. 5.1 www.tagesschau.de verbindet den Nachrichtenüberblick in Text und Bild mit der Programmbegleitung. Die Fernsehkamera zeigt an, wo Videostreams warten

Den Unterschied zwischen einer klassischen Fernsehsendung und einem Videobeitrag für die Online-Nutzung kann man gut an den öffentlich-rechtlichen Nachrichtenangeboten studieren: Die *Tagesschau* ist anders konzipiert als die „Tagesschau in 100 s" fürs Internet. Zudem produziert die Tagesschau-Redaktion medienspezifische Angebote für Social-Media-Plattformen wie Instagram oder TikTok zusammen.

Die Besonderheiten der jeweiligen Plattformen zu kennen, ist Voraussetzung für die spezifischen Angebote. Oft hilft ein Blick in IT-Publikationen. Das Magazin T3N hat 2019 die aktuellen Bildformat-Anforderungen der wichtigsten Sozialen Netzwerke in einer Infografik zusammengestellt. (https://t3n.de/news/wp-content/uploads/2019/12/social-media-bildgroessen-2020.jpg) (Abb. 5.2).

Fernsehen, Hörfunk und Internet stehen beim Kampf um die Gunst der Nutzer in einer Komplementärbeziehung. Die ARD-ZDF-Onlinestudie zeigt, dass das

5.1 Mediengerecht konzipieren

Abb. 5.2 Kürzest-Nachrichten im Bewegtbildformat bietet die „Tagesschau in 100 s"

Zeit-Budget, das die Bundesbürger für Medien aufwenden, insgesamt zunimmt. Die Medien leiden unterschiedlich unter der Zunahme der Online-Nutzung: Der größte Verlierer scheint derzeit noch die Presse zu sein. Doch auch das Fernsehangebot wandelt sich vor dem Hintergrund der Streamingplattformen vom linearen Fernsehen zur zeitversetzt nutzbaren Plattform.

Was brauchen Online-Journalist/innen, die mehrmedial arbeiten wollen? Die Zeiten, als Block und Stift ausreichten, sind vorbei. Eine Minimalausstattung könnte sein:

- Smartphone mit guter Kamera
- Apps, mit denen man Fokus und Blende steuern kann
- Mikrofon zum Anstecken
- Halterung für Smartphone und Mikrofon
- Akkus/Batterien, Ladegeräte; Verbindungskabel, Stromkabel
- mobiler Internet-Zugang.

Die Software für die (mobile) Bearbeitung und den Schnitt kommt hinzu. Ein Notebook zusätzlich schadet nicht. Tipps und Empfehlungen für das passende Equipment finden Sie in einschlägigen Blogs, zum Beispiel bei Björn Staschen.

Crossmediale Recherche: Videoreporter haben in ihrer Ausbildung Radio- und Fernseh-Erfahrung gesammelt, journalistisches Schreiben und Konzipieren gelernt. Sie planen strategisch: Dass der Bundespräsident zur Eröffnung der Messe kommt, ist Wochen vor dem Termin bekannt. Hier kann man die Aufnahme licht- und tontechnisch gut vorbereiten. Die Hochwasser-Katastrophe kommt plötzlich – der Videojournalist muss rasch vor Ort sein und möglichst umfassend dokumentieren. *Vor* dem Außentermin plant der Videoreporter, mit wem er sprechen und was er aufnehmen will, und was er dazu braucht. Denn einen zweiten Termin gibt es in der Regel nicht.

> **Zum Konzept gehören folgende Überlegungen**
>
> - Was kann ich vorab online oder per Telefon recherchieren?
> - Mit wem kann ich vor Ort sprechen? Welche Aufnahmegenehmigungen brauche ich?
> - Welche Einzelheiten muss ich vor Ort recherchieren?
> - Welche Elemente eignen sich für Audio- oder Video-Umsetzung?
> - Welche Darstellungsformen nutze ich (Bericht als Text, Interview als Text, Audio oder Video, Bildergalerie, Service-Kasten...)?
> - Welche Einstellungen muss ich filmen, um die Geschichte mit Bewegtbild erzählen zu können?
> - Wie kann ich das Thema sonst noch visualisieren (Geo-Tagging, animierte Grafik, Cartoon...)?

Die Five-Shot-Regel stammt aus dem Videojournalismus. Die erste Einstellung zeigt ein Detail und eine Handlung, weckt damit unter Umständen die Aufmerksamkeit des Zuschauers. Die zweite Einstellung zeigt, „wer" hier handelt. Erst die dritte Einstellung löst die Situation auf. Anschließend blickt man über die Schulter der handelnden Person – gleichsam wie ein Lehrling oder ein heimlicher Beobachter. Nimmt man beispielsweise einen Koch beim Zwiebelschneiden auf, so ist die erste Einstellung eine Großaufnahme der Zwiebel, die vom Messer zerteilt wird. Die zweite Einstellung zeigt das Gesicht des Kochs nah, die dritte eine Totale der Situation, die vierte Einstellung schaut dem Koch „über die Schulter".

5.1 Mediengerecht konzipieren

Abb. 5.3 Malte Burdekat über Videojournalismus (https://www.gelbe-reihe.de/onlinejournalismus/malte-burdekat/ oder direkt https://youtu.be/vAb_cjnC4F4)

Die letzte Einstellung ist frei wählbar, wobei darauf zu achten ist, dass nicht über die Handlungsachse gegangen wird und ein sogenannter *Achsensprung* entsteht. Die Handlungsachse besteht im beschriebenen Beispiel aus einer gedachten Linie zwischen Zwiebel und Nasenspitze des Kochs (Abb. 5.3).

Ein Lehrbuch für den Videojournalismus kann dieses Buch nicht ersetzen. Für Radio- und Fernsehjournalismus gibt es bewährte und aktuelle Publikationen. Lesetipps finden Sie am Ende dieses Beitrags.

Ruhigere Bildsprache, höheres erzählerisches Tempo. Die Bildsprache sollte langsamer werden. Raffinierte Details, schnelle Fahrten und Schwenks auf 8-cm-Breite – das dürfte vergebliche Liebesmüh sein. Parallel dazu erhöht sich das erzählerische Tempo: Die 2′30″-Maz (mit drei O-Tönen, drei Off-Tönen) wirkt auf Miniscreens behäbig und langweilig. Wirksamer sind ein höheres erzählerisches Tempo und höhere Dichte. Auch der Text wird wichtiger.

Mobiler Journalismus verlangt spezifische Herangehensweisen. Während die Technik preiswerter und leichter wird, steigen die Anforderungen an die Journalistinnen und Journalisten. Björn Staschen vom Norddeutschen Rundfunk gibt folgende fünf Tipps:

1. Die Geschichte zählt.
2. Vor dem Dreh das Telefon in den Flugmodus schalten.
3. Speicher aufräumen, damit genug Speicherplatz zur Verfügung steht.
4. Linse putzen.
5. Sich vom Telefon leiten lassen, um spannende Kameraeinstellungen zu finden (www.gelbe-reihe.de/mobiler-journalismus/online-plus/).

Audio- und Video-Sequenzen verwendet man dann, wenn dieselbe Information mit Text und Foto nicht ebenso gut vermittelt werden kann. Nachrichten müssen nicht unbedingt von einem Sprecher vorgetragen werden; sie lassen sich als Text besser und schneller aufnehmen. Der Augenzeuge des Unfalls hingegen kann sein Erlebnis im Video anschaulich werden lassen.

Bei Audio- und Videoaufnahmen sind wie überall Urheberrechte sowie die Rechte des Persönlichkeitsschutzes zu beachten. Grundsätzlich bedarf es des Einverständnisses der aufgenommenen Person, bei öffentlichen Veranstaltungen mit Einschränkungen. Kinder dürfen nur mit Zustimmung der Eltern aufgenommen werden. Mehr dazu im Kapitel Recht.

Audio-Podcasts und Audio-Plattformen online werden intensiv genutzt, vor allem, wenn sie nichts kosten. Sie ersparen Sendern den aufwendigen Service, Mitschnitte von Sendungen auf Datenträger zu bieten. Noch zu erproben ist, inwieweit Hörer bereit sind, für einen solchen Service ein geringes Entgelt zu bezahlen.

Zusätzlichen Informationswert bieten. Den spannendsten Ausschnitt aus Bill Clintons Rede vor dem Untersuchungsausschuss in Sachen Monica Lewinsky haben sich damals viele User online angesehen, die gesamte Aussage eher nicht. Hier war es der spezielle Zusatznutzen, den das Internet bietet: Wie Clinton den Blick abwendet, wie er die Nase berührt, das vermitteln Text und Foto nur unzureichend.

▶ **„Es versendet sich":** Dieser tröstliche Spruch aus den alten Radio- und Fernsehzeiten hat seinen Trost verloren. Das Internet vergisst zwar schnell, aber archiviert alles.

Kommunikationsnutzen bieten. Die eigentliche Stärke des Online-Angebots gegenüber dem Fernsehen liegt in den kommunikationsorientierten Formen: Zur Nachrichtensendung werden Diskussionsforen angeboten, in denen die Zuschauer

5.1 Mediengerecht konzipieren

über die aktuelle politische Entwicklung diskutieren können. Unterhaltungssendungen entwickeln im Zusammenspiel mit der Online-Redaktion neue Formate, in denen User die Quizfragen nachspielen können. Userbeiträge und -wünsche gehen in die Sendung ein und haben Auswirkungen auf den weiteren Spiel- oder Handlungsverlauf. Mehr dazu im Kapitel „Partizipative Formen".

Datenbank im Hintergrund: Informationen nicht mehr von Menschen zusammenstellen und aufbereiten zu lassen, sondern von Programmen – wie soll das funktionieren? Die Gedankenarbeit leisten nach wie vor Menschen: Sie legen fest, auf welche Weise die Daten geordnet und erfasst werden müssen, damit der User sie nach seinen individuellen Anforderungen auswählen und auf seinem Endgerät abrufen kann, und geben die Schritte vor.

„Redakteur Al Gorithm": Die Zusammenstellung selbst erledigen Programme, die die Schritte in Anweisungen umsetzen (Algorithmen). Als Beispiel kann der aktuelle News-Überblick auf news.google.de dienen: Er wird vollautomatisch per Software generiert. Weitere *News-Aggregatoren* sind inzwischen hinzugekommen.

Journalistisches Denken ist erforderlich, um die Aktionen der User zu planen und die Informationen entsprechend aufzubereiten. Während es Online-Journalist/innen bis hierher mit Anwender-Software zu tun hatten, ist ab jetzt zumindest Verständnis für standardisierbare Verarbeitungsprozesse von Information, also für Datenbank-Programme, erforderlich.

Archiv anbieten. Wo immer es lizenztechnisch möglich ist, bieten Sender spezielle Sendungen online zum Anschauen und Herunterladen an. Die *Suche* nach Programmangeboten muss *themenspezifisch* möglich sein. Eine Schlagwort-Suche ist zu empfehlen. Das gut sortierte Redaktionsarchiv ist auch die Basis für die Entwicklung medienunabhängiger journalistischer Produkte.

Wer seinen Usern ein Archiv zur Verfügung stellen will, braucht ein entsprechendes *Content-Management-System,* das eine *Datenbank* zur Verfügung stellt. Datenbanken bestehen aus *Datensätzen* (Beispiel: Angaben zu einem Produkt), die in *Datenfelder* zerlegt sind (Beispiele: Name, Artikelnummer, Beschreibung, Foto, Preis). Bei der Konzeption ist vor allem darauf zu achten, dass an alle Möglichkeiten der Abfrage gedacht ist: Wonach soll der User suchen können? Welche Suchkriterien soll man verknüpfen können? Ist Volltext-Suche erforderlich, und wenn ja, in welchem Feld? Die Datenfelder sind miteinander verknüpft (relationale und objektorientierte Datenbanken).

XML (Extensible Markup Language) ist mit Content-Management eng verknüpft. Zwei Haupteinsatzgebiete prägen XML. Einmal soll XML den Datenaustausch zwischen Programmen vereinfachen. Die Entwickler dachten dabei vor allem an Datenbanken und an Szenarien mit verteilten Ressourcen. So kann beispielsweise eine Online-Redaktion via XML Datenbank-Anfragen direkt an einen Content-Lieferanten weiterleiten. Umgekehrt fordert die Redaktions-Site Informationen direkt beim Content-Lieferanten ab und fügt die Daten verschiedener Herkunft zu einer einheitlich aussehenden Sammlung zusammen. Für den User sieht es aus, als kämen die Daten aus der hauseigenen Datenbank der Online-Redaktion.

Zum anderen erlaubt XML, Dokumente je nach Medium unterschiedlich aufzubereiten. So lässt sich beispielsweise ein Bericht in XML abfassen und dann mit einfachen Anweisungen für die Veröffentlichung via World Wide Web oder in der Tageszeitung aufbereiten.

XML ist keine eigene Seitenbeschreibungssprache, sondern ein Werkzeug, um eigene Sprachelemente und Sprachen zu entwerfen, die jeweils einem bestimmten Einsatzzweck angepasst sind. Mit XML ist man nicht mehr an einen vorgegebenen Satz von Befehlen („tags") gebunden wie in HTML. Der Programmierer definiert beliebige eigene Tags. Dazu gibt er bei Bedarf Zusatzinformationen, etwa über das Aussehen oder die Datenstruktur.

Eine klare Trennung in Daten (Inhalte), Struktur (der Daten) und Layout (Darstellung) erlaubt, wesentlich flexibler mit Information umzugehen. Denn unabhängig vom Zielmedium lassen sich zunächst einmal nur die reinen Informationen, die Inhalte, erfassen. Und die bleiben in ihrer Rohform erhalten. Für die Aufbereitung der Information sind andere Werkzeuge wie *XSL (Extensible Stylesheets)* zuständig. Einmal in XML erfasste Informationen können für den Druck, Web-Seiten, Handy-Displays oder gar für Braille-Geräte, die Blindenschrift darstellen, aufbereitet werden.

XHTML ist eine Anwendung von XML. Wer HTML beherrscht, kann sich freuen: Die bekannten Befehle bleiben erhalten. Ein ›table‹ funktioniert genauso in XHTML wie in HTML. Der Hauptunterschied besteht darin, dass jedes XHTML-Dokument auf eine Definitionsdatei zugreift. Diese *Document Type Definition* (DTD) genannte Datei enthält Vorgaben zur Datenstruktur und

5.1 Mediengerecht konzipieren

zur Syntax des Dokuments. Anhand einer DTD erkennt der Browser, ob ein Dokument diesen Vorgaben entspricht und ob es sich einwandfrei weiterverarbeiten lässt.

Feeds, ob Atom oder RSS, kann man unterschiedlich übersetzen und ausdeuten. Am besten gefällt mir die Übersetzung von Matthias Spielkamp zu „real simple syndication" (RSS), nämlich „echt einfache Verbreitung". Da mithilfe von XML die Daten strukturiert, aber unabhängig vom Layout vorliegen, können sie als sogenannte Feeds, als Überschriften oder Teaser, in Form „dynamischer Lesezeichen" zur Verfügung gestellt werden. Die Nutzer abonnieren lediglich den Feed, der sich automatisch aktualisiert. Wenn der Nutzer sich vom Teaser angesprochen fühlt, klickt er weiter zum vollständigen Angebot.

Feeds kann man abonnieren. Das unterscheidet sie vom simplen Bereitstellen audiovisueller Beiträge online. Zu einem Podcast, ob Audio oder Video, gehört notwendig der Feed, der die Nutzer über weitere Folgen informiert.

Für denjenigen, der Seiten fürs Web zusammenstellt, lohnt es sich auf jeden Fall, sich mit XHTML zu beschäftigen: Einmal versteht man besser, was die hauseigenen Redaktionssysteme so treiben. Zum andern kann man auf seine HTML-Kenntnisse zurückgreifen, wenn man bereit ist, ein wenig dazu zu lernen.

Metadaten für das Content-Management. Bei der internen Datenverwaltung der einzelnen *Assets* ebenso wie bei Zusammenarbeit mit Agenturen oder anderen externen Content-Lieferanten kommt es auf präzise Definition der Schnittstellen und der Datenübergabe an. Umgekehrt tritt die eigene Online-Redaktion als Content-Lieferant für andere Medien auf. In beiden Fällen helfen *Metadaten* beim Content-Management: Zu jeder Datei werden separat Strukturinformationen, sogenannte Metadaten, erhoben, um den Austausch und die Archivierung zu erleichtern. Dazu gehören Angaben zum *Autor,* zum *Thema,* zum *Zeitpunkt* und zur *Quelle* der Nachricht.

Internationale Standards. Das International Press Telecommunications Council (IPTC) setzt weltweite Standards in diesem Bereich. Zum Definieren von Struktur und Inhalt von multimedialen Daten hat das IPTC den Standard NewsML geschaffen, der auf XML basiert und auch „XML for news" genannt wird. Für Textdokumente gibt es das News Industry Text Format (NITF). Es wird von Associated Press (AP) ebenso eingesetzt wie von Dow Jones, der New York Times oder der Deutschen Presse-Agentur (dpa).

NITF beantwortet die Fragen:

- *Wer* besitzt das Copyright?
- *Was* sind die Themen oder Ereignisse?
- *Wann* wurde berichtet?
- *Wo* ist die Nachricht veröffentlicht worden?
- *Warum* hat sie einen Neuigkeitswert?

Mittels NITF werden Überschrift, Subhead oder Absätze definiert. Um das Thema zu erfassen, wurden die *IPTC Subject Codes* definiert. Damit können NITF-Dokumente schneller und gezielter durchsucht werden. Mehr dazu auf www.iptc.org.

5.2 Informieren: Nachricht, Slideshow, Interview, Podcast

Dass Journalist/innen zwischen Information und Meinung trennen sollten, ist eine der Grundlagen, die der Journalismus in Deutschland nach 1945 von seinem US-amerikanischen Vorbild übernommen hat. Vorher, in der NS-Zeit mit ihrer Pressezensur und ihren gesteuerten Medien, war die journalistische Trennungsregel außer Kraft gesetzt worden.

Ganz hundertprozentig wurde sie jedoch auch im bundesrepublikanischen Journalismus nie eingehalten: Boulevard- und Unterhaltungsformate ließen von Anfang an – quer durch alle Medien – Mischformen zu. Später hat der *New Journalism* mit dem *Storytelling* eigenständige Formen entstehen lassen. Von der Problematik ganz abgesehen, dass Objektivität im Nachrichtenjournalismus zwar das hehre Ziel, aber aus verschiedenen Gründen praktisch kaum zu erreichen ist.

Trotzdem bleibt der journalistische Trennungsgrundsatz unbestritten: Für den Leser muss transparent sein, wo er informiert wird und sich auf größtmögliche Faktentreue verlassen kann – und wo der Journalist Meinung äußert.

Aufbau der Nachricht. Der Verfasser des folgenden Texts hat sich mit der Information viel Mühe gegeben:

> Am Donnerstag, dem 8. April 2020, fand in München die jährliche Hauptversammlung der MediaForFun AG statt. Wie jedes Jahr begann die Veranstaltung auch diesmal mit einer Multimediapräsentation des Vorstandsvorsitzenden Maximilian Meier ...

5.2 Informieren: Nachricht, Slideshow, Interview, Podcast

Der User, der diesen Text bis zum Schluss liest, muss dennoch erst noch gefunden werden. Warum soll er sich mit etwas beschäftigen, was offensichtlich jedes Jahr in genau derselben Form abläuft? *Nachrichten sind Neuigkeiten,* und für die gilt der Grundsatz des amerikanischen Journalist/innen John B. Bogart: „When a dog bites a man, that's not news, but when a man bites a dog, that's news." Über hundert Jahre ist die Man-bites-dog-Formel alt. Angewandt auf die Hauptversammlung der (erfundenen) MediaForFun AG liest sich das so:

> Rund drei Millionen Euro schüttet die börsennotierte MediaForFun AG für das Geschäftsjahr 2019 an ihre Aktionäre aus. Das sind mehr als 30 Prozent mehr als im Vorjahr. Der Dividendensatz bleibt unverändert bei 21 Prozent; die Ausschüttungssumme steigt, weil das Grundkapital aus Gesellschaftsmitteln auf 8,4 Millionen Euro erhöht wurde. Das beschloss die Hauptversammlung am Donnerstag, 8. April 2020 in München.

Auch beim Teaser steht die Information im Vordergrund. Viele Nachrichten-Sites übernehmen als Teaser den ersten Satz des Beitrags. Das setzt voraus, dass dieser Satz die wichtigsten Ws, die Kernaussage enthält. Wie man herausfindet, was das Wichtigste ist, wurde bereits im Kapitel „Hypertext" beschrieben – deshalb hier nur noch eine komprimierte Zusammenfassung. Wie verteilt man die Information auf Teaser, Überschrift und Text? Auf der Startseite steht bei einem Teaser aus Überschrift und Kurztext:

> **MediaForFun: 30 Prozent mehr**
> Rund drei Millionen Euro schüttet die börsennotierte MediaForFun AG dieses Jahr an ihre Aktionäre aus. Mehr ...

Wenn der Aufbau der Nachricht stimmt, steckt die wichtigste Information im ersten Satz (Leadsatz). Er eignet sich dann in der Regel auch als zusammenfassender Teaser. Klickt der User auf das Hot Word ‚Mehr ...', findet er auf der nächsten Seite den kompletten Text samt Überschrift:

> **MediaForFun: 30 Prozent mehr**
> Rund drei Millionen Euro schüttet die börsennotierte MediaForFun AG für das Geschäftsjahr 2019 an ihre Aktionäre aus. Das sind mehr als 30 Prozent mehr als im Vorjahr (usw.)

Weiterführende Links liefern dem User, wenn er es denn möchte, das ausführliche Jahresergebnis, die Bilanz, die Kursentwicklung der letzten Jahre, Hintergrundinfos zum Unternehmen. Dabei muss aus der Beschreibung zu den

Links deutlich werden, von wem die weiterführende Information stammt: vom Journalist/innen? Oder vom Unternehmen MediaForFun selbst?

Auch wenn sich der Vorstandsvorsitzende Maximilian Meier beschweren sollte, dass der Text nicht positiv genug gefärbt sei: Informativ ist er, und er enthält genau das, was die User eines Online-Börsendiensts oder der Unternehmens-Site wissen wollen, die vielleicht Aktien der MediaForFun AG halten oder überlegen, sich welche zuzulegen: Fakten, Fakten, Fakten.

Viel besser hätte es dem Vorstandsvorsitzenden gefallen, wenn der Kurzbeitrag so lauten würde:

> Mit einem Super-Ergebnis nach einem Mega-Event für mehr als tausend glückliche Aktionäre ging die Hauptversammlung der MediaForFun AG am Donnerstag in München zu Ende ...

Für den User muss erkennbar sein, wo Fakten wiedergegeben und wo Meinung geäußert wird: *Berichten, nicht richten* ist Aufgabe des Journalist/innen. ‚Super-Ergebnis', ‚Mega-Event', ‚glückliche Aktionäre': Das sind Meinungsäußerungen – keine Informationen. Die sogenannten *informierenden* journalistischen Darstellungsformen wie Meldung oder Bericht enthalten keinen Kommentar des Autors. Im Beispiel sind Fakten Mangelware – weiterklicken wird hier niemand.

Dass auch Nachrichten nie „objektiv" sind, hat andere Ursachen: die Auswahl, die Reihenfolge, die begleitenden Bilder ... Etwas anderes ist es, die Meinungsäußerung jemandem in den Mund zu legen:

> „Ein Mega-Event", freut sich Steffi Brav. Die 51-jährige Tischtennisspielerin war Stargast auf der Hauptversammlung der MediaForFun AG, die am vergangenen Donnerstag in München ihr Jahresergebnis präsentierte ...

Das achte W: „Für wen schreibe ich?" verändert die Auswahl der Fakten. Für den Börsenbericht ist dieser Text zu unterhaltsam. Als Einstieg für einen Magazin-Beitrag in der Rubrik „People" des (ebenfalls erfundenen) Business-Magazins „Steffi", das sich an berufstätige Frauen richtet, ist er hingegen o.k. Kommentar oder nicht? Nein, denn es wird über eine Meinungsäußerung *berichtet;* sie wird, deutlich als Zitat gekennzeichnet, wiedergegeben.

Vorspann oder Lead nutzen. Kennzeichnend für informierende Texte im Web ist die unterschiedliche Informationstiefe, wie im vorhergehenden Kapitel

5.2 Informieren: Nachricht, Slideshow, Interview, Podcast

gezeigt. Stellen Sie vor längere Berichte den *Lead:* In drei Zeilen oder bis zu 200 Zeichen steht auf der Einstiegsseite das Wichtigste vorneweg – also auf jeden Fall die Ws. Der *Bericht* auf einer eigenen Seite wird dann ausführlicher. Informierende Texte kann man nach der Länge differenzieren:

Meldung. Die kürzeste der informierenden Darstellungsformen. Sie besteht eigentlich nur aus den journalistischen Ws – und oft nicht einmal allen sieben. Typische Meldungen: Kurznachrichten (Börsenmeldungen, Veranstaltungshinweise).

Nachricht. Wie die Meldung, aber mit kurzer Erläuterung, weiteren Einzelheiten oder der Vorgeschichte in einem Satz. Länge bis rund 1000 Zeichen.

Bericht. Länger und ausführlicher (über 1000 Zeichen). Kann nach Schilderung der aktuellen Ergebnisse ins Detail gehen, die Vorgeschichte (kurzgefasst) und eine Vorschau auf die nächsten Schritte (z. B. bei einer gerichtlichen Auseinandersetzung) bringen: „Der Vorstandsvorsitzende kündigte an, …" In weiterführenden Links kann der User die Vorgeschichte im Einzelnen nachlesen.

Bilder unterstützen die Information. Mit einem Foto wird online manchmal rascher als mit Worten gesagt, um welche bekannte Persönlichkeit, welchen Schauplatz, welche Zeit es geht – vorausgesetzt, die Person ist optisch präsent. Wen würden Sie anhand eines Fotos auf Anhieb wiedererkennen: Michael Jackson – Ursula von der Leyen – Pablo Picasso – Marilyn Monroe – Steffi Graf – Josef Ratzinger? Bei wem wäre ein Symbol oder ein erklärendes Wort aussagekräftiger?

Slideshows, oft auch mit Audio-Spur, stellen eine preisgünstige Alternative zum aufwendigeren Videobeitrag dar. Bildbearbeitungsprogramme oder auch spezielle Softwareprodukte helfen beim Produzieren.

Symbole für Orte, Werke und Sachverhalte sind eher Glückssache: Dass der Eiffelturm für Paris steht, die Rialtobrücke für Venedig, dürfte sich herumgesprochen haben, auch beim Brandenburger Tor für Berlin mag es noch klappen. Eine Geige für Stradivari, ein Apfel für Wilhelm Tell – da wird's schon schwieriger. In solchen Fällen gilt: Das treffende Wort sagt mehr als tausend Bilder.

Multimediales und Information: Amateur-Video von gewalttätigen Auseinandersetzungen in Berlin, die Neujahrsansprache der Bundeskanzlerin im O-Ton – fragen Sie sich bitte kritisch: Ist der Informationsgehalt des Hör- oder Video-Dokuments wirklich um so viel höher als derjenige des Textes samt Bild? Reicht vielleicht ein aussagekräftiger Ausschnitt als Audio- oder Video-Clip zusätzlich zum Text? Ist der Service für den User nicht größer, wenn Sie die entscheidenden 30 s auswählen und das Gesamtvideo auf Wunsch zum Herunterladen bereitstellen?

Das gleiche gilt für die jährliche Aktionärsversammlung oder die gesamte Pressekonferenz als Video. Service bieten Sie mit einer Kurzfassung, die die zentralen Aussagen bündelt.

Darf Information unterhaltsam sein? Ein Magazinbeitrag, ein Interview, eine Reportage oder ein Feature veranschaulichen, was Nachricht oder ein Bericht in sachlichen Worten wiedergeben. Der Unterhaltungswert liegt nicht in der kunstvollen Darstellung durch die berüchtigte „Edelfeder", die eitlen, selbstverliebten Journalist/innen. Mit Worten, O-Tönen oder Bildern vermitteln die Reportage oder das Feature den sinnlichen Eindruck, vor Ort dabei gewesen zu sein. Bei der ganzen Freude, die es macht, Einzelheiten so zu erfahren, als sei man selbst mittendrin, liegt der Hauptwert weiterhin in der Information, die übermittelt wird. Doch irgendetwas ist anders. Wie lässt sich das fassen?

Die persönliche Färbung kann als Kriterium herangezogen werden. Trotzdem handelt es sich auch beim flott geschriebenen Magazinbeitrag oder bei der Video-Reportage nicht um eine Meinungsäußerung. Nicht, was die Online-Journalist/innen denken, steht im Vordergrund, sondern was beschrieben wird: die Atmosphäre auf der Hauptversammlung, das Mienenspiel des Politikers, die Originalität und Spontaneität der Sängerin, die interviewt wird.

Interpretationshilfe wird gegeben – aber nichts wird „hineingedacht". Die Journalist/innen geben wieder, was sie wahrnehmen und aufgezeichnet haben: den Blick auf ein Detail, Atmosphäre, einen Satzfetzen, den ein Besucher des Festivals zu einem andern sagt. Die User erhalten den Eindruck, dabei gewesen zu sein.

5.2 Informieren: Nachricht, Slideshow, Interview, Podcast

Statt einer Beschreibung: das Foto oder die Bildstrecke. Die Zerstörung, die die Bombenexplosion angerichtet hat, die Geburt der Fünflinge, die Hochzeit des Filmschauspielers: Hier sagt das Bild mehr als tausend Worte. „Keine Seite ohne Bild" kann als Faustregel auch für längere informierende Formen online gelten. Von Usern eingesandte Bilder bieten eine beliebte Möglichkeit der Userbeteiligung.

Dabei eignen sich Personenporträts besser als Gruppenfotos, klar erkennbare Gegenstände besser als Fotos, die dem Betrachter Rätsel aufgeben.

Ein Online-Frauenmagazin hat die Fotostrecke über die neue Herbstmode auf der Startseite ohne Bild angeteast:

> Wickelröcke, zerknitterter Tüll und Seidendrapés mit unversäuberten Kanten – der neue Romantik-Look verzichtet auf süße Schnörkel. Ergebnis: Weiblichkeit pur

Wer diesen zusammenfassenden Teaser anklickt, gelangt zum ersten Foto, darüber steht folgender Text:

> Der neue Romantik-Look verzichtet auf süße Schnörkel. Ergebnis: Seidendrapés mit unversäuberten Kanten, zerknittert plissierter Tüll und Blumenapplikationen, die aus der Reihe tanzen
> (www.elle.de)

Die Mode-Journalistin hat genau hingesehen und die Stoffe und ihre Verarbeitung beschrieben. Ihr Text zum ersten Bild, dem ein halbes Dutzend weitere folgen, wiederholt lediglich einen Teil des Teasers. Auch wenn man über die unfreiwillige Komik der aus der Reihe tanzenden Blumenapplikationen schmunzeln kann: Die online-journalistische Umsetzung ist vom Aufbau her gelungen.

Sinneseindrücke beschreibt der Online-Journalist, wenn Foto oder Video nicht ausreichen: Was sieht, hört, riecht der Besucher, wenn er die Politikerin auf ihrer Wahlkampf-Tournee ins Bierzelt begleitet? Wenn er den Platzregen bei der Freiluftaufführung der Oper miterlebt hat? Wenn er die vom Lebensmittelskandal betroffene Hühnerfarm besucht und mit deren Mitarbeitern spricht? Dabei wählt der Journalist die Eindrücke, die er schildert, danach aus, wie bezeichnend sie für das Ereignis sind.

Mit einem Foto der von der Polizei gestürmten und zerstörten Schule leitete das Online-Magazin e-politik.de seinen Korrespondentenbericht über die

Ausschreitungen der Polizei beim G-8-Gipfel in Genua im Juli 2001 ein. Trotz der Bezeichnung „Bericht" hilft diese Form dem User beim Bewerten und Einordnen der Informationen aus fremden Regionen. Und so lautete der Teaser: ‚G8-Gipfel in Genua: So friedlich, so gewalttätig'

Die Reportage selbst steigt mit zwei sehr verschiedenen Beobachtungen ein und führt das Thema aus, indem beide Sichtweisen – von den Demonstranten wie von der Polizei – ineinander verschränkt werden. Die Aussagen der zitierten Personen werden jeweils mit Zahlen untermauert.

Die umfassende Recherche ist das Geheimnis dieser Darstellungsformen. Sie wird ergänzt durch die Gegenrecherche: Stimmt das, was die Politiker/innen, Expert/innen, Pressesprecher/innen erzählen? Dabei eignet sich das Web gut dazu, die Telefonnummern oder E-Mail-Adressen der Gesprächspartner und Informanten herauszufinden, die man für Reportagen, Features und Interviews braucht, auch zum Überprüfen von Namen, Zahlen und Fakten. Dann aber müssen Archivrecherchen und die persönliche Kommunikation folgen. Daten und Namen aus dem Web sind lediglich Grundlage für Kontakte, Gespräche, journalistische Nachfragen, Interviews.

Dem Gesprächspartner gegenüber stehen, nicht online, sondern *face to face,* ist immer noch die beste Lösung. Ein Telefongespräch, eine Videokonferenz per Bildschirm, ein Chat unter vier Augen oder andere Formen des Instant Messaging können als Ersatzlösung durchgehen. Ihr Vorteil ist nicht nur die bequeme Verfügbarkeit, sondern auch die Aufzeichnungsmöglichkeit, ihr Nachteil das weitgehende Fehlen von dem, was unter *nonverbale Kommunikation* fällt. Ein Augenzwinkern, eine verräterische Geste, Nervosität – all das kommt durch elektronische Medien schlechter bzw. kontrolliert (bei Profis)'rüber.

Schriftlich formulierte Fragen per E-Mail, die vom Gesprächspartner ebenfalls schriftlich beantwortet werden, haben einen Nachteil: Online-Journalist/innen können hier nicht sofort nachhaken. Zum Abfragen biografischer Daten oder einfacher Statements mögen sie ausreichen – auf jeden Fall fehlt die Spontaneität des direkten Gesprächs.

Oft stellt sich am Ort des Geschehens eine Begebenheit, eine Information ganz anders dar, als von offizieller Seite geschildert: Ein Altbauviertel soll saniert werden. Mit viel Pressewirbel hat die Stadtverwaltung ihr Sanierungskonzept vorgestellt: Grünzonen sollen entstehen, die Häuser entkernt, die Straßen verkehrsberuhigt werden. Es gibt Zuschüsse für den Einbau moderner Heizungen

5.2 Informieren: Nachricht, Slideshow, Interview, Podcast

und für Modernisierungen am Althausbestand. Diese Informationen haben die Online-Journalist/innen aus Pressemitteilungen, die auf den Rathausseiten der Stadt veröffentlicht werden, und bei Interviews mit den Parteien im Stadtrat sowie dem Baureferenten zusammengetragen.

Die Gegenrecherche ist hier die Vor-Ort-Recherche: Die Online-Journalistin spricht mit den Bürger/innen, die jetzt noch in diesem Stadtteil wohnen und erfährt: Nach der Sanierung werden die Mieten teurer werden. Während der Umbauarbeiten müssen viele Mieter aus ihren Wohnungen ausziehen. Es ist nicht sicher, dass sie hinterher wieder in die alte Wohnung einziehen können, weil die Wohnungen teilweise zusammengelegt werden und die Aufteilung hinterher ganz anders sein wird. Er notiert die Stellungnahmen der Anwohner, sieht sich auch die Gegend und mehrere Wohnungen an.

Zwei Ziele lassen sich beim Führen von Interviews unterscheiden: Zum einen das Interview zu *Recherchezwecken,* das Online-Journalist/innen mit einem Gesprächspartner veranstalten um Informationen zu erhalten. Beim Interview steht der Gesprächspartner mit seinen Aussagen im Vordergrund. Den Journalist/innen sieht und hört man oft nicht.

Von einem journalistisch geführten und aufbereiteten Interview spricht man nur dann, wenn das Interview auch *als solches wiedergegeben* werden soll (Publikationsziel): per Text, Audio oder Video.

> **Wir unterscheiden nach Walther von La Roche drei Arten des Interviews:**
>
> - zur Sache,
> - zur Person,
> - zur Meinung.
>
> In der Praxis kommen häufig Mischformen vor.

Nachbearbeitet wird das Interview auf jeden Fall. Wenn Sie es als Text wiedergeben, kürzen Sie es auf Kernaussagen und lassen Wiederholungen, Ähs und Hms weg. Die Grammatik des Gesprächspartners passen Sie vorsichtig an die geltenden Regeln an – Sie wollen ihn nicht bloßstellen. Regionale Besonderheiten dürfen anklingen.

Mit dem Smartphone oder der Videokamera zeichnen Sie für Online-Angebote auf, was Sie beobachten. In anderen Fällen reichen bereits das digitale Audio-Aufnahmegerät oder Notebook, Organizer, oder einfach Stift und Papier. Auf jeden Fall müssen Beobachtungen, Aussagen, Zitate sofort festgehalten werden. Den Text für die Webseiten notieren Sie zumindest in Stichworten. Multimediales Material im Nachhinein zu sichten und daraus Text zu extrahieren, ist eine zeitraubende und aufwendige Tätigkeit. Bei Audio- und Videomaterial halten Sie bereits beim Aufnehmen fest, welche Einstellung was zeigt, und was sich für den Online-Beitrag eignet. Denken Sie bei jeder Minute Aufnahme daran: Sie müssen das gesamte Material hinterher sichten, auswählen und schneiden!

▶ **Bereits bei der Aufnahme an die Wiedergabe denken.** Wenn Sie aufzeichnen, verlassen Sie sich nicht darauf, dass Sie hinterher ja noch alles schneiden und kürzen können. Führen Sie das Interview so, dass es gekürzt notfalls so veröffentlicht werden könnte. Wählen Sie eine Einstellung, die die interviewte Person in Nahaufnahme zeigt – nicht den Interviewer. Arbeiten Sie wenn möglich mit zwei Kameras, um elegantere Schnitte zu erzielen. Sorgen Sie für ausreichend passende Schnittbilder!

Bei Profis, die man interviewt, passiert es Anfängern leicht, dass der Interviewpartner die Gesprächsführung übernimmt. Das Ergebnis sind vorgestanzte Antworten, wie sie auch in der Hochglanzbroschüre des Unternehmens oder dem Parteiprogramm stehen. Deshalb ist Vorbereitung die halbe Miete. Informationen erhält man nicht, wenn man den Interviewpartner nett anlächelt und hofft, dass er einem schon sagt, was man ihn fragen soll.

Zur Vorbereitung gehört, dass man sich zumindest über Name und Funktion des Gesprächspartners vorab informiert sowie über seine grundsätzliche Meinung, seine Position zum Thema. Einzelheiten, die man anders nicht in Erfahrung bringen konnte, darf man ihn im Vorfeld des eigentlichen Gesprächs fragen. Vorsicht: Nicht alle Fragen vor dem eigentlichen Interview durchsprechen – dann fehlt hinterher nicht nur die Spontaneität, sondern vielleicht auch eine wesentliche Information.

Die Fragen notiert man auf Kärtchen oder Zetteln, damit der Online-Journalist während des Gesprächs nicht immer sein Notebook konsultieren muss – das wirkt gesprächshemmend. Falls die Fragen des Online-Journalist/innen per Audio oder Video aufgezeichnet werden, sollte die Gedächtnisstütze auf jeden Fall unsichtbar

5.2 Informieren: Nachricht, Slideshow, Interview, Podcast

sein. Im Gespräch kann man so von der Reihenfolge, die man sich vorher überlegt hat, leicht abweichen, eine Frage vorziehen, wenn es sich vom Gespräch her ergibt, oder überspringen, wenn sie bereits beantwortet ist. Außerdem notiert man die Antworten gleich auf dem jeweiligen Zettel. So kann nichts durcheinander geraten.

Fragetechnik kann man lernen. *Offene Fragen* lassen dem Interviewpartner Luft zum Antworten; sie eignen sich gut als Einstieg in ein Gespräch. Sie beginnen mit ‚Wer?', ‚Was?', ‚Wann?', ‚Wo?', ‚Wohin?', ‚Wozu', ‚Wie?', ‚Wieviel?', ‚Warum?', ‚Weshalb?' oder ‚Wieso?' Der Gesprächspartner kann sich locker sprechen.

Geschlossene Fragen sind nur mit ‚Ja' oder ‚Nein' zu beantworten. Sie nageln den Gesprächspartner auf eine Aussage fest: ‚Werden Sie im Stadtrat für den Bau des Jugendzentrums stimmen? ' Kein Interview kann nur aus offenen oder nur aus geschlossenen Fragen bestehen. Sie müssen bei der Mischung von der Sache her entscheiden.

Lohnt es sich, das komplette Interview im O-Ton online wiederzugeben? Reicht es nicht, die ein, zwei Kernaussagen des Politikers heraus zu schneiden? Für diejenigen, die das komplette Interview hören wollen, stellen Sie es zum Download bereit – bitte mit der Angabe, um welche Datenmenge es sich handelt. Vielleicht stellen Sie bei Durchsicht Ihres Materials fest, dass eine Fotoserie aus einem halben Dutzend Bildern reicht, um die Gesprächsatmosphäre zu vermitteln – dann verzichten Sie besser auf den multimedialen Overkill.

Checkliste fürs Interview
Mitnehmen:

- vorbereitete Fragen, Material, Kontaktdaten
- Smartphone oder anderes Aufzeichnungsgerät, Mikrofon, Stativ (Akkus aufgeladen? Batterien, Ersatzbatterien? Datenträger/Ersatz?)
- auf jeden Fall zusätzlich Notizblock und Stift oder elektronischen Notizblock

Vor Ort festhalten:

- Persönliche Daten wie Namen, Alter, Berufsbezeichnung, Titel
- Anschrift, örtliche Verhältnisse

- beiläufige Bemerkungen
- Einzelheiten
- Farben
- Stimmungen.

Onlinetypische Interviews finden sich etwa beim YouTuber Tilo Jung mit seinem Format „Jung und naiv". Ein Interviewformat, das bereits komplett partizipativ funktioniert und ohne Journalist/in auskommt, ist „Ask me anything" (AMA) auf Reddit (www.reddit.com/r/AMA/).

Live-Formen wie das per Livestream gesendete Audio- oder Video verlangen mehr Vorbereitung einerseits, Erfahrung und Spontaneität andererseits. Und eine sehr gute Online-Verbindung.

Ein Alternative sind die Storyformate auf Social-Media-Plattformen. Ursprünglich bei Snapchat entstanden sind sie längst auf Instagram und weiteren Plattformen verfügbar. Planung und Konzeption erfolgen ähnlich wie diejenige einer klassischen Vor-Ort-Reportage. Da sie eine Community voraussetzen, mehr dazu bei den partizipativen Formen.

Nachrichtenticker und Live-Blogs lassen rasch einen chronologischen Ablauf entstehen, bei dem das Publikum den jeweils aktuellen Stand oben vorfindet. Gleichzeitig entsteht so ein Archiv der Geschehnisse. Ein Beispiel zum G20-Gipfel in Hamburg 2017 findet sich bei der Zeit online (www.zeit.de/politik/2017-07/g20-gipfel-hamburg-live).

Gespräch. Mehrere Gesprächspartner diskutieren ein Thema. Die Online-Journalist/innen sind gleichberechtigte Gesprächsteilnehmer/innen; sie steuern freilich den Ablauf. Plauderton ist zulässig; den Gesprächspartnern wird mehr Zeit (und Platz) eingeräumt als beim Interview. Ein anschließender Chat gibt dem User die Möglichkeit zur Kommunikation mit den Gesprächsteilnehmer/innen.

Um einen Podcast zu planen, legen Sie wieder zunächst die Zielgruppe fest. Gibt es bereits ein Publikum, das online, über Social Media, angesprochen werden kann?

Gespräche sind ein beliebtes Podcastformat. Aber mit wem sollen die Gespräche in den einzelnen Folgen geführt werden, und worüber? Welche Moderation soll es sein – eine Person oder zwei (Doppelmoderation)? In welcher Rolle ist der Moderator, die Moderatorin unterwegs – sachlich, neugierig, stellvertretend für das Publikum? Oder lieber flapsig kalauernd? Beratend oder kommentierend? Wo soll der Podcast erscheinen, und wie oft, in welcher Frequenz? Welche Elemente sollten in jeder einzelnen Podcastfolge vorkommen, welche sind variabel?

Planen Sie mindestens die ersten drei Podcastfolgen mit Gesprächspartnern und einem ungefähren Gesprächsablauf in Stichpunkten. Fragen nicht ablesen – das hört man. Ein guter Gesprächsleitfaden antizipiert mögliche Entwicklungen des Gesprächs und lässt Raum für unterwartete Entwicklungen. Den Schlusspunkt sollten Sie ebenso planen wie den Einstieg.

Schreiben Sie ein Exposé,
in dem Sie die wichtigsten Fragen für Ihren Podcast beantworten:

- Wann und in welcher Frequenz soll der Podcast erscheinen? Auf welcher Plattform?
- Moderieren eine oder zwei Personen?
- Was für eine Moderationsrolle planen Sie?
- Welche regelmäßigen Elemente soll die einzelne Folge enthalten?
- Wie sehen die Drehbücher für die ersten drei Folgen aus?

Für die technische Umsetzung brauchen Sie mindestens ein gutes Mikrofon und idealerweise eine sprechertaugliche Kabine. Eine Übersicht über freie Software für die Audiobearbeitung finden Sie online.

5.3 Erzählformate: Onepager, Newsgame, Webreportage, Webdoku

Von allen Seiten, nicht nur aus einer Blickrichtung informieren Webreportage und Webdoku. Online verbinden sie Darstellungsformen wie Audio- oder Video-Reportagen mit Texten, Bildergalerien, Game- und VR-Elementen. Sie stellen damit Sammelformate dar, die mehrere Einzelbeiträge zu einem Ganzen verknüpfen.

Webreportage oder Webdoku lösen online die klassische Textreportage ab, wie sie aus Zeitung und Zeitschrift bekannt ist. Doch ähnlich wie bei der Reportage illustrieren hier Beobachtungen von Einzelheiten den mit Zahlen und Fakten dokumentierten Sachverhalt. Die Reportagen-Startseite enthält den Überblick über die einzelnen Beiträge. Wichtig sind Zitate und persönliche Stellungnahmen von Betroffenen auf allen Seiten. Widersprüchliche Aussagen werden einander gegenübergestellt. Zahlenmaterial sollte man in Charts und Diagrammen visualisieren, Chronologien als Text, Erlebnisse bei der Recherche als Text, Audio oder Video einbringen, wie beim Bericht weiterführende Links an den Schluss setzen.

Bei Reiseberichten bieten sich Foto-Slideshows an, etwa über die Palazzi von Venedig. Das Magazin Geo bietet ganze Podcast-Serien an. In einer Audio-Reportage als Podcast-Folge hat bereits 2009 der damalige Leiter der Geo-Online-Redaktion Jens Rehländer seine Erlebnisse bei einer Reise mit der Familie in die Lagunenstadt geschildert. Auch Leser/innen kommen in Reise-Blogs zu Wort.

Animierte (bewegte) Einzelbilder und Grafiken haben online immer mehr an Bedeutung gewonnen. Bei Reiseberichten bietet sich oft die 360-Grad-Rundumschau an. Zur Veranschaulichung technischer oder wissenschaftlicher Zusammenhänge dienen bearbeitete und animierte Fotografien und Schaubilder.

Bildstrecken erreichen regelmäßig hohe Klickraten. Oft ergänzen sie Reportagen oder Netzdossiers (siehe unten). Präsentieren kann man sie entweder als Bildergalerie, die dem User in Form daumennagelgroßer Bilder (thumbnails) zunächst einen Überblick gewährt, bevor er einzelne Fotos per Klick vergrößern kann. Verbreitet ist aber auch eine lineare Präsentationsform, bei der die Abfolge der Bilder von vorn herein festgelegt ist.

Webreportagen verbinden Text, Audio- und Videoelemente meist auf einer umfangreichen Seite. Sie werden deshalb Longread oder Onepager genannt. Gelegentlich liest man auch die Bezeichnung „Snowfall" nach einem berühmten Beispiel von der New York Times, dem Lawinenunglück von Tunnel Creek (www.nytimes.com/projects/2012/snow-fall). Wegen des Umfangs spricht man auch vom *Scrollytelling*.

5.3 Erzählformate: Onepager, Newsgame, Webreportage, Webdoku

Die Nutzer entscheiden, in welcher Reihenfolge sie welche Elemente rezipieren (und welche nicht). Webreportagen werden meist mit spezieller Software umgesetzt. Bei den öffentlich-rechtlichen Sendeanstalten ist „Pageflow" verbreitet. Diese Quarks-Reportage beim WDR nimmt das Publikum mit zu den letzten Orang Utans (reportage.wdr.de/quarks-sumatra-webreportage).

Auch Blogs nutzen diese Form, etwa für Reisereportagen. Die Webreportage kann zahlreiche Textlinks enthalten. Dabei wird dem User erläutert, was er vorfindet, wenn er die angegebenen Sites anklickt. Meist werden die Links am Schluss der Webreportage noch einmal zusammengestellt.

Porträts können online ähnlich aufgebaut sein wie Reportagen. Eine Persönlichkeit wird vorgestellt, Biografie und Bedeutung werden, verteilt auf mehrere Dokumente, skizziert. Online kann man Medienwechsel einbauen: Foto, Kurzvideo, O-Ton, Textinformation. Historische Personen können durch fiktive Social-Media-Aktivitäten zum Leben erweckt werden, etwa WhatsApp-Nachrichten verschicken (Drehbuch schreiben!). Doch kann ein Porträt auch einfach als Text mit Bild angeboten werden.

Ein klassisches Feature schlägt den Bogen vom detailreichen Einzelfall zum Grundsätzlichen, „Überzeitlichen": die typische Form für Hintergrundinformationen, die über den aktuellen Anlass hinaus von Interesse sind. Das Wort Feature bedeutet ursprünglich: typischer, charakteristischer Gesichts- oder Wesenszug. Online kommt es oft als **Webdoku** (früher auch: Netzdossier) vor.

Virtuelle Realität im Journalismus bietet Nutzungserlebnisse von großer Immersitivität. Da sich die Kameras mitten im Geschehen befinden, versetzen sie die Zuschauer/innen insbesondere in Reportagen mitten hinein in Kriegsgebiete, Naturkatastrophen oder aufwendig inszenierte historische Ereignisse. Manuela Feyder und Linda Rath-Wiggins nennen als Anwendungsfelder für VR im Journalismus:

- Orte, zu denen Menschen keinen Zugang haben
- Ereignisse, die in der Vergangenheit oder in der Zukunft liegen
- Themen, bei denen ein Perspektivwechsel stattfindet
- Ereignisse, bei denen Menschen etwas erleben, was sie normalerweise nicht selbst erleben,
- Themen, bei denen es das Verständnis über die Story entscheidend vertieft, wenn der Nutzer sie selbst erlebt,

- Themen, bei denen das Erleben im Vordergrund steht und es wichtig ist, mindestens den Kopf nach rechts und links, oben und unten, nach hinten und vorne, nickend, rollend und gierend zu bewegen und die Position zu wechseln („6-Degrees of Freedom").

Zur Konzeption eines VR-Beitrags empfehlen sie ein dreidimensionales Modell, um sich über Kamerapositionen und die Aktionsmöglichkeiten des Publikums klar zu werden. Sie empfehlen im Handbuch „VR-Journalismus" als Planungsfaktoren für VR-Storytelling:

- Präsenz – sich in den Nutzer als Besucher der Story hineinversetzen,
- Handlungsfreiheit– die Bandbreite an Optionen bedenken und akzeptieren, die der Nutzer auswählen kann, um die Story zu erleben,
- Sphären – die Story in Sphären, Welten, dreidimensional als Kugel denken,
- PoI-Bezugspunkte, sog. „Points of Interest" planen,
- Wahrnehmung – die Aufmerksamkeit des Nutzers wecken,
- Vorannahmen – vom PoI auf die nächste Sphäre und das Verhalten des Nutzers schließen und diese planen,
- Beziehung – der Nutzer baut eine Verbindung zu dem Inhalt der Story auf,
- Identität – wer ist der Nutzer in der Story? Welche Position nimmt er ein? Womit soll er sich identifizieren?
- Emotion – welche Energie erreicht den Nutzer? Wie gehen die Akteure in der Story mit der Kamera um? Wie wirkt das auf den Nutzer? Wie beeinflusst dieses Gefühl den Nutzer?
- Ein Kurzvideo dazu gibt es auf www.gelbe-reihe.de/vr-journalismus/online-plus/, Beispiele für VR-Journalismus sind etwa die Webdoku zum Kölner Dom beim *WDR* (https://dom360.wdr.de) oder bei der *Süddeutschen Zeitung* (https://gfx.sueddeutsche.de/pages/vr/).

Newsgames verbinden journalistische Information („News") mit Computerspielen („Games"). Cornelia Wolf und Alexander Godulla definieren sie anhand der Akteure und der Inhalte: „Newsgames werden von Medienorganisationen und/oder journalistisch arbeitenden Redaktionen herausgegeben und einer potenziell breiten Öffentlichkeit online oder mobil zur Rezeption zugänglich gemacht. Sie bedienen sich klassischer Elemente des Game Designs (Spielregeln, Spielmechanik, Spielbausteine), um Informationen zu aktuellen oder vergangenen Ereignissen von gesellschaftlicher Relevanz prozedural aufzubereiten. Sie können diese im Spiel oder im Kontext des Spiels mit Internetspezifika (Selektivität, Multimedialität, Interaktivität, Verlinkung) kombinieren. Die spielende Person

5.3 Erzählformate: Onepager, Newsgame, Webreportage, Webdoku

erlebt dabei Prozesse, (Hinter-)Gründe und Perspektiven aktiv durch selektive Entscheidungen innerhalb des Spiels." (https://journalistikon.de/newsgames).

„Prism" ist ein berühmtes Beispiel für ein Newsgame (prism.thegoodevil.com). Als Gamer „hilft" man einem NSA-Agenten beim Scannen möglichst vieler privater Fotos. Dabei lernt man allerhand über den US-Geheimdienst und sein Überwachungsprogramm Prism. Da die Spieleproduktion mehrköpfige Teams und längere Entwicklungsarbeit benötigt, ist es nicht ohne Weiteres möglich, tagesaktuell Spiele anzubieten. Es handelt sich um langfristige Projekte. Beispiele für Newsgames finden sich hier: gamethenews.net/index.php/more-games/.

Das Webdossier kombiniert ebenfalls verschiedene informierende Formen quer durch die Medien. Es kann aus Bericht, Chronik, Interview, Bildergalerie, O-Ton, Kurzfilm, AR-Anwendung, Game und Linksammlung bestehen. Im Idealfall liegt ihm eine umfassende Hintergrundrecherche zugrunde, dem User erhellen sich grundlegende Zusammenhänge. Auch längere multimediale Formen (Audio, Video) sind hier möglich.:

Das rechtsextreme Oktoberfest-Attentat von 1980, der Terrorakt mit den meisten Opfern in der bundesdeutschen Geschichte, ist Thema eines Webdossiers beim Bayerischen Rundfunk. Herzstück ist der Film „Der blinde Fleck" rund um die Recherchen des Journalisten Ulrich Chaussy. Doch das Webdossier ist auch für sich spannend aufgebaut und lädt zum Durchstöbern ein (https://story.br.de/oktoberfest-attentat).

Die Eingangsseite des Netzdossiers ist Startpunkt fürs Erkunden der einzelnen Beiträge. Sie ist auch die zentrale Stelle, an die man zurückkehrt, bevor man sich weiter orientiert. Deshalb muss die Startseite des Dossiers von jedem Einzeldokument erreichbar sein. Setzen Sie auf jeder dieser Seiten einen Link zur Hauptseite. Das ist ideal, wenn sich User in Ihrem System verirrt haben. Ebenso erweist sich ein solcher Link als nützlich, wenn Surfer via Suchmaschine irgendwo tief in Ihrer Seitenstruktur landen, und sich erst einmal einen Überblick über das Gesamtangebot verschaffen wollen. Wie man ein solches umfangreicheres Online-Angebot konzipiert, wurde im Kapitel „Hypertext" beschrieben.

Checkliste: Online informieren
Für alle informierenden Darstellungsformen gilt:

- Die Kernaussage in den Teaser!
- Auf der Startseite Überblick über die einzelnen Bestandteile geben!

- Das Wichtigste zuerst!
- Die journalistischen Ws beachten!
- Audio und Video da einsetzen, wo Text und Foto nicht reichen!
- Vorgeschichte, Hintergrund, Charts auf verschiedene Seiten aufteilen!
- Unverfälschte Faktenwiedergabe!
- Vor-Ort-Recherche betreiben, nicht nur Online-Recherche!
- Keine eigene Meinungsäußerung bringen!

5.4 Analysieren: Kommentar, Kritik, Glosse, Cartoon

Meinung ist wertvoll: Nicht jeder hat eine, die wiederzugeben sich lohnt. Online kommt Meinung in verschiedenen Kommunikationsformen vor: im Chat, in den Diskussionsbeiträgen der Foren, und natürlich im Web. „Was halten Sie von der sogenannten Homo-Ehe?" fragte die Redaktion von www.sueddeutsche.de in ihrem Diskussionsforum. Die User vertreten alle Meinungen, von

> Das Gesetz über die eingetragene Partnerschaft für homosexuelle Paare ist ein großer Schritt in Richtung Anerkennung einer Minderheit, die in der Vergangenheit Verfolgung, Unterdrückung und Spott erdulden musste.

bis hin zu

> Ich halte die Homo-Ehe für einen Riesenschwachsinn. Und sogar gefährlich. Ehe sollte heterosexuellen Paaren vorbehalten bleiben.

User lieben Meinungsforen. Sie möchten ihrem Ärger über dies oder jenes Luft machen, der Welt ihre Meinung zu allem möglichen mitteilen und die Kommentare anderer zu ihren eigenen Äußerungen lesen. – Mehr zu dieser online-typischen Form steht im Kapitel „Die partizipativen Formen". Der einzelne Textbeitrag im Forum jedoch fällt unter „meinungsorientierte Darstellungsformen".

Der Einstiegsbeitrag für diese Diskussion, verfasst vom Online-Redakteur des Diskussionsforums, ist selbst kein Kommentar, sondern informiert über den strittigen Sachverhalt. Er endet mit einer Frage:

> Schwule und lesbische Paare können künftig in einer rechtlich verbindlichen Lebensgemeinschaft zusammenleben – in einer Art kleinen Ehe. Der CDU/CSU

5.4 Analysieren: Kommentar, Kritik, Glosse, Cartoon

ist das entsprechende Lebenspartnerschaftsgesetz den gesetzlichen Regelungen zur Ehe zu ähnlich – der Schwulen- und Lesbenverband fordert dagegen eine völlige Gleichstellung mit heterosexuellen Paaren – auch mit der Möglichkeit als schwules oder lesbisches Paar ein Kind zu adoptieren. Was halten Sie von der sogenannten Homo-Ehe?

Über die einfache Meinungsäußerung hinaus („Ich finde, dass …") gehen Diskussionsbeiträge, die auf die Argumente der anderen Seite eingehen. Das beliebte *Quoten* in Diskussionsforen unterstützt diese Form der Auseinandersetzung:

> Warum wollt Ihr eben die Lebensform (schwule und lesbische Ehen) nicht anerkennen?
> Zunächst: Die Ehe ist keine Lebensform. Sie ist ein Rechtsinstitut. Es geht daher nicht um die Frage, ob man eine Lebensform anerkennt oder nicht. Eine lebenslange monogame Partnerschaft kann auch unter dem Titel einer anderen Rechtsform juridisch anerkannt werden.

Journalistisch aufgebaute Kommentare sind mehr als pure Meinungsäußerung. Sie bringen ihre Meinung geordnet zum Ausdruck und gehen auch auf Gegenargumente ein. Vor allem analysieren sie die Situation und erklären Zusammenhänge.

> Im Spätherbst ist Selbstbeweihräucherung angesagt: Da lassen uns die Seilbahnen und Skigebiete stets wissen, was sie den Sommer über für uns, die Skifahrer und Winterurlauber, investiert haben (…)

So lässt Hans Gasser seinen Kommentar zum Wintertourismus in Tirol beginnen. Von Anfang an ist klar, dass es hier um Einordnung, um Meinung geht – der Begriff „Selbstbeweihräucherung" lässt daran keinen Zweifel. Nach einer Begründung mit Argumenten der Gegenseite entkräftet der Autor diese allerdings: Weder wollten die Skifahrer das, noch finde die Touristikbranche ausreichend Fachkräfte für die anstrengende und schlecht bezahlte Saisonarbeit in Hotellerie und Gastronomie. Zudem würden auch die Erholungssuchenden sich weg von reinen Skigebieten hin zu innovativen Konzepten orientieren. Der Kommentar endet mit einem bitterbösen Schluss:

> Stattdessen erscheint es vielen Tourismusakteuren einfacher, die schmelzenden Gletscher mit neuen Pisten und Liften zu bedecken und weiterzumachen wie bisher. Hauptsache, die nächsten 20, 25 Jahre rechnen sich noch. Nach uns die Sintflut!
> (Süddeutsche Zeitung, www.sueddeutsche.de/reise/tourismus-winter-pitztal-oetztal-skifahren-1.4688614, abgerufen 27. Dezember 2019).

Trefflich streiten lässt sich über diese Meinung – und genau das ist Kennzeichen eines guten Kommentars. Er liefert Argumente und fordert den User zur Stellungnahme heraus. Dass dahinter viel Arbeit steckt, ist klar. Kommentatoren müssen sich gut auskennen, um sachkundig argumentieren zu können.

Drei Arten von Kommentaren unterscheidet Walther von La Roche:

1. den Argumentations-Kommentar. Beispiel Wintertourismus
2. den Geradeaus-Kommentar. Beispiele: die User-Beiträge zur Homo-Ehe
3. den Einerseits-Andererseits-Kommentar.

Wenn eine Entwicklung kommentiert wird, deren Ausgang ungewiss ist, bietet sich die dritte Möglichkeit, der Einerseits-Andererseits-Kommentar, an. In einem Beitrag für die *Welt online* zum Umgang der Medien mit Computerspielen kann sich der Kommentator nicht recht dazu durchringen, die von der Bundesprüfstelle für jugendgefährdende Medien indizierten Videospiele gut zu finden. Er gibt aber zu bedenken, dass Videospiele als neues Medium endlich anerkannt sind, und dass die geringfügigen Veränderungen, die jetzt für den deutschen Markt an den Spielen vorgenommen werden müssen, für den Spielverlauf unwesentlich sind. Sein Fazit:

> Solange niemand eine kluge Idee zu diesem Missverhältnis hat, bleiben wir Zeugen eines seltsamen und einzigartigen Theaters im Kulturbetrieb: Die Spieler sind eine gigantische Nutzer- und Kundengruppe, kein Medium hat soviel Zulauf und keines einen so auffälligen, neuen Einfluss auf die anderen Kultursparten. Gleichzeitig fühlen die Spieler sich missverstanden, ausgegrenzt und zu dummen Jungen abgestempelt - eine Mehrheit als Randgruppe, die ihrer Wut nun sogar durch einen Verband Luft macht. Wer Recht hat, sei nicht präjudiziert. Aber dass der Zustand albern ist, fällt unangenehm auf. (www.welt.de/die-welt/kultur/article5421209/Videospiele-indiziert.html, abgerufen 27. Dezember 2019)

Weitere Einsatzmöglichkeiten für den klassischen Einerseits-Andererseits-Kommentar: die am nächsten Wochenende anstehenden Wahlen („der Wähler wird entscheiden"), die Online-Petition, die noch läuft, usw.

Die Meinung muss deutlich erkennbar sein. Allzu weiche, unangreifbare Positionen reizen nicht zur Diskussion. Ein Trick: Wenn Sie sich aus der Affäre ziehen wollen, holen Sie zu solchen Kommentaren Vertreter der verschiedenen Fraktionen und lassen Sie sie – mit Namen und Foto – Pro und Contra vertreten. Machen Sie klare Längenvorgaben, damit die Kommentatoren auf den Punkt kommen.

Audiovisuelle Kommentare werden in der Regel von der Autorin, dem Autoren selbst gesprochen. Sie können als Audio oder Video angeboten werden. Über die Plattform YouTube sind zahlreiche Kommentarformate entstanden, die auch den klassischen Journalismus online verändern. Berühmtes Beispiel war 2019 der YouTuber Rezo mit seinem Beitrag zur „Zerstörung der CDU" (https://www.youtube.com/watch?v=4Y1lZQsyuSQ).

Kommentare kann man zu jedem Thema schreiben, das eine Meldung wert ist. Sie sind weder auf politische Themen beschränkt noch darauf, unbedingt für eine der streitenden Parteien Position zu beziehen. Gerade gute Kommentatoren finden anhand von sachorientierter Argumentation heraus, wo vielleicht beide Parteien irren, und werfen ein Schlaglicht auf bisher vernachlässigte Aspekte.

Leitartikel, Thema des Tages: Jedes Ressort kann seinen eigenen „Leitartikel" haben, also den Tageskommentar: Lokales, Wirtschaft, Sport und andere. Sie alle kommentieren ein wichtiges aktuelles Thema, das in einem eigenen Dokument gleichzeitig in einer Nachricht oder einem Bericht dargestellt wird. Der politische Hauptkommentar heißt analog zur Tageszeitung Leitartikel. Es bietet sich an, das Thema im Anschluss in einem Userforum diskutieren zu lassen.

Der animierte Cartoon kommentiert satirisch Aktuelles oder Allgemeinmenschliches. Im einfachsten Fall liegt der Witz darin, dass bei einer Bildfolge zunächst nicht alle Bilder gezeigt werden, sodass der User den Zeitpunkt herbeiführt, zu dem die Pointe sichtbar wird. Eine andere Variante sind vom Zeitablauf her gesteuerte Comics, sie werden wie bei einer Slideshow nacheinander eingeblendet und sind gelegentlich sogar als unendliche Schleife konzipiert.

Aber auch die klassische Graphic Novel findet sich online. Die kürzeste Form kommentierender Bilder ist ein animiertes GIF.

Wird eine Sache beurteilt und dabei gleichzeitig vorgestellt, spricht man von einer *Kritik*. Kritiken haben einen direkten Nutzwert für den User: Soll ich das Buch kaufen? Soll ich den Film ansehen? Lohnt sich das Konzert? Soll ich am Wochenende in dieses oder lieber in ein anderes Lokal zum Essen gehen?

Kritik bedeutet: aus Kenntnis beschreiben und urteilen. Sie enthält

1. die Beschreibung eines Inhalts wie bei den informierenden Darstellungsformen (Bericht, Reportage) und

2. die Beurteilung eines Inhalts und der Verarbeitung – nach den Regeln der kommentierenden Darstellungsformen.
3. Oft kommt der Service-Aspekt hinzu: Lohnt es sich für die User, das Buch oder die CD zu kaufen, das Konzert oder die Aufführung zu besuchen?

Beim Aufbau der Kritik ist es keineswegs nötig, informierenden und kommentierenden Teil der Kritik zu trennen.

Kritiken gibt es zu praktisch jedem Thema. Weit verbreitet ist die Form als Buchkritik oder *Rezension*. Aber auch beim großen Wochenendbeitrag zum Fußballspiel, beim Beitrag über das Popkonzert, die Theaterpremiere, das Ausflugslokal, sogar beim Reisebericht oder dem Testbericht über ein technisches Gerät handelt es sich um Kritiken.:

Eine Fußballkritik. Mit dem folgenden Teaser machte Focus online auf:

> **Dortmund wie im Rausch**
> Borussiaaaaaa... 66000 Fans im Dortmunder Westfalenstadion haben ihre Stars beim Tor-Festival über Wolfsburg enthusiastisch gefeiert. Die Bilanz des Teams nach drei Spieltagen: Drei Siege, acht Tore, kein Gegentreffer – Platz 1 in der Liga! Wer will diese Mannschaft noch stoppen? Der Trainer warnte vor Euphorie. ... weiter

Im Teaser klingt noch kaum Wertung an – vom Ausrufezeichen und der rhetorischen Frage einmal abgesehen, die signalisieren: Der Autor steht dem Jubel keineswegs fern. Durch den gesamten Beitrag zieht sich die Mischung aus Information und Meinung. So beginnt der Text:

> Borussiaaaaaa... 66000 Fans im Dortmunder Westfalenstadion haben ihre Stars beim Tor-Festival über Wolfsburg enthusiastisch gefeiert. Der überbordenden Euphorie auf den Rängen des Westfalenstadions konnte Trainer Matthias Sammer jedoch nur wenig abgewinnen: „Nach drei Spielen werden vom DFB keine Titel vergeben. Wenn wir jetzt auch nur eine Sekunde nachlassen, werden wir alle unser blaues Wunder erleben", warnte der BVB-Coach eindringlich.

Meinung? Nein, bis hierher wird lediglich die Meinung des *Trainers* wiedergegeben. Doch jetzt beginnt die Bewertung des Spiels durch den Online-Journalist/innen:

> Auch der imposante Start mit drei Bundesliga-Siegen ohne Gegentreffer und die scheinbar mühelose Dominanz seiner Mannschaft in den bisherigen Spielen lockten den Ex-Profi nicht aus der Reserve.

5.4 Analysieren: Kommentar, Kritik, Glosse, Cartoon

Während der Spielverlauf berichtet wird, wird er auch bereits kommentiert (Wiedergabe des Texts von 2001 leicht gekürzt):

> Zwar erwies sich der Gast bis zur 25. Minute als unbequemer Gegner, verlor aber mit zunehmender Spielzeit die Übersicht. Spätestens nach dem 1:0 durch Amoroso, der nach sehenswertem Zuspiel von Rosicky bereits seinen vierten Saisontreffer erzielte, war das taktische Konzept der Norddeutschen hinfällig.
> Dabei hatte das Team von Wolfgang Wolf durch Ponte (25.), Kühbauer (37.) und Karhan (45.) sogar gute Chancen, die es aber alle vergab.

Die gesamte Schilderung des Spielverlaufs strebt auf die Schlusseinschätzung zu:

> Beide Teams präsentierten sich nicht unbedingt in Top-Form, das Remis war gerecht.

Weiterführende Links bringen den Fußballinteressierten zu:

> Ergebnisse – Tore, Tore, Tore
> Tabelle – Rostock im Keller
> Bayer gegen Bayern – Ein Fotoroman
> Alle Partien – Ausführliche Berichte

Ein lebendiger Einstieg als Rutschbahn in den Artikel ist bei Kritiken besonders zu empfehlen. Auch ein Statement, eine zusammenfassende Aussage eignen sich als Teaser, für die Überschrift wie auch für den Lead. Das Statement greift einen interessanten, wichtigen Aspekt heraus und macht damit neugierig auf die Detailanalyse in der folgenden Kritik.

Kritik heißt nicht nur, positiv oder negativ zu urteilen, sondern vor allem *Bezüge herzustellen.* Dabei gibt der Kritiker dem User praktische Entscheidungshilfe: Soll ich das Buch kaufen, in den Film gehen? Ist die angekündigte Veranstaltung für Kinder geeignet?
Weil sie online besonders häufig ist, wird im Folgenden die Buchkritik ausführlicher beschrieben.

Die Buchkritik ist nicht gleichbedeutend mit Lobhudelei oder Verriss. Viel schwerer ist es, eine präzise knappe Würdigung eines Werks zu verfassen, die Stärken herausarbeitet und Schwächen nicht verschweigt. Dazu muss man etwas von Literatur, vom Autor und vom Thema verstehen. Wenn das nicht der Fall ist, muss man sich kundig machen – nicht raten.

Das Buch gelesen zu haben sollte eine Selbstverständlichkeit sein. Dabei gleich Stichworte und Zitate mit Seitenzahlen notieren, die für die Kritik interessant sein können, wie Wortspiele, Metaphern, aber auch die Namen der Hauptpersonen, den Ort des Geschehens, Zeitraum der Handlung, historische Bezüge, Unklarheiten, auch offenkundige Fehler.

Sich zum Autor informieren ist ebenfalls nicht schwer (Klappentext, Verlagsinformation, andere Rezensionen). Was hat er bereits geschrieben? Welche Themen hatte sein bisheriges Werk? Welche literarischen Formen hat er dabei benutzt? Wie lässt sich das neue Werk hier einordnen? Ist das Thema für den Autor, für das Genre typisch?

Sich zum Thema informieren bedeutet ein wenig Recherche (Suchmaschine, spezielle Datenbank, Lexikon, Sekundärliteratur). Auch bei einem Roman über ein historisches Thema wie den Dreißigjährigen Krieg sollte der Rezensent die historischen Begebenheiten, die geschichtlichen Abläufe, kennen. Hier lässt sich im Vergleich mit dem Buch herausarbeiten, wo der Autor verkürzt, um Spannung zu erzeugen, Handlungen an andere als die historischen Orte verlegt, die Personen verändert... Bei einer Fachbuchrezension gilt das genauso: Hier muss nicht nur die Stichhaltigkeit des Dargebotenen geprüft werden, sondern auch, ob Neues, Interessantes, Wissenswertes geboten wird.

> **Checkliste zur Kritik im Kultur-Journalismus**
> In einer Buch-, Film-, Theater- oder Konzertkritik sollten enthalten sein:
>
> - eine kurze Darstellung des Gebotenen (Personen, Action, Anspielungen und Zitate)
> - Informationen zu Autor und ggf. Darstellern
> - eine Beschreibung der Darstellung
> - eine persönliche Wertung des Rezensenten.

Glosse: Ein Thema wird auf spielerische Weise sprachlich und inhaltlich von allen Seiten gedreht und gewendet. Weil sie meist kurz und pointiert ist, eignet sich die Glosse hervorragend fürs Web – vorausgesetzt, Sie kennen einen guten Glossenschreiber oder sind vielleicht selbst einer.

5.4 Analysieren: Kommentar, Kritik, Glosse, Cartoon

Zwei Grundideen sind Minimum für eine gute Glosse: eine *sprachliche* und eine *inhaltliche*. Finden Sie anhand des folgenden Beispiels zum Thema „Bugs" (Fehler in Computerprogrammen) heraus, welche Grundideen der Autor hatte:

Die Bugs sterben aus

Die Bugs sterben aus. Und wir sind schuld. Können wir es mit unserem Gewissen vereinbaren, digitale Wesen grausam zu jagen? WIN-Tierschützer Martin Goldmann fordert: „Lasst die Bugs leben".

Jan aus meiner Männergruppe ist sensibel, relativiert jeden zweiten Satz mit „ein Stück weit" und bremst auch für Tiere. Neulich in der Gruppenstunde sagte er: „Tierliebe ist irgendwie ungeheuer wichtig". Da hat er recht, oder?

Stop: Bevor Sie jetzt nicken, überlegen Sie genau, wozu Sie den Kopf heben und senken. Ist denn ein Bug nicht auch ein lebendes, fühlendes Wesen? Und werden Bugs nicht gejagt, gehetzt, getötet, seit einst die erste Motte in den Transistoren qualvoll verglühte?

Den Bugs geht es schlecht in unserer Gesellschaft. Tausende von Betatestern stürzen sich in organisierte Hetzjagden. Bugs werden immer weiter zurückgedrängt in kaum zugängliche Bionischen. Nicht einmal in Mikroprozessoren finden die possierlichen Wesen Zuflucht. Chiphersteller ätzen sie brutal aus den Schaltkreisen heraus.

Wir müssen umdenken und endlich erkennen: Bugs sind nützlich. Sie schaffen Arbeitsplätze in Supportabteilungen und Programmierstuben. Sie sorgen für Umsätze der Softwarefirmen. Und vergessen wir nicht die emotionale Komponente: Bugs sind für viele liebgewonnene Eigenheiten von Programmen zuständig. Wer hat nicht schon liebevolle Workarounds entwickelt, nur um den kleinen Freund nicht aufzuschrecken? (...) Gerade dem Nachwuchs muss der Bug im natürlichen Umfeld erhalten bleiben. Denken Sie daran: Wir haben die Bugs nur von unseren Kindern geliehen.

Schützen Sie die Bugs. Installieren Sie mindestens zwei Office-Pakete auf Ihrem Rechner – egal ob von Microsoft, Lotus, Corel oder Star Division. Installieren Sie Updates nur, wenn sie mehr neue Bugs enthalten als entfernen. Wenn Sie selbst programmieren, verzichten Sie auf den Test Ihrer Software. Schaffen Sie wertvolle Biotope für die kleinen Freunde, die uns seit Beginn des Informationszeitalters so treu begleiten. Jan, die Bugs, die Männergruppe und ich würden uns irrsinnig freuen.

Beherrschen der sprachlichen Besonderheiten, die einer ironisch aufspießen will, ist Voraussetzung für eine Glosse wie diese hier, in der sich der Autor über den Jargon einer bestimmten Szene lustig macht.

In diesem Fall zeigt der Autor, dass er die Tierschützer-Rhetorik drauf hat, und kontrastiert sie mit der Technik-Sprache einer Computerzeitschrift. Soweit die sprachliche Grundidee – die inhaltliche beruht auf der Legende, dass die ersten Computerfehler durch Motten (amerikanisch: *bugs*) entstanden, die in die Großrechner eindrangen. Längst ist das Wort „Bug" zur Metapher geworden, und damit spielt der Autor. Die Verklammerung von Anfang und Schluss (Jan und die Männergruppe) tun ein übriges, die Glosse abzurunden.

Weitere meinungsäußernde Darstellungsformen sind noch weniger festgelegt in Form und Aufbau.

Kolumne: Regelmäßige Mitarbeiter, manchmal auch der Chefredakteur, können in regelmäßiger Folge ihre feststehende „Kolumne" (Spalte) haben. Sie kann als Text oder auch selbst gesprochen wiedergegeben werden. Je nach Temperament greift die Kolumne jeweils einen aktuellen Missstand, ein Diskussionsthema oder einfach etwas besonders Albernes auf und kommentiert oder glossiert das Thema – vorwiegend unterhaltsam. Kolumnen werden online in der Regel als Blog angeboten.

Essay: Ein Thema sprachlich wie inhaltlich ebenso geistreich wie erschöpfend behandeln, Stellung beziehen zu den großen Zeitfragen – wer wollte das nicht? Die Wirklichkeit sieht anders aus: „Wenn dir etwas vollständig misslungen ist, so nenne es einen Essay" (Kurt Tucholsky). Gute Essays sind Mangelware, und was meist dafür gehalten wird, ist ein „dialektischer Besinnungsaufsatz" oder eine „Erörterung". Der Essay stellt das Bindeglied zwischen journalistischen und literarischen Formen dar. Neben Beherrschung des Themas und der Sprache verlangt er eine klare Stellungnahme des Autors.

Die Online-Umsetzung stellt der Essay vor schwer zu bewältigende Herausforderungen. Das Hauptproblem ist die Länge. Einen durchkonstruierten Essay auf mehrere Seiten zu verteilen, hemmt den Lesefluss, und das Gesamtkonzept ist nur noch schwer zu erkennen. Eine Lösung wäre, den Essay insgesamt als PDF-Datei zum Herunterladen bereit zu stellen, eine andere, ihn in ein Netzdossier zu integrieren.

Checkliste: Meinungsäußernde Darstellungsformen online
Für alle gilt:

- Bereits im Teaser Meinung erkennen lassen
- Meinung auf den Punkt bringen
- Die eigenen Bewertungskriterien transparent machen

- Linie halten und die Pointe vorbereiten
- Links zu Hintergrundinformationen, Diskussionsforum, Chat.

5.5 Service bieten, konversionsorientiert schreiben: FAQ, Chatbot, Newsletter

Nicht nur eine Meinung, sondern konkreten Rat und praktische Lebenshilfe erwarten User zu Themen wie: Was tun am Wochenende? Wie versichere ich mich richtig? Wie mache ich Karriere? Lebe ich gesund? Wie finde ich den richtigen Partner? Die Antworten gibt der *Ratgeber-Journalismus*. Weil der Nutzen, der Service *für den User* im Vordergrund steht, sprechen wir von *Servicetexten*.

Der Nutzwert für die User liegt z. B. in der Antwort auf die Frage: Welchen Kühlschrank soll ich anschaffen? Soll ich mir das Buch oder die CD kaufen, zur Veranstaltung oder zum Konzert gehen, oder nicht? Soll ich die Telekom-Aktien kaufen oder verkaufen? Worauf muss ich achten beim Computerkauf? Die Palette der Servicetexte reicht bis hin zum Online-Lehrgang ‚So legen Sie Ihren Gartenteich richtig an'.

Interaktion und Kommunikation können hier ihre Stärken ausspielen. Während die Leser/innen einer Zeitschrift, der einen Fragebogen zum Selbsttest ‚Bin ich ein guter Liebhaber?' ausgefüllt hat, für das Ergebnis noch zum Taschenrechner greifen müssen, erhalten sie online die Auswertung gleich mitgeliefert. Wer sich an einer elektronischen Umfrage beteiligt, kann Sekunden später sehen, ob er im Mainstream liegt oder eine marginale Meinung vertritt. Und auf manchen Sites kann man gleich selbst eine Online-Demo vor dem Portal des Chemiekonzerns oder der politischen Partei in die Wege leiten.

Der Testbericht besteht aus dem Vergleich mehrerer Produkte derselben Sparte. Er gibt dem User Vergleichskriterien an die Hand, enthält aber auch konkrete Entscheidungshilfen. Einen Vergleichstest über Organizer teast Focus online auf der Startseite Digitales so an:

> 5 Wahrheiten, mit denen Sie die Lebensdauer des Handy-Akkus verlängern
> Smartphones werden immer leistungsfähiger. Das strapaziert auf Dauer vor allem die Akkus und kann die Batterie-Performance negativ beeinflussen. Daher

sollten Nutzer mit dem Handyakku besonders sorgsam umgehen, damit die Batterie nicht unnötig früh schlappmacht.

Das gesamte Thema ist auf einer langen Seite angeordnet, führt jedoch per Hyperlinks zu vielen Hintergrundinfos. (www.focus.de/digital/handy/tipps-fuer-langlebige-akkus-5-wahrheiten-ueber-handyakkus-schnellladen-ist-nicht-schaedlich-hitze-schon_id_11489371.html, abgerufen 27. Dezember 2019).

Text gliedern, Aufzählungen verwenden. Übersichtlich für den User sind kompakte Seiten mit optischer Gliederung. Beispiel: Unter der Überschrift ‚Kein Zurück. Auf was Mieter achten sollten' gibt Focus online kompakt die wichtigsten Tipps für Mieter und solche, die es werden wollen:

An Vertragsklauseln, die gegen das Gesetz verstoßen, sind Mieter nicht gebunden. Trotzdem gibt es zahlreiche Bedingungen, die – einmal unterschrieben – nicht mehr rückgängig zu machen sind. Darauf sollte der potenzielle neue Mieter achten, bevor er seine drei Kreuze unter einen Vertrag setzt:

Mieträume: Sind alle Räume, auch Keller, Speicher, Garage aufgeführt? Falls nicht, so sind sie auch nicht Bestandteil des Mietvertrages und könnten so vom Vermieter auch für andere Dinge benutzt werden.

Vertragspartner: Sind alle Bewohner im Vertrag aufgeführt? Dies ist vor allem für nicht verheiratete Paare und Wohngemeinschaften wichtig.

Miethöhe: Im Regelfall steht hier die Netto-Kaltmiete. Dann tauchen an anderer Stelle aber noch die Nebenkosten auf. Achtung, wenn hier schon künftige Mietsteigerungen angegeben werden, wie bei Staffel- oder Indexmietverträgen.

Mietkaution: Höchstens drei Monatsmieten kalt. Höhere Beträge sind nicht zulässig!

Fragen und Antworten sind eine userorientierte Methode, die am häufigsten nachgefragten Themen systematisch und dabei übersichtlich zu behandeln. Entwickelt wurde die Methode unter dem Namen *Frequently Asked Questions (FAQ)* in den Diskussionsforen (Newsgroups). Die Zeitschrift *test* zeigt auf ihrer Seite zum Thema Rückrufaktion im Abgasskandal um Opel und den VW-Konzern, wie das geht (https://www.test.de/Abgasskandal-4918330-0/, abgerufen 28. Dezember 2019): Ein Special soll die Berater/innen der Verbraucherzentralen entlasten und online die wichtigsten Tipps und Informationen vermitteln. Unter der Überschrift ‚FAQ Abgasskandal: Antworten auf Ihre Fragen' werden zunächst die Fragen aufgelistet. Einige Beispiele:

Wer ist vom Abgas-Skandal betroffen?
Was ist mit anderen Herstellern?
Was geschieht mit Skandalautos?
Was tut die Politik im Abgasskandal?

5.5 Service bieten, konversionsorientiert schreiben: FAQ, Chatbot, ...

> Wie finde ich raus, welche Schadstoffklasse mein Wagen hat?
> Die Autohersteller bieten „Umweltprämien" an, wenn man seinen alten Diesel zurückgibt. Lohnt sich das? (...)

Da es ziemlich viele Fragen sind, hat die Redaktion sie in Blöcke wie Nachrüstung – Manipulierte Wagen – Kundnerechte usw. untergliedert. Die kann das Auge besser erfassen.

Jede Frage führt zu einem Anker im nachfolgenden fortlaufenden Text, Beispiel:

> Wie finde ich raus, welche Schadstoffklasse mein Wagen hat?
> Die Schadstoffklasse, zum Beispiel „Euro 4", ist in der Zulassungsbescheinigung vermerkt (Feld 14).

Direkte Ansprache des Users ist eine andere Möglichkeit, Ratschläge und Tipps los zu werden. ‚So sparen Sie Erbschaftssteuer', teast Focus online eine ganze Sammlung von Tipps zum Thema Testament und Vererben an. Jede Redaktion hat hausinterne Vorgaben, wie sie es mit der persönlichen Ansprache hält. Die einen umgehen sie und retten sich in Konstruktionen wie ‚Wer Steuern sparen will, sollte ...' Andere nutzen bewusst den Ratgeber-Stil: ‚Achten Sie beim Kauf auf ..., Schließen Sie niemals Verträge ohne Preisvergleich ab ...'

Bots, meist Chatbots, werden im Journalismus wie im sonstigen Kundenservice eingesetzt. Dabei erhält der Bot eine *persona*, eine Identität, die möglichst nah an der Zielgruppe ausgerichtet ist. Die Texte sind kurz und verständlich. Markus Kaiser, Autor von „Journalistische Praxis: Chatbots", rät, beim Verfassen der Dialog-Bäume mehrere Antwortmöglichkeiten vorzusehen und „Sackgassen" zu vermeiden.

▶ Geben Sie dem Bot eine Identität, eine sogenannte *Persona* – einen Namen, ein Gesicht, eine Biografie.

Ein Bot ist demnach Schnittstelle, die auf Anfragen Antworten schickt. Deshalb wird er auch als Conversational Interface bezeichnet. Software-Entwickler programmieren Bots mithilfe eines Bot-Frameworks.

Der Bot besteht aus der zugrundeliegenden Logik (einem Wenn-Dann-System) sowie einem Bot-Connector, der über eine API (Schnittstelle) an beliebige Kanäle angebunden ist, ohne die entsprechende Programmiersprache für den jeweiligen Kanal aufzusetzen.

Damit der Bot richtig reagiert und auch weiterlernt, muss er trainiert werden. Dafür kommen *Human Teaching* und *Machine Learning* infrage.

Mit dem zunehmenden Einsatz von Spracherkennungssoftware und Voice-Dialogen gewinnen Voice-Chatbots an Bedeutung.

Bei Fragebögen, die online sofort ausgewertet werden, ist die persönliche Ansprache meist unumgänglich. Das folgende Beispiel errechnet die außergewöhnlichen Belastungen, die man steuerlich geltend machen kann. Es stammt wieder von Focus online:

> Gesamtbetrag Ihrer jährlichen Einkünfte:
> (Eingabe bitte ohne Punkt und Leerzeichen)
> Sie sind
> ( ) ledig
> ( ) verheiratet
> und haben Kinder
> Berechnen

Eindeutige Aufforderungen für die Eingabe sind notwendig. Eine Frage wie ‚Rauchen Sie selten oder häufig' mit

> ( ) ja
> ( ) nein

beantworten zu lassen, zeugt nicht gerade von Präzision.

Gendergerecht ist die direkte Ansprache auch. Sie unterbricht den Lesefluss nicht und stellt damit eine elegante Alternative zu den gängigen Lösungen mit „Gendersternchen", dem Unterstrich „Gender-Gap" oder der in diesem Buch verwendeten Schrägstrich-Lösung, kombiniert mit genderneutralen Formulierungen („in der Online-Redaktion …") dar.

Welche Fragen Ihr Publikum bewegen, müssen Sie selbst herausfinden. Auf zahlreiche Aufrufe kommt der Fragebogen von „Dr. Longlife", ein Selbsttest zu den eigenen Lebensgewohnheiten, der auf www.sueddeutsche.de angeboten wird. Die Überschrift lautet: ‚Rechnen Sie aus, wie alt Sie werden!' Beantworten die User Fragen wie diese, erhalten sie zum Schluss die Auswertung, gemessen an der durchschnittlichen Lebenserwartung der Bevölkerung:

> Treiben Sie regelmäßig Sport?
> ( ) ja
> ( ) nein

Sind Sie arbeitslos?
( ) ja
( ) nein

Umfragen sind eine weitere interaktive Möglichkeit, Ihren Usern Handlungsangebote samt exklusiver Information zu bieten. Der Clou liegt in der Auswertung, die jeder User erhält, sobald er seine Antworten an den Server geschickt hat. So fragt die Süddeutsche online:

Soll die Wehrpflicht abgeschafft werden?
( ) ja
( ) nein

Das überraschende Ergebnis: 73 % der Antwortenden stimmten im August 2001 mit „ja", 26 % mit „nein". Insgesamt wurden 962 Stimmen bis zu dem Zeitpunkt abgegeben, zu dem wir die Umfrage testeten.

E-Learning verlangt von demjenigen, der solche Selbstlernangebote konzipiert, nicht nur Beherrschen des Themas, sondern auch didaktische Aufbereitung. Das geht über journalistische Darstellungsformen hinaus. Der Autor muss entscheiden, welche Methoden und welcher Medieneinsatz (Text, Audio, Video, Forum, Chat?) sich am besten zur Vermittlung des Stoffes eignen.

Online vermittelt wird Wissen auf verschiedenen Wegen. Während man bei den einen Zeit und Ort des Lernens selbst bestimmt, loggen sich die Studierenden bei anderen mehrmals die Woche für eine festgesetzte Zeit am Computer ein. Unterrichtet wird per Hypertext, aber auch im klassischen Unterrichtsgespräch: per Chat, Audio, Video. Die Dozierenden erläutern den Stoff anhand von Präsentationsfolien. Der Erfolg ist auf jeden Fall abhängig von der Selbstdisziplin der User.

Aus aufbereiteter Information in Hypermedia, aus Schaubildern, Audio- und Videosequenzen, Nachschlagewerken (z. B. Lexikon der Fachbegriffe in diesem Buch und online), bibliografischen Angaben und Selbstlernelementen bis hin zu Quizzes und Spielen bestehen E-Learning-Angebote in der Regel. Textberge, die als PDF zur Verfügung gestellt werden, abgefilmte, aufgenommene Vorträge oder Unterrichtsveranstaltungen haben mit E-Learning nur als Ergänzung zu tun. Eine besondere Bedeutung kommt den eigens für den Bildschirm aufbereiteten Übungen zu.

Zur Kontrolle, ob ein User das Lernziel erreicht hat, eignen sich je nach Thema verschiedene Wege: Standardisierbares Wissen kann online ähnlich wie bei den Selbsttests bequem abgefragt werden. Komplexere Kenntnisse und Fähigkeiten können nicht per Multiple Choice erlernt und eingeübt, sondern müssen mit Hilfe partizipativer Formen bearbeitet und kontrolliert werden.

Dabei vertiefen häufige Kommunikationskontakte die Beziehung der User untereinander und steigern den Lerneffekt. So können Lerngruppen sich ihre Ergebnisse gegenseitig übermitteln und Feedback geben. In regelmäßig stattfindenden *Chats* können bei der Lösung auftretende Fragen diskutiert werden, vgl. dazu das Kapitel „Die partizipativen Formen".

Bei komplexeren Themen helfen nur die klassische Kontrolle und individuelles Coaching durch die Dozierenden. Die Kombination von Präsenz-Lernen und E-Learning nennt man *Blended Learning*.

Intensive Präsenzphasen zu Beginn und am Ende des Projekts erhöhen die Erfolgsquote von E-Learning-Angeboten. Reine Fernlern-Angebote weisen oft eine extrem hohe Abbrecherquote auf. Weil E-Learning meist auf längere Zeiträume hin ausgerichtet ist, bedarf es einer klaren Strukturierung und eines zeitlich logischen Aufbaus.

Elektronische Newsletter landen per E-Mail-Verteiler im E-Mail-Postfach des Users. Eine Diskussion der User untereinander ist dabei nicht vorgesehen. Feedback auf jede Ausgabe des Newsletters hingegen sollten Sie vorsehen – am einfachsten durch einen Newsletter-Kopf oder -Fuß, in den die wichtigsten Daten (Impressum, Autor, Kontaktadresse) integriert sind.

Newsletter als Marketing-Instrument: Weil Newsletter ein klassisches Sendemedium sind, das Ähnlichkeit mit einer abonnierten Zeitung oder Zeitschrift hat, eignen sie sich gut dazu, die User auf Neuigkeiten im Rahmen des eigenen Online-Magazins hinzuweisen. Zeitungen wie die „Süddeutsche" oder die „Zeit" verschicken auf Wunsch im Erscheinungsrhythmus Newsletter, die auf die Top-Themen der gedruckten Ausgabe hinweisen. Ähnliches bieten auch Radio- und Fernsehsender an.

Ob Ihr Newsletter gegen Gebühr oder kostenfrei abgegeben wird, ob er Werbung enthält oder nicht, können Sie anhand der Marktlage und von Ihren Informations- und Marketingzielen her entscheiden.

Technisch wird die Information per E-Mail an eine Verteilstation gesandt, die sie dann an alle in der Verteilerliste eingetragenen User weiterschickt.

5.5 Service bieten, konversionsorientiert schreiben: FAQ, Chatbot, ...

Im allereinfachsten Fall können Sie als Verteilstation auch Ihr hauseigenes Mail-Programm verwenden: Fast alle bieten eine Funktion „Liste" oder „Verteiler". Nachteil: Diese Verteilerliste müssen Sie von Hand pflegen, automatischer Ein- und Austrag ist für die User nicht möglich. Dieser Aufwand ist nur bei sehr geringen Userzahlen zu leisten. Zahlreiche Anbieter stellen professionelle Newsletter-Lösungen bereit.

Autonomie für den User bedeutet bei Newsletter wie bei Mailinglisten: Nur User, die sich wirklich für Ihren Newsletter interessieren, erhalten ihn; die anderen können sich durch einen einfachen Befehl selbst aus der Verteilerliste austragen *(unsubscribe)*. Es empfiehlt sich, auch das Abonnieren des Newsletters *(subscribe)* offen über Ihre Website zu ermöglichen.

Wenn der User zwischen zwei Fassungen des Newsletters wählen kann, einer mit reinem Text und einer optisch aufbereiteten (HTML oder mehr), bieten Sie ihm noch mehr Autonomie. Der Trend geht zum Newsletter mit ansprechendem Layout und Hypertext- und Multimedia-Elementen.

Hypertext per Newsletter: Der besondere Charme eines Newsletters liegt darin, Links zu setzen, auch zu crossmedialen Angeboten. Selbst in reinen Text-Newsletters können sie angeklickt werden. HTML-Newsletter hingegen eröffnen alle Möglichkeiten, die eine gute Startseite für ein Online-Magazin bietet.

Wie Sie sich entscheiden, ob für den mehrseitigen Newsletter mit seiteninternen Ankern oder für einen Newsletter mit Teasern, die beim Anklicken sofort auf Ihre Webseiten führen (vgl. das Kapitel „Hypertext"), ist eine Frage der Strategie. Im ersten Fall helfen Sie dem User beim Übertragungskosten-Sparen. Im zweiten Fall erhöhen Sie die Aufrufzahlen Ihrer Website. Werbetechnisch lassen sich mit beiden Formen gute Erfolge erzielen: mit hohen Abonnentenzahlen einerseits, mit vielen *Page-Impressions* bzw. *Visits* andererseits.

Aufbau, Inhalt, Stil. Auch beim Newsletter bietet der erste Screen den Überblick über den gesamten Inhalt, am besten mit aussagekräftigen Überschriften-Teasern. Aus dem Printbereich ist der Newsletter als knapper, kompakter Informationsträger von wenigen Seiten bekannt, der häufig Ratgeber- oder Service-Elemente enthält. Ein Business-Newsletter etwa informiert zu ökonomischen Themen wie der Entwicklung von Aktienkursen oder gibt Tipps zur Umsatzsteigerung. Online hingegen finden sich auch Newsletter, die speziell wegen ihrer bissigen Kurzkommentare oder Glossen geschätzt werden.

Gemeinsam ist allen Online-Formen des Newsletters ihr Verweischarakter: Externe Links führen früher oder später zum Online-Angebot des Newsletter-Versenders. Deshalb sind die Grundlagen des Hypertext-Schreibens, wie sie im Hypertext-Kapitel vermittelt wurden, direkt auf den Newsletter übertragbar.

Organisation und Archivierung. Der Newsletter ist ideal, um Teaser und Texte ein weiteres Mal zu veröffentlichen. Von den News, die auf Ihrem Online-Angebot erscheinen, übernehmen Sie in den täglich oder wöchentlich erscheinenden Newsletter jeweils eine Auswahl. Ein Teil dieser redaktionellen Arbeit lässt sich gut automatisieren. Deshalb sollten Sie bereits bei der Konzeption eines Newsletters über den Einsatz eines geeigneten *Redaktionssystems* nachdenken, das Webseiten, Newsletter und auch die Archivierung berücksichtigt.

Auf diese Weise bauen Sie parallel zum Versand des aktuellen Newsletters ein News-Archiv samt weiterführenden Dokumenten auf. Je nach Strategie können Sie Ihr Newsletter-Archiv online nur für einen kleinen Kreis (Abonnenten) oder für alle User öffnen.

Was für die Teaser im Kapitel „Hypertext" gesagt wurde, gilt auch hier: Die Newsletter-Einträge dürfen 1. zusammenfassen und informieren, 2. Fragen stellen und 3. neugierig machen und ankündigen.

Konversionsorientiert sind Newsletter-Texte meistens: Entweder führen sie auf eine Webseite – oder animieren gleich zum Kauf eines Produkts, eines Services. Hier beginnt die Grenze zur werblichen Sprache. Da konversionsorientiertes Schreiben auch im Redaktionsmarketing online zunehmend eine Rolle spielt, im Folgenden einige knappe Hinweise.

Konversion bedeutet: aus einem Kaufinteressenten einen Käufer machen". Die Konversionsrate errechnet sich aus dem Verhältnis Käufe je Besucher. Dabei kann die absolute Größe auch mal aussagekräftiger sein als die reine Verhältnisangabe. Conversion-Tracking misst die Effektivität, mit der die Zielgruppe dazu bewegt wird, eine gewünschte Aktion durchzuführen.

Der Klassiker: AIDA.
Die klassische AIDA-Formel aus dem Marketing hilft bei der Konversion:

- Attention: Aufmerksamkeit wecken
- Interest: bei den Interessen packen

5.5 Service bieten, konversionsorientiert schreiben: FAQ, Chatbot, ... 141

- **Desire:** „haben wollen"
- **Action:** → klicken

Wieder hilft die Zielgruppenanalyse bei der zielgruppengerechten Ansprache. An wen richtet sich die Site? Daraus leitet sich die Sprachebene ab, auch, ob die Nutzer gesiezt oder geduzt werden.

Warum weiterlesen? Stellen Sie im Teaser den Nutzwert heraus, wie es hier die Landeshauptstadt München mit Tipps zum Heizkostensparen in ihrem Informationsportal für die Bürgerinnen und Bürger macht (Abb. 5.4).

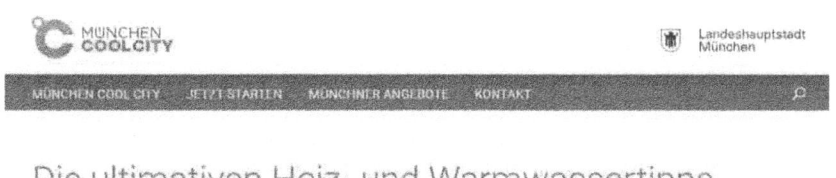

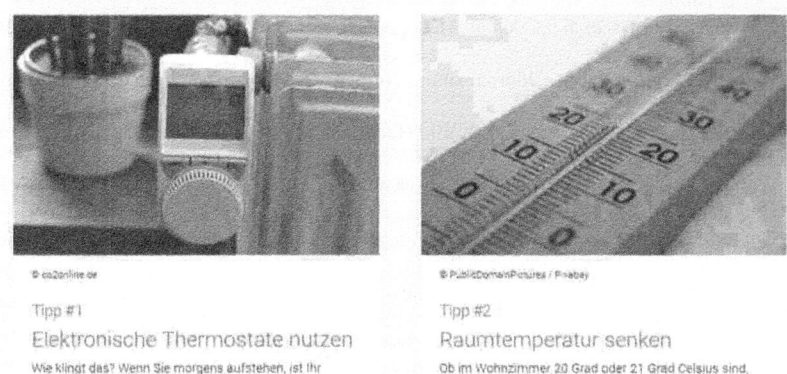

Abb. 5.4 Heizkosten sparen

> **Konversionsorientiert schreiben**
> **Für alle Servicetexte gilt:**
>
> - in der Sprache der Zielgruppe schreiben
> - Fachbegriffe nicht voraussetzen, sondern erklären; Glossar anbieten
> - die Nutzer direkt ansprechen
> - den Nutzwert herausstellen
> - aktiv formulieren, nicht es wird empfohlen, sondern die Verbraucherzentrale rät
> - zum Handeln auffordern
> - Interaktives (Fragebögen) und Kommunikation einsetzen (Schicken Sie uns eine E-Mail! Fragen Sie unseren Experten im Chat …)

Weiterführende Literatur

1. Christoph Fasel: Textsorten. Köln: Herbert von Halem 2013
2. Gabriele Hooffacker, Klaus Meier: La Roches Einführung in den praktischen Journalismus (Journalistische Praxis), Wiesbaden: Springer VS, aktuelle Auflage.
3. Axel Buchholz, Katja Schupp (Hrsg.), Fernseh-Journalismus (Journalistische Praxis), Wiesbaden: Springer VS, aktuelle Ausgabe
4. Andreas Butz, Heinrich Hußmann, Rainer Malaka: Medieninformatik. München: Pearson Studium 2009
5. Walther von La Roche, Axel Buchholz (Hrsg.), Radio-Journalismus (Journalistische Praxis), Wiesbaden: Springer, aktuelle Ausgabe, ausgewählte Beiträge: www.radiojournalismus.de
6. Gunther Rothfuss et al.: Content Management mit XML. Berlin: Springer (aktuelle Ausgabe)
7. Björn Staschen: Mobiler Journalismus (Journalistische Praxis), Wiesbaden: Springer VS 2017
8. Anja M. Hoppe, Glossenschreiben. Ein Handbuch für Journalist/innen. Opladen: Westdeutscher Verlag 2000
9. Werner Nowag/Edmund Schalkowski, Kommentar und Glosse. Köln: Herbert von Halem 1998
10. Gunter Reus, Ressort: Feuilleton: Kulturjournalismus für Massenmedien (2., überarbeitete Auflage, UVK, Konstanz 1999)
11. Barbara Brandstetter: Verbraucherjournalismus. Köln: Herbert von Halem 2014
12. Markus Kaiser et al.: Journalistische Praxis: Chatbots. Wiesbaden: Springer VS 2019
13. Markus Kaiser (Hg.): Special Interest: Ressortjournalismus – Konzepte, Ausbildung, Praxis. Wiesbaden: Springer VS 2012

Weiterführende Links

14. Selfhtml e. V., www.selfhtml.org (abgerufen 27. Dezember 2019)
15. www.gelbe-reihe.de

Weiterführende Literatur (Auswahl)

16. Axel Buchholz, Katja Schupp (Hrsg.), Fernseh-Journalismus (Journalistische Praxis), Wiesbaden: Springer VS, aktuelle Ausgabe
17. Manuela Feyder, Linda Rath-Wiggins: VR-Journalismus (Journalistische Praxis), Wiesbaden: Springer VS 2018
18. Walther von La Roche, Axel Buchholz (Hrsg.), Radio-Journalismus (Journalistische Praxis), Wiesbaden: Springer, aktuelle Ausgabe, ausgewählte Beiträge: www.radiojournalismus.de
19. Mario Müller-Dofel: Interviews führen (Journalistische Praxis), Wiesbaden: Springer VS, aktuelle Ausgabe

Partizipative Formen und Formate 6

Zusammenfassung

Nutzer können online grundsätzlich zwei Dinge tun: erstens Vorgegebenes abrufen, das heißt: mit einem Server interagieren (siehe das vorige Kapitel), zweitens mit anderen Nutzern sowie der Online-Redaktion interagieren. Die Formen, bei denen die Kommunikation mit anderen Nutzern im Vordergrund steht, nenne ich die *partizipativen Formen*. In früheren Auflagen des Lehrbuchs hießen sie zur Abgrenzung von rein senderorientierten journalistischen Darstellungsformen „kommunikative Formen".

Schlüsselwörter

Partizipation · Kollaboration · Gatekeeping · Citizen Journalism · Usergenerierte Inhalte · UGC · Crowdbasierter Journalismus · Datenjournalismus · Journalismus der Dinge · Storyformat · Blog · Twitter · Instagram · Social-media-plattform · Web 2.0 · Instant Messaging · Chat · Forum · Community-building

6.1 Onlinetypisch: Partizipation und Kollaboration

Im Online-Journalismus verlässt das Publikum, wie im ersten Kapitel gezeigt, die passive Rolle des „Lean back" hin zu einer aktiven Rolle, es wechselt zwischen der Kommunikatoren- und der Rezipientenrolle. Der digitale Journalismus bietet zahlreiche Möglichkeiten, das Publikum an journalistischen Produkten mitwirken zu lassen, bis hin zum eigenständigen Gestalten und Produzieren von Beiträgen. Die Kommunikationswissenschaftlerin Wiebke Loosen erforscht solche neuen Möglichkeiten der Inklusion von Journalismus und Publikum.[1] „In der intelligenten Einbindung des Publikums könnte die Zukunft des professionellen Journalismus liegen" hat Christoph Neuberger, Vordenker der digitalen Kommunikation, bereits 2012 geschrieben.[2] An der HTWK Leipzig experimentieren wir mit partizipativen Formaten, etwa im TV-Lokaljournalismus.[3]

Besteht vonseiten des Publikums überhaupt ein Interesse an Partizipation? Wer kommt dafür infrage? Welche Arten von Mitarbeit sind denkbar? Die Veränderung der technischen Produktionsbedingungen ermöglicht allerhand Abstufungen der Mitarbeit, vom Ideengeben für die Recherche bis zum regelmäßigen „Sendeplatz" von Videos.

Eine Zwischenstufe nimmt dabei der sogenannte „Citizen-Journalismus" ein. In den 1970er Jahren aus Unzufriedenheit mit den Massenmedien entstanden, führte er zunächst zur Gründung sogenannter Alternativmedien. Neu ins Blickfeld geriet er mit den Protestbewegungen der 2010er Jahre von rechts.

Seitdem bemühen sich Akteure in Online- und Social-Media-Redaktionen darum, ihrem Publikum einerseits die journalistische Herangehensweise und Methodik zu erklären, es zum anderen an der Produktion journalistischer Beiträge zu beteiligen. Statt des Begriffs „Bürgerjournalismus" bevorzuge ich den aus dem Englischen stammenden Begriff der „Citizen-Journalists", der die Partizipation an Medien und Gesellschaft in den Vordergrund rückt.

> **Fünf Schichten der partizipativen Beteiligung**
> lassen sich unterscheiden.

---

[1]Wiebke Loosen: Publikumsbeteiligung im Journalismus. In K. Meier, & C. Neuberger, *Journalismusforschung* (2 Ausg., S. 287–318). Baden-Baden: Nomos 2016

[2]Christoph Neuberger: Bürgerjournalismus als Lösung? Empirische Ergebnisse zu den journalistischen Leistungen von Laienkommunikation. In O. Jarren, M. Künzler, & M. Puppis, *Medienwandel oder Medienkrise? Folgen für Medienstrukturen und ihre Erforschung* (S. 53–76). Baden-Baden: Nomos 2012.

[3]Gabriele Hooffacker: Bürgerreporter: zwischen Partizipation und professioneller Redaktion. Formate des Bürgerjournalismus im Lokalfernsehen. In: Journalistik 3/2018, https://journalistik.online/aufsatz/buergerreporter-zwischen-partizipation-und-professioneller-redaktion/, abgerufen 28. Dezember 2019.

6.1 Onlinetypisch: Partizipation und Kollaboration

Schicht 1: Crowdsourcing bei Themenfindung und Recherche
Die Online-Redaktion fordert die Bürger/innen auf, bei einem bestehenden Thema zuzuarbeiten. Diese Inhalte werden in Datenbanken erfasst und visuell aufbereitet. Der Beitrag einzelner Personen wird hier kaum sichtbar. Diese Form ist typisch für den *Datenjournalismus*.

Schicht 2: Add-on Reporting
Das Publikum liefert Informationen und Materialien – Text, Bild, Audio, Video – zu einem bestimmten Thema oder Ereignis zu. Die Online-Redaktion prüft das gelieferte Material auf Faktentreue und Plausibilität und baut es in den Beitrag ein. Auch hier geht die Themenvorgabe von der Redaktion aus; die möglicherweise geringere Qualität des zugelieferten Materials ist vernachlässigbar, da es redaktionell bearbeitet wird.

Schicht 3: Redaktionell begleiteter Citizen-Journalismus
In Abstimmung mit der Redaktion wählen die Bürgerinnen und Bürger ihr Thema. Sie recherchieren und produzieren journalistisches Material. Die Online-Redaktion prüft es und baut daraus einen Beitrag. Diese Form der Zusammenarbeit setzt eine enge Kooperation von Citizen-Reportern und Redaktion voraus, etwa eine regelmäßige Teilnahme an Redaktionssitzungen. Sie stellt höhere Anforderungen an die onlinejournalistischen Kompetenzen des Publikums, aber auch an die redaktionelle Betreuung.

Schicht 4: Bloghouse – Platz fürs Publikum
In Form von Blogs oder Podcasts stehen den Citizen-Journalist/innen feste Plätze zur Veröffentlichung zur Verfügung. Diese füllen sie selbstständig mit einem publikationsreifen Beitrag. Es gibt also viel Freiraum für die Gestaltung; gleichzeitig sind die Anforderungen an die Bürgerreporter hoch. Für die Zuschauer ist der Blog oder Vlog als partizipatives Format erkennbar.

Schicht 5: Redaktionell selbstständiger Citizen-Journalismus
Aus dem Publikum kommen ganze Beiträge zu frei wählbaren Themen, die publikationsreif sind. Technik und Plattform der Redaktion können genutzt werden, Themenvorgaben der Redaktion sind möglich. Damit wird das Publikum komplett zum Produzenten. Für die Online-Redaktion liegt darin ein gewisses Risiko, was Themenwahl und Qualität angeht; für die Citizen-Journalist/innen ist die hohe Selbstständigkeit sehr attraktiv.

Bisherige redaktionelle Versuche legen als Schlussfolgerung nahe, dass sich Online-Redaktionen möglichst zeitnah und professionell produzierte Beiträge wünschen, also eine Partizipation im Sinne der oben identifizierten Schicht 5 „Redaktionell selbstständiger *Citizen-Journalismus*".

Die meist ehrenamtlich Engagierten aus Sport- oder lokalen Kulturvereinen können diesen tagesaktuellen, professionellen Online-Journalismus oft nicht leisten – auch wenn sie es wollen. Sie sehen ihre Möglichkeiten eher in Schicht 3, einem „redaktionell begleiteten Citizen-Journalismus". Dabei liefern sie Material; die Redaktion prüft und bearbeitet es und stellt den Beitrag fertig.

Als von beiden Seiten akzeptierter Kompromiss hat sich hingegen das Format der Schicht 4, „Bloghouse – Platz fürs Publikum" herausgestellt. Dafür steht ein fester Publikationsplatz zur Verfügung. Für die Zuschauer ist der Vlog als partizipatives Format erkennbar. Es gibt viel Freiraum für die Gestaltung; gleichzeitig sind die Anforderungen an die selbstständige Arbeitsweise der Bürgerreporter hoch.

Damit partizipative Formen und Formate gelingen können, gibt es ein drei Voraussetzungen, die sich aus den bisherigen Erfahrungswerten ableiten lassen:

1. Bei den Teilnehmenden aus dem Publikum muss ein Interesse bestehen, Öffentlichkeit für das Thema herzustellen. Um eine journalistische Aufgabe zu übernehmen, ist eine intrinsische Motivation, etwas zu diesem Thema beizutragen, unentbehrlich. Gleichzeitig hat die Redaktion die Aufgabe, für einen Interessenausgleich und eine inklusive Berichterstattung zu sorgen.
2. Die technische Hürde muss so gering wie möglich sein, um zu vermeiden, dass die Teilnehmenden die Lust an der Partizipation verlieren. Eine längere Auseinandersetzung mit technischen Vorgängen wie Registrierung, Freischaltung etc. wird als störend empfunden.
3. Die Kontrolle über die Veröffentlichung muss bei den Teilnehmenden liegen. Sie müssten selbst entscheiden können, wenn ein Inhalt nicht mehr zu sehen sein soll, wenn er beispielsweise an Aktualität verloren hat und somit seine Relevanz vermindert ist.

Crowdbasierter Datenjournalismus ist eine Möglichkeit, Schicht 1 umzusetzen. Sie basiert auf dem sogenannten *Internet der Dinge*. Unter Datenjournalismus wird klassischerweise die Visualisierung strukturierter statistischer Datenmengen verstanden, denen eine gesellschaftlich relevante Fragestellung zugrunde liegt. Dazu werden Tools fürs Datawrapping eingesetzt. Wie wirkt sich die Teilung Deutschlands auch nach Jahrzehnten noch aus? Als Antwort hat die

Zeit online sprechende, oft kuriose Grafiken zusammengestellt (www.zeit.de/feature/mauerfall-das-geteilte-land, abgerufen 28. Dezember 2019).

Ein Beispiel aus dem Lokaljournalismus: Man kann die Bürgerinnen und Bürger zur Recherche einsetzen und das Ganze digital auswerten. Der *Tagesspiegel* hat hundert Radfahrer/innen aus unterschiedlichen Berliner Bezirken mit digitalen Abstandmessern ausgestattet und das Ergebnis ausgewertet. Das Ergebnis: Die wenigsten Autorfahrer/innen halten beim Überholen den Mindestabstand ein (www.tagesspiegel.de/berlin/projekt-radmesser-so-gefaehrlich-werden-radfahrer-in-berlin-ueberholt/23702706.html, abgerufen 28. Dezember 2019).

Journalismus der Dinge oder Sensorjournalismus nutzt die Sensoren, die auf die Nutzer/innen verteilt Daten sammeln. Jacob Vicari beschreibt in seinem gleichnamigen Buch das *Harlem Heat Project*. Der Sensorjournalist John Keefe setzte es gemeinsam mit dem *New York Public Radio* um.

Der Untersuchung lag die These zugrunde, dass ärmere Bevölkerungsschichten in Harlem stärker unter den Hitzewellen leiden als wohlhabendere, da sie sich keine Klimaanlagen und keine Wärmeisolation leisten können. Die Bürgerinnen und Bürger erhielten selbst gebaute Sensoren, die alle 15 min Daten aufzeichneten. Die mussten dann händisch übertragen werden. Ergebnis: In vielen Wohnungen lag der Innentemperaturindex deutlich höher als in der Umgebung. Die urbane Planung kann darauf reagieren.

Die Bandbreite partizipativer Formate reicht von der Individualkommunikation per *Direktnachricht, Instant Messaging* über *Social-Media-Plattformen* mit ihren multimodalen Möglichkeiten bis zum kollaborativen (gemeinschaftlichen) Datensammeln und Schreiben in *Wikis* oder Spielen in virtuellen Welten.

Dazwischen liegen Formen wie *Blogs, Podcasts, Microblogging* und weitere Dienste, die das Verteilen von individuell generiertem Content (Text, Bild, Audio, Video) mit Abonnement, Rückmeldung (Kommentar) und weiteren Vernetzungsmöglichkeiten verbinden. Ihre Vorläufer sind Mailinglisten, Foren oder Groups,

In Online-Communitys und Sozialen Netzwerken werden meist mehrere dieser Formen zu partizipativen Formaten zusammengefasst:

- *Individualkommunikation* über Direktnachricht und Instant Messaging
- *Apps,* die von den Nutzern mit Daten gefüllt und gemeinschaftlich ausgewertet werden
- *Communitys,* die zu den medialen Inhalten die üblichen *Social Signals* wie *like* oder *share* bieten

- Plattformen, die z. B. geschlossene Räume oder Gruppen für *virtuelle Konferenzen* ermöglichen,
- *Cloudbasierte Kollaboration*
- *Virtuelle Welten* wie bei Multiplayer-Online-Spielen.

Das Online-Medium vermittelt diese Kommunikation.

Onlinejournalistisch sind diese partizipativen Formen dann interessant, wenn sie in ein mediales Gesamtformat integriert sind. Der *Unterschied* zwischen einem offenen Chat und einem online-journalistischen Chat lässt sich vergleichen mit dem Unterschied zwischen einem Gespräch im Treppenhaus und dem Gespräch in einer Talkshow.

Wie bei anderen Medien auch unterscheiden wir *synchrone* oder „Live"-Formen und *asynchrone* oder zeitversetzte Formen. Der Chat gehört zu den „Live"-Formen; Blogs, Foren, Mailinglisten und Newsletter zu den zeitversetzt nutzbaren, asynchronen. Innerhalb dieser Einteilung kann wiederum zwischen reinen Sendeformen (Newsletter) und partizipativen Formen (Mailingliste, Foren) unterschieden werden. Deshalb finden Sie das Thema Newsletter im vorhergehenden Beitrag „Darstellungsformen".

6.2 Social-Media-Plattformen

Dieses Kapitel beginnt mit einem Überblick über Social Media (auch: Web 2.0) und folgt dann der zunehmenden Komplexität der partizipativen Formen: Von *E-Mail* und *Instant Messaging* bis zu *Skype,* von *Blogs* und *Foren* handeln die weiteren Beiträge.

Von einer Online-Community spricht man, wenn die partizipativen Formen zusammen mit den interaktiven, die synchronen mit den asynchronen ein stimmiges Gesamtkonzept für eine klar umrissene Zielgruppe ergeben. Von Zielsetzung, Konzeption, Wartung und Pflege einer solchen Community, dem Management der usergenerierten Inhalte, handelt der letzte Beitrag dieses Kapitels.

Unter dem Schlagwort Social Media oder auch *Web 2.0* werden die partizipativen Online-Formate seit etwa 2004 zusammengefasst. Mit dem Schlagwort Web 2.0 wollte man die medienspezifischen Möglichkeiten der Online-Kommunikation beschreiben. Im Gegensatz zum World Wide Web, dem erst rückblickend so genannten „Web 1.0", sollte die aus der Software-Vermarktung bekannte Nummerierung der Versionen einen qualitativen Sprung hin zum „Web 2.0" suggerieren.

Unter Web 2.0 werden alle Arten von nutzergenerierten Inhalten (*user generated content*, kurz UGC) online zusammengefasst. Dazu zählen die Technologien, die für die Kollaboration im Web notwendig sind, ebenso wie die zugehörigen Geschäftsmodelle. Es gibt keine eindeutige wissenschaftliche Definition. Weitere verwandte Begrifflichkeiten rund um das Web 2.0 lauten „Social Web", „Semantic Web", „Soziale Netzwerke" oder „soziale Medien" (unglückliche, aber sehr verbreitete Übersetzung von „Social Media") bis hin zu partizipativen oder kollaborativen Formaten online.

Programmiertechnisch ist das Web 2.0 gekennzeichnet durch Technologien wie JavaScript, JavaServer-Pages und PHP, AJAX, RSS und Web-Services auf XML-Basis (Behrendt S. 4 ff.). (Behrendt 2008: 4 ff.).

Die grundlegende Veränderung, die tatsächlich im digitalen Journalismus stattgefunden hat, hat Christoph Neuberger mit Abb. 6.1 verdeutlicht.

Wo früher ausschließlich Online-Redaktionen darüber entschieden, welche Informationen der Öffentlichkeit angeboten wurden, können heute die Nutzer/innen selbst aktiv und interaktiv an dem Informations- und Meinungsaustausch teilnehmen. Die Rolle der Journalist/innen als „Schleusenwärter" (Gatekeeper) hat sich verändert. Bisher galten die traditionellen Medien als Gatekeeper, die darüber entschieden, was publiziert wurde und was nicht.

Die Veränderung ließ sich als erstes an der sogenannten Blogsphäre ablesen, also den Weblogs. Christoph Neuberger sagt: „Kein anderes Medium erlaubt es den Anbietern, so flexibel auf Nutzererwartungen einzugehen. Allerdings liefern Nutzer den Redaktionen keine fertigen Baupläne, sondern nur Anregungen, die professionell interpretiert und umgesetzt werden müssen." (Abb. 6.2).

Kennzeichnend für Social Media sind Kombinationen aus den partizipativen Formen mit weiteren Anwendungen wie Geo-Tagging oder gemeinschaftlichem Bewerten und Indexieren von Content. Ebenfalls typisch ist der zunehmende Einsatz von Video-Elementen im Rahmen von Communitys wie TikTok, Snapchat und natürlich YouTube, bei denen das gemeinschaftliche Verschlagworten und Bewerten kennzeichnend ist, verbunden mit weiteren Anwendungen auf den Social-Media-Plattformen.

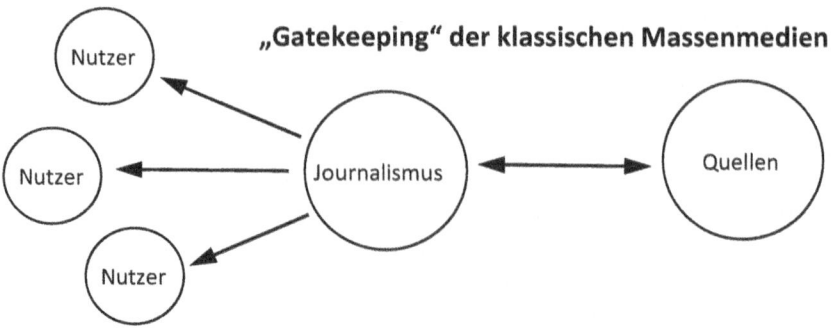

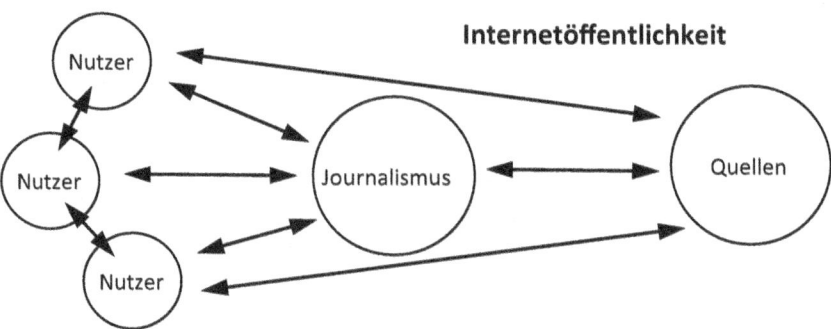

Abb. 6.1 Veränderung im digitalen Journalismus. (Nach Klaus Meier: Journalistik, Konstanz: utb 2018)

Der Einsatz von Social-Media-Plattformen stellt eine Rückbesinnung auf die von den Nutzern produzierten Inhalte dar, die damit zu „Prosumern" werden. Lange vor der Erfindung des World Wide Web bildeten solche Inhalte in Instant-Messaging, Chats und Foren die ersten Anwendungen des Internets. Bekannt wurde der Begriff „Web 2.0" durch Tim O'Reilly, den Gründer des gleichnamigen Verlages, und seinen Ende September 2005 veröffentlichten Artikel „What is Web 2.0". Zu den typischen Web-2.0-Anwendungen zählen Blogs, Wikis sowie Drittplattformen wie Facebook, Twitter, Instagram oder TikTok, medienspezifische Plattformen wie YouTube oder Soundcloud

Abb. 6.2 Stefan Aigner über seine journalistische Blogger-Tätigkeit für regensburg. digital.de (https://www.gelbe-reihe.de/online-journalismus/stefan-aigner/ oder direkt https://youtu.be/xS-VHElQCXg)

sowie Plattformen mit spezifischer Funktion wie Xing oder LinkedIn. Mit der Blogtechnologie, einem vereinfachten Content-Management-System (CMS) für chronologisch sortierte Einträge, wurde es für alle Menschen mit Internet-Zugang einfach und ohne HTML-Kenntnisse möglich, Inhalte im Web zu veröffentlichen und sich miteinander zu vernetzen. Das XML-Konzept erlaubt durch die Trennung von Inhalt, Struktur und Design, sogenannte Newsfeeds (RSS oder ATOM) zu abonnieren. Damit wurden regelmäßig aktualisierte Inhalte als Blog oder Podcast im Pull- statt Push-Prinzip möglich.

Das bekannteste Wiki-CMS ist dasjenige von Wikimedia, das hinter der Online-Enzyklopädie Wikipedia steht. Sie startete 2001 und zählt 2019 zu den fünf meistbesuchten Websites weltweit. Alle Beiträge werden kollaborativ von Nutzern mit abgestuften Rechten erarbeitet. Die Wikipedia liefert damit gleichzeitig ein Musterbeispiel für die Schwierigkeiten, die diese Arbeitsweise mit sich bringt: einen hohen Verschleiß an aktiven Nutzer/innen, sogenannte Edit-Wars um die Deutungshoheit für bestimmte Begriffe sowie das Phänomen der „Sockenpuppen", Accounts, hinter denen sich Nutzer unter Pseudonym verbergen, die womöglich mehrfach auf der Plattform unterwegs sind.

Drittplattformen wie die US-amerikanischen Unternehmen Facebook oder Twitter Inc. kamen ebenfalls seit Mitte der Nullerjahre auf. Auf oder das chinesische Unternehmen Bytedance (TikTok) stiegen zu Global Playern auf. Datenschützer kritisieren das Geschäftsmodell, in dem die Nutzer quasi mit ihren Daten zahlen. Medienunternehmen, die mit Drittplattformen arbeiten, müssen dies berücksichtigen.

Die Forderung nach einer unabhängigen Plattform, die von den Nutzern selbst verwaltet wird, steht schon seit langem im Raum. Was müssten mediale Formate und Plattformen leisten, um eine digitalisierte, diverse Gesellschaft voran zu bringen? Ein Vorschlag:

1. Die partizipativen Plattformen gehören sich selbst, keinem Konzern. Sie sind „non-profit" und könnten dezentral und genossenschaftlich organisiert sein.
2. Die Plattformen verbinden klassische Medienthemen und -inhalte mit selbst gestalteten Inhalten und medialen Formaten der Bürgerinnen und Bürger.
3. Zugang zu den klassischen Medien vermitteln sie über ein Vertriebsmodell auf Basis einer Flatrate, ähnlich wie „Netflix" für Filme oder „Steam" für Games.
4. Die Nutzerinnen und Nutzer geben sich die Regeln für den Diskurs selbst. Alle bestimmen selbst, was sie über sich selbst preisgeben wollen und was nicht.
5. Den Datenschutz und die Datensicherheit regeln transparente Algorithmen.

Das Fediverse stellt einen Ansatz in diese Richtung dar. Es beruht auf offener Software und will seinen Nutzern ermöglichen, auf alle „föderierten" Sozialen Netzwerke ohne eigene Anmeldung zuzugreifen. Es genügt, bei einem einzigen davon einen Account zu besitzen. Umgesetzt wird das durch gemeinsam genutzte Protokolle wie *OStatus* oder *ActivityPub*. Ob sich das Konzept durchsetzt, muss abgewartet werden.

Wie auch immer der Begriff Web 2.0 entstanden ist: Er stammt auf jeden Fall aus dem Marketing. Deshalb ist er so schwammig und ungenau zu definieren: Web 2.0 beschreibt einerseits den *User-Generated Content,* die aktive Teilnahme von Internetusern und den Austausch von Informationen zwischen ihnen. Andererseits steht Web 2.0 für eine Kombination aus technischen Entwicklungen, die ab 2004 durch größere Bandbreiten nutzbar wurden: intelligente Programmierschnittstellen wie Web-Service-APIs, Ajax, Abonnement-Dienste mit RSS, oder die sogenannte Social Software wie *social bookmarking* und *folksonomies* („Folksonomy": Kofferwort aus „folks" und „taxonomy"), Blogs, Twitter, Wikis.

6.2 Social-Media-Plattformen

Der Begriff Web 2.0 ist inzwischen durch Begriffe wie „Social Media" oder „Soziale Netzwerke" abgelöst worden. Für den Journalismus gewinnen die partizipativen Formate online zunehmend an Bedeutung.

Gemeinschaftliches Indexieren (social tagging) ist eine Form der freien Verschlagwortung (Indexierung), bei der die User den Inhalten Schlagwörter (tags) zuordnen. Mehrere *tags* bilden zusammen eine Schlagwortwolke *(tag cloud)*.

Die Folksonomy findet ihre Anwendung hauptsächlich auf Internetseiten beziehungsweise in den von ihnen angebotenen Gemeinschaften, um deren Inhalte zu verschlagworten und zu bewerten. Andere Benutzer finden diese gewichtete Information dann durch die Suche nach einem Schlagwort. Beispiele: Blogeinträge, Fotos oder Soziale Lesezeichen.

Warum sollten sich Online-Redaktionen auf Social-Media-Plattformen engagieren? Wie die ARD-ZDF-Onlinestudie zeigt, verbringen mehr als zwei Drittel aller deutschen Onliner dort viel Zeit. Die Plattformen bieten sehr gute Möglichkeiten zur Nutzerbindung. Sie sind ausschlaggebend für die Wahrnehmung (Aufmerksamkeit) und Rezeption von Inhalten. Sie bringen weitere Nutzer zu den eigenen Inhalten – auch dadurch, dass sie zur Suchmaschinenoptimierung beitragen. Zudem lässt sich ihren Erfolg in Social Signals (teilen, liken, kommentieren) gut messen.

Welche Ziele verbinden Nutzer mit Social-Media? Stefan Primbs unterscheidet drei Funktionen:

1. Beziehungsmanagement: Dabei reicht die Intensität der Beziehungen von Facebook-Befreundung als Ersatz für den Austausch von Visitenkarten bis zum engen Austausch in Familie und Freundeskreis.
2. Informationsmanagement: Auf Facebook oder Twitter erfahre ich, was für mich, meine Freunde, meine Kollegen interessant ist. Ich muss News und aktuelle Infos nicht aktiv suchen, sie erreichen mich dort über meinen Bekanntenkreis oder Abos.
3. Identitätsmanagement: Mit meinen Postings erschaffe ich ein (besseres) Bild von mir, verschaffe mir ein Image.

Daraus lassen sich Regeln für erfolgreiche Social-Media-Posts ableiten: Mit welchen Inhalten möchten die Social-Media-Nutzer sich vor ihrem Netzwerk zeigen? Welche Inhalte möchten sie mit ihnen teilen? (Abb. 6.3).

Abb. 6.3 Thomas Leidel von NTV.de über Social Media (https://www.gelbe-reihe.de/online-journalismus/thomas-leidel/ oder direkt https://soundcloud.com/user-115120916/das-geheimnis-guter-arbeit-ist-die-eigene-motivation)

▷ Erfolgreiche Posts behandeln Inhalte, die voraussichtlich auf Zustimmung stoßen. Dazu zählen witzige, unterhaltsame Posts. Zum anderen Inhalte, zu denen die Nutzer und ihr Netzwerk eine ähnliche Einstellung haben werden. Das können fröhliche, emotionale Inhalte sein, gelegentlich auch Inhalte, über deren Ablehnung sich das Netzwerk einig ist.

Von einem Mem spricht man, wenn die visuelle Gestaltung eines Posts bekannte Themen bzw. bildliche Darstellungen auf ansprechende, witzige Weise zitiert und weiterentwickelt. So kennen (und lieben) Millionen Social-Media-Nutzer etwa „Grumpy Cat" oder überhaupt die beliebten sprichwörtlichen Katzenvideos.

Erfolgreiche Posts oder Memes sind meist

- Witzig/gewitzt
- Einfach intellektuell erfassbar
- im sozialen Umfeld der Fans auf Zustimmung stoßend (keiner teilt etwas, das seine Freunde abstoßend finden)
- schnell auf den Punkt (bei Videos: Einleitung weglassen)
- „sexy", attraktiv
- überraschend
- positiv und hoch emotional/rührend/betroffen machend (Babys, Tiere, Schicksale, Katastrophen)
- mit einem guten Begleittext ausgestattet.

6.2 Social-Media-Plattformen

Das Storyformat umfasst mehrere kurze Videoclips, die zusammen eine Geschichte erzählen. Es entstand ursprünglich auf der Plattform Snapchat. Inzwischen ist es aus dem flüchtigen Format, dessen Inhalte nach 24 h gelöscht werden, zu einem archivierbaren audiovisuellen Format auf zahlreichen Social-Media-Plattformen, darunter Instagram und auch Facebook, geworden. Klassischerweise wird es mit dem Smartphone produziert und auch übertragen.

> **Damit das Storyformat funktioniert,**
>
> - Startpunkt planen
> - Schlusspunkt planen
> - Follower einbinden
> - Feedback aufnehmen
> - Reporter-Persönlichkeit einsetzen
> - Informationsorientiert bleiben.

Das Storyformat bietet sich für Live-Berichterstattung an, wenn über einen Zeitraum hinweg immer wieder veränderte Situationen abzubilden sind und unterschiedliche Personen als Gesprächspartner zur Verfügung stehen. Die Reporterin, der Reporter können im „Selfie-Look" im Bild sein. Deutlich mehr Interesse wecken jedoch die Personen und Szenen, die unter einem festgelegten Hashtag in Abständen übermittelt werden. Aus den einzelnen Clips lassen sich später auch klassische Reportagen bauen.

Texten für Social-Media-Beiträge? Was Walther von La Roche für die Radiosprache beschrieben hat, lässt sich gut auf die Sprache für AV-Medien übertragen:

- Thema (was bekannt ist) nach vorn, Rhema (das Neue) danach
- Keine Nebensätze
- Gängige Wörter verwenden
- Wiederholungen sind nicht nur erlaubt, sondern erleichtern das Verständnis
- Verb nach vorn
- Behutsam einsetzen: Metaphern, Wortspiele, Ironie (wird in der Regel nicht verstanden).

Untertitel für Social-Media-Videos folgen diesen Regeln ebenfalls. Bei nachrichtlichen Videoclips folgen sie dem gesprochenen Text nicht vollständig, sondern geben ihn verkürzt wieder. Die Kernaussagen müssen erhalten werden.

Auf diese Weise ist der Clip auch für diejenigen verständlich, die gerade ohne Kopfhörer unterwegs sind.

Sogenannte Mashups verbinden solche Anwendungen mit weiteren Inhalten wie Text, Daten, Bildern, Tönen oder Videos. Dabei nutzen die Mashups die offenen Programmierschnittstellen (APIs), die andere Web-Anwendungen zur Verfügung stellen. Über die API von Google Maps kann man beispielsweise Landkarten und Satellitenfotos auf der eigenen Webseite einbinden und zusätzlich mit individuellen Markierungen versehen.

Dirk von Gehlen, Online-Journalist und Innovationsforscher, hat das Mashup als Grundlage kultureller Vernetzung bezeichnet. Und Jan-Hinrik Schmidt sieht in seinem Standardwerk „Social Media" das partizipative und Vernetzungspotenzial des Internets als Abbild vernetzter Gesellschaften: „Wir leben in einer Gesellschaft der vernetzten Individualität. Das Internet, und die sozialen Medien im Speziellen, sind die perfekten Technologien für diese Form der Gesellschaft."

6.3 Individualkommunikation online

Nein, in diesem kleinen Kapitel geht es nicht darum, wie man Business-E-Mails schreibt (obwohl das sicher nicht schaden würde). Es will Sie nur darauf aufmerksam machen, dass sich online individuelle mit öffentlicher Kommunikation mischt. Plötzlich landen Ihre redaktionellen WhatsApp-Nachrichten doch in einem Thread einer öffentlichen Social-Media-Plattform, Schutz der Privatsphäre hin oder her. Deshalb hier nur kurz einige Empfehlungen für die redaktionelle Kommunikation.

Mailinglisten dienen dem Austausch zwischen Usern mit ähnlichen Interessen. Ähnlich wie beim Newsletter werden die einzelnen Beiträge ins eigene E-Mail-Postfach des Users zugestellt, nachdem er sich entschlossen hat, die Mailingliste zu abonnieren. Im Gegensatz zum Newsletter sind Rückmeldungen der Listen-Teilnehmer nicht nur erwünscht, sondern wesentlicher Bestandteil dieser Form.

Unter den asynchronen Formen kommt der Direktnachricht zwischen Online-Journalist/in und User nach wie vor große Bedeutung zu. E-Mails erreichen die Nutzer in der Regel sofort. Direkten E-Mail-Kontakt zwischen Redakteur und User zu ermöglichen heißt allerdings auch, ein beträchtliches Zeitbudget dafür zur Verfügung zu stellen. Belohnt wird dieser Einsatz mit einem

6.3 Individualkommunikation online

direkten „Ohr" zum Nutzer – der besten *Marktforschung*, die man sich vorstellen kann.

Im Marketing ist die Bedeutung der E-Mail ebenso wenig zu unterschätzen. So wie das Verhalten eines Mitarbeiters am Telefon längst als „akustische Visitenkarte" angesehen wird, sollten Mails an User zum gesamten Kommunikationskonzept der Site passen. Die E-Mail, die ein User von einem Online-Journalist/innen erhält, prägt seine Vorstellung vom gesamten Produkt. Dabei ist sie die beste Garantie für eine gelungene User-Site-Bindung.

Organisatorisch kann es sinnvoll sein, den Mail-Verkehr mit dem User zu kanalisieren. Technisch gibt es dazu viele Möglichkeiten – von einer allgemeinen E-Mail-Adresse für Leserbriefe über eigene „Userpost-Accounts" bis hin zum Service-Center mit einem Ticket-System, das Standard-Anfragen erledigt. Den direkten Kontakt vom Online-Redakteur zum User können sie nicht ersetzen. Auf jeden Fall sollten alle E-Mails archiviert werden, damit im Zweifel an die zurückliegende Korrespondenz angeknüpft werden kann.

Ein E-Mail-Knigge innerhalb der Redaktion ist eine Möglichkeit, dafür zu sorgen, dass alle Redaktionsmitglieder E-Mails verschicken, die bestimmten formalen und inhaltlichen Kriterien genügen. Textbausteine für Standard-Anfragen oder per Intranet bereitgestellte Dokumente helfen dabei, die Belastung für die Online-Redakteure möglichst gering zu halten.

Betreff/Subject: Dem „Betreff", Thema oder Subject kommt bei der E-Mail eine Funktion zwischen Überschrift und Teaser zu. Ein Betreff ‚Information' ist aussageleer, besser wäre das konkrete Thema: ‚So funktioniert unser Chatroom'.

Die Antwort sollte sachlich und in freundlichem Stil formuliert sein. Widerstehen Sie der Verführung, sich in Antwort-Mails über die User-Anfrage lustig zu machen (auch wenn's einen manchmal jucken würde). Ob es sich um eine ungeschickte Formulierung oder einfach um mangelnde Übung im Umgang mit dem Medium handelt – helfen Sie, anstatt zu spotten. Ein verärgerter User kann durch Mundpropaganda eine Menge Schaden anrichten.

Auf unfreundliche Direktmails sachlich antworten, sagt sich leicht. Als Journalist/in sind Sie beruflich unterwegs. Schreiben Sie im beruflichen Kontext so, dass Ihr Text jederzeit veröffentlicht werden könnte – auch wenn Ihr Gegenüber sich nicht daran gehalten hat.

Allzu umfangreiche Dateien als Attachments verschicken Sie bitte nicht per E-Mail, Newsletter oder Mailingliste. Nicht alle User sind so komfortabel ans Online-Medium angebunden wie Sie in Ihrer Redaktion! Stattdessen verschicken Sie einen Download-Link zu einer Plattform wie WeTransfer oder ähnlichem.

Nicht zeitversetzt, sondern live (synchron) können die folgenden Formen genutzt werden. Für sie alle gilt: Ihren Siegeszug treten sie erst seit Beginn des 21. Jahrhunderts an, seit es erschwingliche *Flatrates* gibt und seit überhaupt die Telefongebühren und der Online-Zugang insgesamt deutlich preiswerter wurden. Es ist deswegen nicht vermessen, gerade diesen Kommunikationsformen eine große Zukunft vorauszusagen.

Zum Community-Gedanken eines Online-Magazins gehört die direkte Verbindung zwischen Usern untereinander sowie mit der Online-Redaktion. Immer mehr Medien gehen dazu über, ihre Mitarbeiter zum direkten Kontakt mit dem User per E-Mail, Forum, Instant Messaging, Chat oder Webcam anzuhalten. Insbesondere unter diesem Gesichtspunkt finden solche partizipativen, synchronen Formen Eingang in dieses Handbuch.

Instant Messaging (IM) per Text, Audio oder Video ist wegen der persönlichen Kommunikation der E-Mail vergleichbar. Anders als bei der E-Mail können die User *peer-to-peer* jedoch nicht nur paarweise miteinander kommunizieren, sondern per Dienstleister auch mit mehreren. Häufig zeigt die Plattform an, wer vom Freundeskreis gerade online ist. Datenschutzrechtlich ist das bedenklich.

Am bekanntesten wurde *Skype*. Viele Interviews werden per Skype geführt. Sie können digital mitprotokolliert und weiter bearbeitet werden, wenn auch die technische Qualität etwas zu wünschen übrig lässt.

Datenschützer sind von den Möglichkeiten der dauernden Kontrollierbarkeit nicht begeistert – auch nicht vom Sicherheitsrisiko, das beim Durchgreifen durch firmeneigene Firewalls entsteht. Ein Firewall ist eine technische Sicherheitsmaßnahme, die fremden Zugriff auf die eigenen Daten sowie Viren-Attacken abwehren soll. Alle Löcher im Sicherheitssystem sind potenziell gefährlich.

Davon abgesehen ist die Präsenzpflicht lästig: Online-Journalist/innen sollten dafür sorgen, dass sie nicht ständig erreichbar sind, sondern die Möglichkeit haben, Aus-Zeiten zu nehmen und digitale „Anrufbeantworter" einzusetzen – auch diese Möglichkeit bieten die meisten IM-Programme.

Der Chat findet heute meist per Web-Oberfläche statt. Das Vorbild aus den Anfangstagen des Internet, der *internet relay chat* (irc), existiert weiterhin. Channels, Kanäle also, sorgen ähnlich wie beim CB-Funk dafür, dass sich die verschiedenen Zielgruppen mit ihren Themen nicht in die Quere kommen. Auch das Eröffnen eines eigenen Kanals zu bestimmten Zeiten und Gelegenheiten ist möglich – dazu gibt man dem Kanal lediglich einen sprechenden Namen. Auch diese Möglichkeiten bieten Plattformen wie beispielsweise *Discord*.

In der teilweisen Anonymität der Teilnehmer, die direkt und oft unmoderiert miteinander kommunizieren, liegt der Reiz beim Chat. Für eine gewisse Einhaltung der Spielregeln sorgen Programme, die automatisch bestimmte Wörter mithilfe einer Stoppwortliste *(badlist)* herausfiltern und Redakteure, die von Zeit zu Zeit den Verlauf des Chats überwachen.

Dem gegenüber steht der moderierte Chat, der einer moderierten Nachrichtensendung oder einem Fachgespräch ähnelt: Meist ist ein *Experte* geladen, der in einem bestimmten Zeitraum zur Verfügung steht. Ein Moderator sammelt bei den Usern die Fragen ein, ordnet und strafft sie oder lässt auch direkt Fragen zu. Solche Expertengespräche werden meist mitprotokolliert und stehen den Usern auch zu einem späteren Zeitpunkt zum Nachlesen auf der Website zur Verfügung. Handelt es sich bei Ihrem Online-Angebot um die Erweiterung zu einem Muttermedium, planen Sie den Chat in enger Zusammenarbeit mit dessen Redaktion: Gibt es dort ein Reise-Special, laden Sie den Reiserechts-Experten, der dort interviewt wurde, in den Chat, ist eine Popgruppe Studiogast, können Hörer oder Zuschauer anschließend mit den Musikern chatten.

Mobile Live-Cams belegen die Authentizität des Gezeigten: Jetzt, in dieser Minute, wird wirklich das Oktoberfest in München eröffnet; die Radio-Moderatorin und ihr Gesprächspartner sitzen wirklich im Studio. Kombiniert mit dem Chat tauschen Journalist/innen und User per Smartphone Bilder und Videos aus.

6.4 Die Ahnen: Blogs, Microblogging, Foren

Welche Rollen spielt das Bloggen und Twittern für den Online-Journalismus? Ganz sicher ist nicht jeder Blogger gleich ein Journalist. Aber viele Journalist/innen bloggen und twittern. Zum einen bringt es vielleicht Bekanntheit und einen Imagegewinn. Zum anderen macht es einfach Spaß, die Möglichkeiten des

Online-Mediums auszuprobieren, ohne sich ganz den strengen journalistischen Regeln unterwerfen zu müssen. Weil mit den Foren seit den 1980-er Jahren, den Blogs seit Ende der 1990-er Jahre und Twitter seit 2006 jeweils grundlegende Formen der Online-Kommunikation entstanden, gibt es hier einen Ausflug zu den sehr lebendigen Ahnen. (Blogs und Foren waren übrigens bereits in der ersten Auflage dieses Handbuchs 2001 Thema).

In vielen Blogs, die von journalistischen Laien – aber vielleicht Experten auf ihrem Gebiet – verfasst werden, finden sich Fakten, Themen und Meinungen, die in den klassischen Medien (noch) nicht vorkommen – ein spannendes Recherchefeld. Zwischen klassischen Medien und Citizen-Journalismus sind die Blogs angesiedelt: ein journalistisches Medium auch für NichtJournalist/innen. Viele Online-Medien integrieren Blogger in ihr journalistisches Angebot.

Weblogs, kurz Blogs (das Wort ist eigentlich ein Neutrum, zunehmend verbreitet aber auch Maskulinum), sind eine Weiterentwicklung des Tagebuchs unter einer Web-Oberfläche. Hauptkennzeichen ist die chronologische Anordnung: Das Neueste steht zuoberst.

Der einzelne Eintrag *(entry)* besteht oft aus einem meinungsbetonten Teaser. Er verlinkt zu interessanten Fundstellen im Web – oft zu anderen Weblogs. Manchmal steht der Eintrag aber auch einfach nur als Text im Blog. Da jeder Eintrag eine eigene *URL* (Webadresse) hat, verlinken Einträge oft auch auf Texte in anderen Blogs.

Um herauszufinden, wer auf einen Eintrag im eigenen Blog verlinkt, ist der *Trackback* hilfreich. Die beteiligten *Blogger* (Blog-Teilnehmer) tauschen so genannte *Pings (technische Abfragen, wie der andere erreichbar ist)* aus, um einander identifizieren zu können. Der Trackback im Folge-Eintrag sorgt für eine automatische Benachrichtigung des Autors, auf den Bezug genommen wird.

Es gibt Blogs, die von einer einzigen Person betrieben werden, und solche, die es allen Mitgliedern der Community ermöglichen, Inhalte bereit zu stellen. Die Form kombiniert die Möglichkeit zur Kommunikation, die ein Forum bereitstellt, mit Hypertext.

Ein Tagebuch mit Links, Fotos, Audio- und Videoelementen und direkter Antwortmöglichkeit – daraus sind die Blogs entstanden. Die *Comments* (Antworten) sind in der Regel meinungsäußernd. Die Einträge werden vom jeweiligen Betreiber des Blogs verfasst. Wegen ihrer hohen identitätsstiftenden Funktion werden Blogs gern zur Bildung einer Community eingesetzt.

6.4 Die Ahnen: Blogs, Microblogging, Foren

Technisch sind Blogs einfach umzusetzen, seit es Standard-Software von Herstellern wie blogger.com oder Wordpress (wordpress.com als Plattform, wordpress.org als Software) gibt. Mit wenigen Mausklicks ist ein Blog gegründet. Per Weblog teilen User auch ihre Linksammlung miteinander.

Audio-Clips und Videos können per Podcast ausgetauscht werden. Der Begriff ist eine Kreation aus „iPod" (MP3-Player) und „Broadcasting" (Rundfunk). Ausgetauscht werden Audioaufnahmen (selbst gemachte Radioshows oder Musik), die die User als MP3-Datei herunterladen können, um sie am PC oder auf dem mobilen Endgerät zu hören.

Alle Weblog-Dienste lassen sich per RSS-Feed (spezielles Datenformat, das Text unabhängig von der Aufmachung verwaltet) abonnieren, das bedeutet: Mithilfe eines speziellen RSS-Readers wird man automatisch darüber informiert, wenn etwas Neues veröffentlicht wurde.

Twitter entstand als *Microblogging-Dienst*, hat sich jedoch zur kompletten Social-Media-Plattform entwickelt. Da Twitter prägend für viele andere Social-Media-Plattformen wurde, bekommt es hier eine eigene Kurzdarstellung. Über die Twitter-Plattform online werden kurze Statusmeldungen ähnlich einer SMS ausgetauscht. Inhalte von Blogs und anderen Websites lassen sich schnell durch Twitter-Einträge verbreiten. Dazu dient die verkürzte Webadresse (tiny URL). Die Tätigkeit des Schreibens auf Twitter wird umgangssprachlich als „twittern" bezeichnet.

Die Beiträge auf Twitter heißen „Tweets" (engl. *to tweet = zwitschern*). Die Community beruht darauf, dass man Nachrichten anderer Benutzer abonniert. Ziel ist, möglichst viele Abonnenten oder „Follower" für die eigenen Einträge zu bekommen. Die Beiträge der Personen, denen man folgt, werden in einer per Algorithmus gesteuerten Timeline dargestellt.

Bei der Plattform angemeldete Benutzer können eigene Textnachrichten mit maximal 280 Zeichen eingeben und anderen Benutzern senden. Ganze Storys werden als Thread verbreitet und im ersten Tweet so angekündigt. Meist wird in der Ich-Form geschrieben. Kommentare der Leser zu einem Beitrag sind möglich.

Der Begriff Hashtag stammt ursprünglich von Twitter, Beispiel: „#hashtag ". Hashtags werden direkt in die eigentliche Nachricht eingefügt; jedes Wort, vor dem ein Rautenzeichen steht, wird als *tag* interpretiert. Gut gewählte Hashtags sind wesentlich für das Auffinden einer Nachricht bei Twitter oder Instagram.

Journalist/innen nutzen Twitter zum einen zur Recherche. Das funktioniert jedoch nicht rein rezeptiv. Wer von der Twitter-Community profitieren will, muss selbst aktiv twittern. Aber auch Twitter als reines Sendemedium anzusehen, ist ein Missverständnis: Wie alle kommunikationsorientierten Communitys lebt Twitter vom Austausch der Nutzer untereinander. Kommunen bieten daher Twitter-Feeds zu ihren aktuellen Projekten an und diskutieren mit den Bürgerinnen und Bürgern per Twitter und Blog, Universitäten verteilen Informationen an ihre Studenten und nutzen Twitter zur Lehrevaluation. Online-Redaktionen setzen Twitter ein, um Nachrichten und Informationen über neue Beiträge zu verbreiten und mit ihrem Publikum zu kommunizieren. Das Mikro-Blogging fungiert dabei als Marketing- und Marktforschungsinstrument.

Über eine Programmierschnittstelle (API) stehen die über Twitter veröffentlichten Nachrichten anderen Diensten zur Verfügung, sodass die Updates auf verschiedenen Kanälen abgerufen und von dort auch in den Dienst eingespeist werden können.

Foren oder Groups sind ebenfalls so etwas wie die Ahnherrin der Online-Kommunikation. Sie gehen auf einen klassischen Internet-Dienst zurück, der von Studierenden erfunden wurde. Um Übertragungszeit und -kosten zu sparen, wollten sie die Nachrichten nicht online lesen, sondern bei einem kurzen Online-Kontakt gesammelt auf den heimischen PC übertragen.

Store-and-forward hieß das Prinzip. In Ländern mit hohen Kommunikationskosten oder schlechter Online-Anbindung wird E-Mail teilweise bis heute nach diesem Sammel- und Abhol-Schema übertragen. Die Ersparnis besteht in einer Online-Verbindung, die so kurz wie möglich gehalten wird: Sobald das vorbereitete Datenpaket übertragen worden ist, wird die Verbindung gekappt. Selbstverständlich können Nachrichten in beide Richtungen übertragen werden: vom Server zum User ebenso wie vom User zum Server.

Aus einer vorgegebenen Themenliste heraus werden die News abonniert, neue Nachrichten werden dem User automatisch, sortiert nach Themen, zugestellt. „News", sortiert in „Newsgroups", heißt dieser Internet-Dienst. Ihm liegt das Übertragungsprotokoll *netnews transfer protocol* (nntp) zugrunde; zur Nutzung des Dienstes ist ein sogenannter Newsreader erforderlich. Allerdings ist die Verbreitung in den letzten zwanzig Jahren stark zurückgegangen. Heute werden

6.4 Die Ahnen: Blogs, Microblogging, Foren

Diskussionsforen fast ausschließlich über ein Web-Interface angeboten, das heißt, User können einfach per Browser mitdiskutieren.

Wie an einem roten Faden zieht eine Nachricht alle Antworten hinter sich her. „Thread" heißt ein solcher Diskussionszusammenhang, der in seiner Visualisierung an ein Ordner-System erinnert. Die einzelnen Nachrichten selbst sehen aus wie öffentliche E-Mails: mit Absenderangabe, Betreff und Text. Manche News-Programme stellen diese Verknüpfungen optisch entsprechend dar:

Online-Diskussionen laufen rasch aus dem Ruder. Aus den Foren stammt der Begriff der *flame wars*, aus Wikipedia der *edit war* um die zutreffende Darstellung eines Sachverhalts beim kollaborativen Schreiben. In deutschsprachigen Social-Media-Plattformen spricht man mit dem falschen Anglizismus vom *Shitstorm*. Demgegenüber gibt es aber auch den *Candystorm*. Egal, in was Sie hineingeraten: Beenden Sie es so schnell wie möglich – mit einer Richtigstellung, einer Entschuldigung, einer Erklärung, einer Ergänzung, je nachdem.

Spam ist neben den *flame wars* eines der Hauptprobleme der offenen Newsgroups. Aus einem Monty-Python-Film stammt die Wiederholung eines Wortes bis zum Überdruss, in diesem Fall die Bezeichnung für eine besondere Sorte Dosenfleisch, eben „Spam". Beim Spamming verschickt ein meist kommerzieller Werbeanbieter seine Nachrichten in möglichst viele Blogs oder Foren. Filterprogramme, die nach mathematischen Algorithmen arbeiten, helfen, die Überschwemmung mit Spam einzudämmen.

Don't feed the troll. User, die in einem Forum absichtlich provozieren und vom Thema ablenken, werden als *Troll* bezeichnet. Der Begriff stammt vermutlich nicht aus der Mythologie, sondern vom englischen Fischen mit Schleppleine (trolling). Da Trollaktionen oft gezielt durchgeführte Kampagnen sind, spricht man metaphorisch von „Trollfabriken".

Gegen strategisch eingesetzte Fake News wehren sich Online-Redaktionen mit Verifizierungsverantwortlichen und ganzen Plattformen, vom „Faktenfinder" bis zum „Faktenfuchs". Nehmen Sie zum Aufdecken gezielter strategischer Fehlinformationen die Hilfe professioneller Rechercheure in Anspruch. Beim Aufdecken von Fehlinformationen oder gezielten Fälschungen helfen Online-Angebote wie www.hoax-info.de oder www.mimikama.at.

Machen Sie die Trollaktion für Ihr Publikum transparent, und holen Sie sich Unterstützung. Sollten die Angriffe sehr persönlich werden, wenden Sie sich an die Rechtsabteilung Ihrer Redaktion oder die Rechtsschutzversicherung Ihrer Journalistengewerkschaft und lassen Sie sich bei rechtlichen Schritten unterstützen.

Redaktionelle Bearbeitung und Moderation sind vor allem bei Diskussionsforen im Rahmen von Online-Magazinen anzuraten. Ansonsten ist die Gefahr recht hoch, mit einem gut gemeinten offenen Angebot Werbe- und Propagandatreibenden aller Art eine Spielwiese zu bieten. Eine gut gepflegte Community zeichnet sich durch hohes Engagement ihrer User aus – und die sorgen im Idealfall dafür, dass ein User Werbe- oder Trollnachrichten nicht allzu oft verschickt.

Technische und inhaltliche Moderation sind bei allen Communitys dringend anzuraten. Je nach Zielgruppe genügt es, in regelmäßigen Abständen mehrmals täglich zu kontrollieren, was sich online tut.

Anonymität ausschalten: Anmeldung der User mit Passwortvergabe ist eine einfache Möglichkeit der Kontrolle. Auch wenn die Teilnahme kostenlos ist, bewirkt allein die Tatsache, dass zumindest dem Betreiber der Website die persönlichen Daten bekannt sind, eine gewisse Disziplinierung.

Rechtslage beachten. Anders als E-Mails und Mailinglisten sind Gästebücher und Foren Publikationsformen, auf die das Medienrecht anzuwenden ist, vgl. Kapitel *Recht*. Da die Betreiber einer Website verantwortlich für den Inhalt von Online-Publikationen sind, sobald sie davon Kenntnis erlangt haben, müssen zumindest strafrechtlich relevante Nachrichten durch redaktionelle Kontrolle ausgeschlossen werden (Abb. 6.4).

Moderator/innen eines Forums sollten durch Neutralität und Kompetenz überzeugen und zwischen den Fronten ausgleichen können. Sie müssen schwierige Einzelanfragen per E-Mail beantworten, User, die verbal über die Stränge schlagen, in die Schranken weisen, Diskussionen, die aus dem Ruder laufen, abmildern oder stoppen können. Wenig überzeugend sind Moderator/innen, die extreme Positionen beziehen.

> **Eine online veröffentlichte Netiquette** kann disziplinierend auf die User wirken, wenn die Moderation zusätzlich auf ihre Einhaltung drängt. Freischalten der Foren erhöht ihre Akzeptanz

6.4 Die Ahnen: Blogs, Microblogging, Foren

bei den Usern erheblich. Umgekehrt schätzen die User an einem redaktionell bearbeiteten Online-Magazin die Qualität der Beiträge. Ähnlich wie bei der Mailingliste helfen auch hier einfache Maßnahmen wie (kostenlose) Anmeldepflicht der User, Trennen der Listen nach Zielgruppen, beispielsweise „Patienten" und „Experten", sowie Bewertungssysteme.

Damit die Foren von den Usern besucht werden, schreiben Moderator/in oder Redakteur/in Teaser für die entsprechenden Einträge des Online-Magazins. Innerhalb des Forums gehört es zu ihren Aufgaben, Themen zu finden, sie zu einer oder mehreren zentralen Fragen zuzuspitzen und entweder selbst einen Initialtext zu verfassen oder einen Autor dafür zu finden und zu briefen. All diese Tätigkeiten gehören zum Berufsbild des Online-Redakteurs.

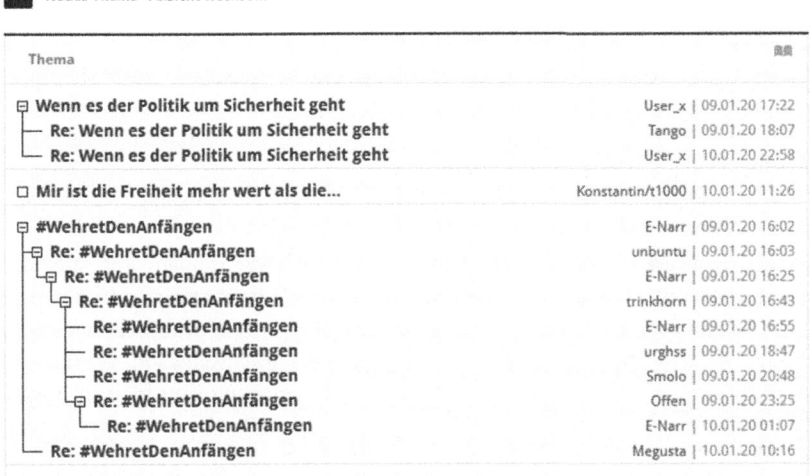

Abb. 6.4 Golem (Auf Golem gibt es zu jedem Beitrag ein Diskussionsforum. Deutlich zu erkennen ist die Ordnerstruktur der Threads)

6.5 Community-Building

Für ein funktionierendes partizipatives Online-Angebot ist eine Community unerlässlich, die dem Angebot auf allen Kanälen folgt und es unterstützt.

> **Die Merkmale einer Community sind:**
>
> 1. eine Gruppe registrierter Benutzer
> 2. oft die Spezialisierung auf ein bestimmtes Thema
> 3. Integration von Inhalt und Kommunikation.

Communitys bieten ihren Nutzern üblicherweise folgende Funktionen an:

- *Kollaboratives Erstellen* und Verknüpfen von crossmedialen Inhalten (Text, Bild, Audio, Video),
- *Persönliches Profil* mit Einstellungen bezüglich der Sichtbarkeit für Mitglieder der Netzgemeinschaft oder generell der Öffentlichkeit
- *Kontaktliste* oder *Adressbuch,* samt Funktionen, mit denen die Verweise auf diese anderen Mitglieder der Netzgemeinschaft (etwa Freunde, Bekannte, Kollegen usw.) verwaltet werden können
- *Abgestufte Nachrichten* an Mitgliedergruppen (einzeln, enge Freunde, Freunde, an alle usw.)
- *Benachrichtigungen über diverse Ereignisse* (Profiländerungen, eingestellte Bilder, Videos, Kritiken, Anklopfen usw.)
- *Gemeinschaftliches Bewerten* von Inhalten oder auch Personen.

Special Interest Communitys richten sich an Usergruppen mit gleichen *thematischen* Interessen, beispielsweise Segler oder Eisenbahnfreunde. Je mehr die Community in der jeweiligen Szene verankert ist, desto besser. Communitys für spezielle *Zielgruppen,* beispielsweise Ärzte oder Rechtsanwälte, kranken oft daran, dass die gemeinsamen Interessen dieser Zielgruppen diffus bleiben. *Public Interest Communitys* handeln von allgemeinen Themen wie Fitness oder Erotik – sie sollten zumindest nach Altersgruppen differenzieren. Hier ist die Aufgabe besonders schwierig, das gemeinsame Interesse der User zu bündeln und User an die Community zu binden.

6.5 Community-Building

Auch Onlinespiele und Videospiele sind meist als Virtuelle Welten angelegt. Die Bandbreite reicht von interaktiven Spielen (User spielt mit Programm) bis hin zu partizipativen Erlebniswelten, in denen der User Spielfiguren (Avatare) steuern und mit anderen Usern in Kontakt treten kann. Online haben sie einen festen Platz im Infotainment und Edutainment sowie im Marketing. Sie werden unter anderem als Gewinnspiele zur Gewinnung von Neukunden-Adressen eingesetzt.

Ein Muttermedium trägt oft wesentlich zur Identitätsstiftung einer Community bei. So entstand eine der ersten Communitys, „The Well", das Howard Rheingold beschreibt, im Umfeld eines gedruckten Katalogs. Die Tatort-Community, neon.de zum Magazin Neon oder jetzt.de, die Community zum Jugendmagazin der Süddeutschen Zeitung, dessen Printausgabe eingestellt wurde, sind legendäre Beispiele von Communitys zu Fernsehsendungen und Magazinen. Eigene Communitys entstanden für Freunde des Hörspiels oder bestimmter Radiosender. Teil-Communitys auf Instagram oder Xing sind aus dem privaten und beruflichen Alltag der meisten Menschen nicht mehr wegzudenken.

Wie baut man eine Community auf? Vier Stufen führen laut der Marketingexperten Hagel und Armstrong zum Erfolg: Neue Kunden gewinnt die Community fast von selbst durch attraktiven Inhalt und entsprechende Werbung. Die Mitglieder werden in die „Gemeinschaft" aktiv einbezogen – am besten dadurch, dass sie in Foren ihren eigenen Content schaffen. Dadurch entstehen Loyalität und Marken-Treue. Damit haben alle Beteiligten einen Mehrwert erreicht – eine Win–win-Situation. Die Stufen beschreiben Hagel und Armstrong wie folgt:

1. **Mitgliederstamm aufbauen.** Dazu bedarf es qualitativ anspruchsvoller und gut aufbereiteter Inhalte, die für die User kostenfrei zugänglich sind. Begleitet wird der Aufbau von entsprechenden Marketing-Aktionen, um die Community der Zielgruppe vorzustellen.
2. **Beteiligung fördern.** Um die aktive Beteiligung an der Community zu fördern, werden die User dazu angeregt, eigene Inhalte beizutragen. Namhafte Experten hinzu zu ziehen erhöht die Attraktivität.
3. **Loyalität aufbauen.** Gezielte Moderation und eigenes Engagement des Betreibers fördern den Aufbau persönlicher Beziehungen zwischen den

Usern. Dazu gehört, dass die User beginnen, die Community regelmäßig aufzusuchen.
4. **Geschäftliche Nutzung beginnen.** Nach Hagel und Armstrong kann der Betreiber jetzt beginnen, durch Werbung Einnahmen zu erzielen, Teilnahmegebühren zu erheben. Spezielle Dienstleistungen und die Verknüpfung mit E-Commerce-Plattformen (Marktplätze, Shops oder Malls) bilden den letzten Schritt.

Etwas ganz anderes versteht Amitai Etzioni unter Communitys. Fünf Faktoren machen für ihn eine Online-Gemeinschaft aus:

„1. ein Netz herzlicher Beziehungen,
2. ein einfacher und offener Zugang,
3. das gegenseitige Kennenlernen und Verstehen,
4. Dialog und Feedback sowie
5. eine gemeinsame Erinnerung, eine miteinander geteilte Geschichte."
(Interview für das Online-Magazin Telepolis auf www.heise.de).

Das kommt den Ideen von Howard Rheingold nahe, der als erster von „virtual communities", virtuellen Gemeinschaften, sprach. Er hat in den 1980-er Jahren die Gruppe um The Well berühmt gemacht: Künstler, Journalist/innen, Prediger eines alternativen Lebens mitten in Kalifornien.

Voraussetzungen für eine Community,
die von den Usern angenommen wird, sind

- ein schlüssiges Konzept,
- Kooperationen mit den richtigen Partnern und
- ständige professionelle Redaktion und Moderation.

Am schlüssigsten wird Ihr Online-Angebot, wenn Sie es von vornherein als Community planen. Das bedeutet: Zu jedem Channel, bei dem es irgendwie sinnvoll ist, planen Sie ein Diskussionsforum. Für Chats richten Sie ein Zeitfenster ein, in dem regelmäßig solche Events stattfinden. Planen Sie mögliche Chats,

6.5 Community-Building

ihre Teilnehmer und die Werbung dafür und stimmen Sie die Termine mit Ihrem Muttermedium ab.

Corporate Identity und Corporate Design sollten Sie quer durch alle Bereiche Ihres Online-Angebots durchhalten: vom Hypertext-Angebot über E-Mail mit den Usern, Chat und Diskussionsforen. Gibt es ein Muttermedium, wirkt sein Markencharakter quer durch alle Bereiche der Community – also auch in die multimedialen und partizipativen Formen hinein: Moderation, Sprache und Stil im Expertenchat der Abonnements-Tageszeitung folgen anderen Vorgaben als im Prominentenchat des Musiksenders. Umgekehrt wirken die Kommentare auf die Marke des Muttermediums zurück. Das bedeutet: entsprechende Schulung der Online-Redaktion.

Die Themenfindung für Chat und Foren ist eine der journalistischen Hauptaufgaben und folgt dem Gesamtkonzept des Online-Magazins, ebenso das Verfassen von Teasern für alle Bereiche der Community.

Vielfache Kommunikationsmöglichkeiten bieten sich den Nutzern einer Community: in direkten Dialog mit einem bestimmten User treten, eine Mitteilung an die gesamte Empfängerschar, Vernetzung zu Nutzern mit ähnlichen Interessen, einer Selbstdarstellung, eigene Blogs.

Online-Communitys sind soziale Netzwerke. Dass gemeinschaftliches Publizieren soziale Gruppen mit allen nur denkbaren Gruppenproblemen konstituiert, wird leicht vergessen. Wer einen Blick auf die Diskussionsseiten von *Wikipedia* wirft, erhält insbesondere bei umstrittenen Themen einen ersten Eindruck davon. Da wird manchmal mit einer Verbissenheit ums Rechthaben gekämpft, die sachlich nicht mehr gerechtfertigt ist. Andere multiplizieren ihre Identität und treten unter mehreren Namen auf, um ihrer Meinung Gehör zu verschaffen. „Sockenpuppen" nennt die Wikipedia diese unerwünschten virtuellen Doppelgänger, hinter denen sich gelegentlich auch professionelle Meinungsmacher verstecken.

Mit selbstgeschaffenen Regeln versuchen Communitys solcher Auswüchse Herr zu werden. Stammtische vor Ort – echte, keine virtuellen – sowie themenorientierte Treffen, Vertrauensnetzwerke und ähnliche Hilfsmittel sollen das Kommunikationsklima verbessern.

Me-too, Statuskämpfe und Balzverhalten sind weitere Effekte innerhalb von Communitys. Nett gemeint sind Mitteilungen der Art ‚finde ich auch', engl.

‚me-too,. Ihr Informationswert ist, sieht man von der Beziehungsebene ab, gering. Die anonyme Öffentlichkeit der Mailingliste verführt aber auch zu Statuskämpfen online. Eine der Folgen ist gockelhaftes Balz- und Kampfverhalten.

Das vieldiskutierte Hashtag #metoo zum Aufdecken sexueller Übergriffe zitiert bissig-ironisch diese Haltung.

Flames heißen die berüchtigten scharfen, witzig-bösartigen Erwiderungen auf Nachrichten in Mailinglisten und Foren. Diese verbalen Attacken wirken auf die Listenteilnehmer meist lange nicht so originell, wie ihr Verfasser glaubt. Als Betreiber, Moderator oder Mitdiskutant einer Liste muss man sich hier selbst zügeln – und dafür sorgen, dass die Diskussion nicht in einen *flame war* ausartet.

> **Was macht ein Online-Moderator?**
> Drei wesentliche Funktionen lassen sich unterscheiden:
>
> 1. ein *Thema initiieren,*
> 2. eine laufende *Diskussion lenken,*
> 3. *Teilnehmer integrieren.* Was hier am Beispiel Mailingliste gesagt wird, lässt sich so auch auf Foren (Newsgroups) und teilweise auch auf den Chat, aber auch auf die Community insgesamt übertragen.

Technisch schreibt der Moderator E-Mails oder füllt Eingabemasken aus – das geht von zu Hause ebenso gut wie von der Redaktion aus. Seine Lese- und Schreibberechtigung ist die eines „Superusers": Zum Bearbeiten und Freischalten stehen ihm im Netzwerk mehr Rechte zu als den Usern.

Themen zu finden ist eine Frage der journalistischen „Nase", den richtigen Zeitpunkt zu erwischen, ebenfalls. Aus Beiträgen der Community gewinnt der Online-Moderator Anregungen für ein neues Thema. Aus diesen Ideen ergeben sich später oft Beiträge verschiedenster Darstellungsformen, vielleicht ein ganzes Netzdossier. Der Einleitungsbeitrag des Moderators zum Thema sollte die Fragestellung auf den Punkt bringen. Er stellt knapp die verschiedenen Positionen dar und endet mit einer Frage. Bereits hier zeigt der Moderator, dass er sich kundig gemacht hat und dass er selbst nicht Partei nimmt – darauf beruht seine Autorität.

Die Diskussion lenken muss der Moderator in zweifacher Hinsicht. Eine Diskussion, die kurz vor dem Einschlafen ist, lässt sich mit einem spannenden

6.5 Community-Building

Beitrag, der einen neuen Aspekt einbringt, vielleicht noch einmal anfachen. Ist eine Diskussion in Gefahr, allzu hitzig zu werden, hilft ein sachlicher zusammenfassender Beitrag. Aufrufe des Moderators wie ‚Ich bitte um einen anderen Diskussionston hier!' hingegen wirken eher hilflos, werden als oberlehrerhaft abgelehnt und bleiben auch meist folgenlos.

Teilnehmer zu integrieren verlangt Gespür für psychologische Stimmungslagen. Fühlt sich ein Teilnehmer von den anderen angegriffen? Wird ein User von den anderen isoliert und zum „Sündenbock" gemacht? Ein geschickter Moderator beherrscht die verschiedenen Kommunikationsformen, lobt hier mit einer persönlichen Mail, rückt dort mit einer öffentlichen Mitteilung eine überzogene Aussage zurecht, und greift im Notfall auch mal zum Telefon, wenn die Online-Kommunikation eskaliert.

Nur wenn eine Diskussion völlig aus dem Ruder läuft, greift man zu drastischen Hilfsmitteln wie dem Schließen der Mailingliste oder des Diskussionsforums.

Die Fieberkurve in Communitys schwankt noch stärker als in einer echten Stammtisch-Diskussion: Ist ein umstrittenes Thema erst einmal eröffnet, kann im Sinne des me-too jeder seine Meinung dazu abgeben – und das kann sich bei Tausenden von Usern rasch exponentiell steigern. Schwacher Trost: Ebenso rasch, wie es aufgetaucht ist, verschwindet ein Thema auch wieder und wird von einem anderen abgelöst.

Bei allen partizipativen Formen lassen sich je nach Zielgruppe Hochphasen und Höhepunkte im Tages-, Wochen- und Jahresverlauf feststellen: nachmittags (bei Jugendlichen), abends und am Wochenende (bei Privatpersonen), im Sommerloch usw.

Die Moderation einer Community ist insbesondere für Online-Magazine anzuraten – ein Vollzeit-Job, der 24 h am Tag aufreibend sein kann. Bei vielbesuchten Communitys ist ein *Moderatorenteam* zu empfehlen: zwei bis drei Personen, die sich ablösen und gegenseitig die Bälle zuspielen können. Ideal, wer dafür ehrenamtliche Mitarbeiter gewinnen kann, für die es Gimmicks – ein kostenloses Abo des Muttermagazins oder ein kleines Honorar – gibt.

Technische Hilfen bei der Moderation beginnen bei einfachen Filterprogrammen, die beispielsweise unerwünschte Links aussondern. Eine Stoppwort-Liste, die Four-Letter-Words und andere einschlägige Begriffe verhindert, hilft ein wenig dabei, das inhaltliche Abgleiten der Diskussion zu vermeiden. Transparenz ist bei all diesen Mitteln oberstes Gebot: User sollten grundsätzlich darüber informiert werden, nach welchen Spielregeln Nachrichten gefiltert werden.

Beschwerde-Management und Moderation gehören zu den Hauptaufgaben der Online-Redakteure oder Community-Manager. Zum Steuern einer Online-Diskussion braucht es Fingerspitzengefühl, aber auch handfestes Durchgreifen, denn gerade in *public communities* kann es zu Störungen und Provokationen kommen. Ein einfaches Hilfsmittel ist die *Bad List* mit unerwünschten Wörtern: Wörter wie Hitler oder 4-Letter-Words können per Software ausgeschlossen werden.

E-Learning-Communitys umfassen längst nicht nur Audio- und Video-Sequenzen, sondern bieten Plattformen für den Austausch der Lernenden untereinander. Lern-Communitys sollen dafür sorgen, dass die onlinetypische Unverbindlichkeit von Selbstlernangeboten unterlaufen wird.

Weiterführende Literatur

1. Bernd Oswald: Digitaler Journalismus. Zürich: Midas 2019
2. Stefan Primbs: Social Media für Journalisten (Journalistische Praxis). Wiesbaden: Springer VS 2016.
3. Jan-Hinrik Schmid: Social Media. 2. Auflage. Wiesbaden: Springer VS 2018.
4. Jakob Vicari: Journalismus der Dinge. Strategien für den Journalismus 4.0, Köln: Herbert von Halem 2019.

Das Recht 7

> **Zusammanfasssung**
>
> Hier geht es um Rechtsfragen, die für Online-Medien einschlägig sind: Im ersten Beitrag finden Sie einen Überblick zu den Grundlagen, der Verantwortlichkeit für Online-Inhalte und der Verlinkung. Der zweite Beitrag ist dem Urheberrecht und der Verwertung gewidmet, der dritte dem Persönlichkeits- und Bildnisrecht. Im vierten Beitrag geht es um Fragen des Datenschutzes.

> **Schlüsselwörter**
>
> Telemediengesetz · Medienstaatsvertrag · Urheber · Verantwortlichkeit · Impressum · Verwertungsgesellschaft · Creative Commons · Persönlichkeitsrecht · Bildnisrecht · Datenschutz · DSG-VO.

Die Online-Welt spiegelt alle juristisch relevanten Tätigkeiten von Menschen wider: Hier werden Kontakte geknüpft, Geschäfte getätigt, Leute suchen Jobs, verreisen oder zanken und beleidigen sich, andere demonstrieren; zwischen all dem vermitteln journalistische Angebote in Text, Audio und Video. Online gelten deshalb in vielen Fällen die gleichen Gesetze wie sonst im Leben auch. Auch das Medienrecht wurde für Online-Publikationen nicht komplett neu erfunden: Es umfasst straf- und zivilrechtliche Fragen, Themen des Urheberrechts, des Persönlichkeits- und Bildnisrechts und des Datenschutzes, des Vertrags-, Namens- und Markenrechts sowie der Frage nach der Pressefreiheit schlechthin.

Dieser Beitrag ist gemeinsam mit Marc Liesching entstanden.

Doch gibt es inzwischen eigene Gesetze wie das Telemediengesetz, das speziell das Medienrecht online regelt, oder den Medienstaatsvertrag, der den Rundfunkstaatsvertrag ablöst.

In diesem Kapitel geht es um Rechtsfragen, die für Online-Medien einschlägig sind: Im ersten Beitrag finden Sie einen Überblick zu den Grundlagen, der Verantwortlichkeit für Online-Inhalte und der Verlinkung. Der zweite Beitrag ist dem Urheberrecht und der Verwertung gewidmet, der dritte dem Persönlichkeits- und Bildnisrecht. Im vierten Beitrag geht es um Fragen des Datenschutzes.

Wir haben versucht, die grundlegenden Regelungen verständlich darzustellen. Für Ihr mediales Onlineangebot suchen Sie bitte unbedingt juristischen Rat. Einige Links zu Gesetzestexten und zur aktuellen Rechtsprechung finden Sie auf www.onlinejournalismus.org.

7.1 Grundlagen und Verantwortlichkeit

Das Internet ist kein Medium, sondern ein Kommunikationskanal, über den diverse Dienste laufen, darunter auch ausdrücklich sogenannte Online-Medien. Ein „rechtsfreier Raum", wie man manchmal liest, war es nie. Defizite ergeben sich aber wegen der Anonymität und Weltumspannung des Internet oftmals in der Rechtsdurchsetzung.

Für journalistische Tätigkeit online gilt wie für alle Bürgerinnen und Bürger die in Artikel 5, Absatz 1 des Grundgesetzes garantierte Meinungsfreiheit: „Jeder hat das Recht, seine Meinung in Wort, Schrift und Bild frei zu äußern und zu verbreiten und sich aus allgemein zugänglichen Quellen ungehindert zu unterrichten". Darüber hinaus werden besondere Medienfreiheiten verfassungsrechtlich garantiert: „Die Pressefreiheit und die Freiheit der Berichterstattung durch Rundfunk und Film werden gewährleistet. Eine Zensur findet nicht statt." (Art. 5 Abs. 1 GG). Findet das Internet zwar keine ausdrückliche Erwähnung, so nehmen sie dennoch am Schutzbereich des Grundrechts Teil. Dies gilt vor allem für journalistische Online-Produkte, da sie stets „presseähnlich" bzw. „rundfunkähnlich" sind.

Bereits das Grundgesetz schränkt diese Freiheit wieder ein. So lautet Artikel 5, Absatz 2: „Diese Rechte finden ihre Schranken in den Vorschriften der allgemeinen Gesetze, den gesetzlichen Bestimmungen zum Schutze der Jugend und in dem Recht der persönlichen Ehre." Der Gesetzgeber hat von solchen Schrankenregelungen gerade im Medienbereich umfangreich und vielfältig Gebrauch gemacht.

7.1 Grundlagen und Verantwortlichkeit

Strafbarkeit von Handlungen: Straftaten können online ebenso begangen werden wie offline, im richtigen Leben. Wer beispielsweise Hehlerware per Nachrichten in öffentlichen Diskussionsforen vertreibt, macht sich strafbar. Das gleiche gilt für Aufrufe zu strafbaren Handlungen oder Verstößen gegen geltende Gesetze. Oftmals gelten im Internet sogar strengere Vorgaben, wie zum Beispiel für Soziale Netzwerke wie Facebook, YouTube oder Twitter. Diese sind durch das Netzwerkdurchsetzungsgesetz (NetzDG) zur unverzüglichen Löschung bestimmter strafbarer Online-Inhalte verpflichtet, wenn sie über eine Beschwerde hiervon Kenntnis erhalten.

Die rechtlichen Grundlagen für den Online-Journalismus bilden seit dem 1. März 2007 das Telemediengesetz (TMG) und seit den 1990er Jahren der immer wieder novellierte Staatsvertrag für Rundfunk und Telemedien, kurz Rundfunkstaatsvertrag (RStV). Letzterer wird im Lauf des Jahres 2020 abgelöst durch den neuen Medienstaatsvertrag. Das TMG hatte seinerzeit die Vorgängergesetze *Teledienstegesetz* und *Mediendienstestaatsvertrag* und damit auch die historische Unterscheidung zwischen *Telediensten* (Individualkommunikation) und *Mediendiensten* (angelehnt an die klassischen Massenmedien) abgelöst. Es trägt der Struktur von Online-Angeboten Rechnung, die häufig beide Arten von Diensten in Kombination anbieten.

Der Medienstaatsvertrag soll im Verlauf des Jahres 2020 in Kraft treten. Er führt u. a. den Begriff „Medienintermediäre" ein. Gemeint sind Social-Media-Plattformen wie Google und Facebook. Auch für Sprachassistenten wie „Alexa" sollen die Regelungen des Staatsvertrags künftig verpflichtend sein. Sie müssen dann transparent darstellen, nach welchen Kriterien sie Inhalte auswählen und präsentieren und müssen für die gleichberechtigte Auffindbarkeit journalistisch-redaktionell gestalteter Angebote sorgen. Aktuelle Informationen gibt es auf www.onlinejournalismus.org.

Der Jugendmedienschutz ist im „Staatsvertrag über den Schutz der Menschenwürde und den Jugendschutz in Rundfunk und Telemedien" (Jugendmedienschutz-Staatsvertrag, kurz JMStV) geregelt. Der JMStV fasst den privaten Rundfunk (Fernsehen und Hörfunk) und die Telemedien (vor allem das Internet) unter dem Aufsichtsdach der Kommission für Jugendmedienschutz (KJM) zusammen. Die KJM prüft, ob Verstöße gegen den JMStV vorliegen und entscheidet über die Maßnahmen gegen den Medienanbieter. Die KJM versteht sich aber nicht nur als Aufsichtsinstanz, sondern will auch gesellschaftspolitische Prozesse anstoßen, schreibt sie auf ihrer Website (www.kjm-online.de/). Als der KJM nachgeordnete Stelle wird praktisch vor allem die

Organisationjugendschutz.net tätig, die auch proaktiv Online-Inhalte auf die Einhaltung von Jugendschutzvorgaben hin überprüft und gegebenenfalls mit dem Anbieter in Kontakt tritt.

Was bedeutet die Sorgfaltspflicht bei journalistisch–redaktionellen Inhalten? Telemedien, die journalistisch–redaktionelle Inhalte periodischer Druckerzeugnisse in Text oder Bild wiedergeben, müssen den anerkannten journalistischen Grundsätzen folgen. Nachrichten sind vom Anbieter „vor ihrer Verbreitung mit der nach Umständen gebotenen Sorgfalt auf Wahrheit und Herkunft " zu prüfen. Darüber hinaus haben die meisten journalistisch-redaktionell gestaltete Online-Angebote nach § 19 des Medienstaatsvertrages den anerkannten journalistischen Grundsätzen zu entsprechen. Dies gilt vor allem für „geschäftsmäßig angebotene, journalistisch-redaktionell gestaltete Telemedien, in denen regelmäßig Nachrichten oder politische Informationen enthalten sind". Nachrichten sind vom Anbieter vor ihrer Verbreitung mit der nach den Umständen gebotenen Sorgfalt auf Inhalt, Herkunft und Wahrheit zu prüfen. Die Vorschriften entsprechen dabei in vielerlei Hinsicht den Vorgaben des (Landes-)Presserechts, wie sie über den Pressekodex des Deutschen Presserates weiter konkretisiert werden. Entsprechend gilt dieser Kodex auch für journalistische Online-Produkte. Unter www.presserat.info finden sich seine Richtlinien, erklärt an aktuellen Streitfällen.

Die Trennung von redaktionellem Teil und Werbung gehört zu den journalistischen Grundregeln. Führt ein Link aus einem redaktionellen Angebot auf eine Unternehmens-Site, muss das dem Nutzer vorher angekündigt werden. Das Landgericht Berlin hat der Unterlassungsklage der Verbraucherzentrale Bundesverband gegen die vom Axel Springer betriebene Website Bild.t-Online.de stattgegeben. Auf der Website stand ein Artikel zu einem Auto mit Links zu Unterseiten, die nach Auffassung der Verbraucherschützer als Werbung einstufen waren, aber nur teilweise den Hinweis „Anzeige" enthielten. Werbelinks müssen also als solche gekennzeichnet sein. Der Medienstaatsvertrag macht Vorgaben zu Werbung, Schleichwerbung und Sponsoring. Weitere Werbebeschränkungen können sich aus Spezialgesetzen etwa im Glücksspiel- oder Jugendschutzrecht ergeben. Darüber hinaus sind auch die Werbebeschränkungen des Wettbewerbsrechts (UWG) zu beachten.

Gibt es einen Gegendarstellungsanspruch? Ebenso wie im Pressebereich wird der Gegendarstellungsanspruch für Online-Medien im Landesrecht geregelt, nämlich auch im Medienstaatsvertrag (§ 20).. Anbieter von Telemedien mit journalistisch-redaktionell gestalteten Angeboten sind danach verpflichtet, "unverzüglich eine Gegendarstellung der Person oder Stelle, die durch eine in ihrem Angebot aufgestellte Tatsachenbehauptung betroffen ist, ohne Kosten für den Betroffenen in ihr Angebot ohne zusätzliches Abrufentgelt aufzunehmen". Die Gegendarstellung ist dabei ohne Einschaltungen und Weglassungen in gleicher Aufmachung wie die Tatsachenbehauptung anzubieten.

Wer ist für die angebotenen Inhalte online verantwortlich? Das Telemediengesetz (TMG) regelt zunächst die Fragen der Verantwortlichkeit und der Kennzeichnungspflicht. Es unterscheidet dabei zwischen Content-Provider, Access-Provider und Host-Provider. Und sagt ganz klar: Der Content-Provider haftet für eigene Inhalte immer. Auch für fremde Inhalte kann er voll haften, wenn er sie sich „zu Eigen" gemacht hat. Dies wird von den Gerichten bejaht, wenn aus der Sicht des Dritten sich die Information „wie eine eigene" darstellt. Hierbei wird z. B. auch das Werbeverhalten des Diensteanbieters in die Überlegungen einbezogen. Werden für die Bereithaltung fremder Inhalte also Werbeinnahmen generiert, kann hierdurch bereits ein Zu-Eigen-Machen-begründet werden mit der Konsequent einer vollen Haftung.

Wer nicht eigenen Content anbietet, sondern als sogenannter Host-Provider fremde Inhalte zur Nutzung bereithält, also etwa ein Forum betreibt, für den gelten abgestufte Verantwortlichkeitsregeln. Hier ist er für fremde Inhalte grundsätzlich erst dann verantwortlich, wenn er konkrete Kenntnis von ihnen erlangt hat (z. B. durch Beschwerden) und hieraufhin nicht unverzüglich die Inhalte entfernt hat. Für soziale Netzwerke gelten bei strafbaren Inhalten sehr enge Löschfristen. Danach müssen Facebook, YouTube, Twitter offensichtlich strafbare Inhalte innerhalb von 24 h löschen. Auch die Unkenntnis schützt Host-Provider aber nicht vor Abmahnungen, soweit diese die Unterlassung künftiger Verbreitung zum Gegenstand haben.

So genannte Access-Provider, die lediglich den Zugang zu Online-Inhalten vermitteln, haften grundsätzlich gar nicht, also auch nicht bei Kenntnis. In welcher Weise Suchmaschinen in Anspruch genommen werden können, hängt maßgeblich von der Art der Dienstleistung ab. Für Suchtreffer, die aufgrund Algorithmen-basierter Auswahl zustande kommen, dürfte eine strafrechtliche Verantwortlichkeit des Suchmaschinenbetreibers stets ausgeschlossen sein. Löschansprüche von Privatpersonen bei Suchtreffern sind im Einzelfall begrünet („Recht auf Vergessenwerden").

Eine Haftung für Interviews hat das Landgericht Hamburg ebenfalls bejaht. Danach tragen Online-Medien die volle Haftung für Äußerungen von

Interviewpartnern. Das würde in der Praxis bedeuten, dass alle Aussagen im Interview vor Veröffentlichung überprüft und gegenrecherchiert werden müssten. Thomas Hoeren, Professor für Medienrecht an der Universität Münster, kommentiert: „Man kann nur hoffen, dass die Oberinstanzen das Landgericht Hamburg allmählich wieder zur Vernunft bringen."

Ist man verantwortlich für Links? Grundsätzlich darf man auf fremde Inhalte verlinken. Auch sogenannte Deep Links auf Unterseiten sind erlaubt. Links können aber strafrechtlich relevant werden, wenn sie auf strafbare Inhalte verlinken. Daher sollten Betreiber von Websites im eigenen Interesse ihre Links und Linksammlungen regelmäßig kontrollieren, um sorgfältiges redaktionelles Handeln nachweisen zu können.

Zwar gibt es den Begriff des Impressums im TMG nicht. Die Regelung für Telemedien lehnt sich aber an die Impressumspflicht der Landespressegesetze an und geht bei den Informationspflichten und der Strafandrohung erheblich über diese hinaus. Paragraf 5 Abs. 1 TMG legt dem Betreiber einer geschäftsmäßigen Website umfangreiche „allgemeine Informationspflichten" auf, die er in seinem Webauftritt veröffentlichen muss:

- Firma, Rechtsform und Anschrift
- Namen der Vertretungsberechtigten
- Telefon, Fax, E-Mail-Adresse
- Angaben zu den zuständigen Aufsichtsbehörden /(wenn vorhanden)
- Handels-, Vereins-, Partnerschafts- oder Genossenschaftsregister samt Registernummer (wenn vorhanden)
- Bei bestimmten Berufen Angabe der Kammer und gesetzliche Berufsbezeichnung
- Die Umsatzsteuer-Identifikationsnummer (wenn vorhanden).

Diese Informationspflichten gelten nicht nur für Websites, sondern auch für Newsletter, Blogs, Social-Media-Plattformen und die E-Mail-Kommunikation. Die Informationsangaben müssen „leicht erkennbar, unmittelbar erreichbar und ständig verfügbar" (TMG, Paragraf 5) sein. Üblich ist es, dass das Impressum von allen Seiten des Webauftritts direkt verlinkt, mit einem Mausklick aufrufbar und somit leicht zu finden ist. Das TMG verlangt diese Informationsangaben ausdrücklich „für geschäftsmäßige, in der Regel gegen Entgelt angebotene Telemedien folgende Informationen" (TMG, Paragraf 5). Geschäftsmäßig im juristischen Sprachgebrauch bedeutet aber nicht unbedingt, dass für das Angebot Geld verlangt wird, sondern nur, dass das betreffende Internetangebot auf Dauer angelegt ist. Zudem regelt § 18 des neuen Medienstaatsvertrages vergleichbare Informationspflichten (Name und Anschrift) schon für alle Anbieter von Online-Inhalten, „die nicht ausschließlich persönlichen oder familiären Zwecken dienen".

Da das TMG für ein fehlerhaftes Impressum als Ordnungswidrigkeit Bußgelder bis zu 50.000 EUR vorsieht, ist jeder Betreiber einer Website gut beraten, ein Impressum aufzunehmen. Bei Versäumnissen besteht zudem das Risiko, nach wettbewerbsrechtlichen Vorschriften abgemahnt zu werden.

7.2 Urheberrecht

Das Urheberrecht regelt alle Nutzungs- und Lizenzfragen rund um den Content. Wer fremden Content nutzen möchte, muss in der Regel einen Lizenzvertrag abschließen, es sei denn, er handelt im Rahmen der gesetzlichen Urheberrechtsschranken (z. B. Zitatrecht) Wer als Online-Journalist eigenen Content „verkauft", gibt das Recht auf dessen Nutzung gegen Entgelt ab. Für welche Art der Nutzung, für welchen Zeitraum dieses Recht eingeräumt wird, regelt der Urheberrechtsvertrag.

Das Gesetz über Urheberrecht und verwandte Schutzrechte (UrhG) schützt die Urheber von persönlichen geistigen Schöpfungen (Werke), zum Beispiel von Sprachwerken, Computerprogrammen, Datenbankwerken sowie Werken der Musik, der Tanzkunst, der bildenden Kunst, Lichtbild- und Filmwerken. In Deutschland ist, um als Urheber anerkannt zu werden, keine besondere Registrierung oder Anmeldung des Werkes nötig. Ob auch Websites schutzfähige Werke sind, hängt vom Einzelfall ab. Einfache systematische Gestaltungen und der Aufbau einer Homepage sind in der Regel nicht urheberrechtlich geschützt, hingegen Texte schon, soweit sie einen schöpferischen Eigentümlichkeitsgrad aufweisen, also über Floskeln wie „Willkommen auf meiner Webseite!" hinausgehen.

Neben Werken sind auch andere Leistungen geschützt, sofern dies ausdrücklich gesetzlich geregelt ist. Die diesen so genannten sonstigen schutzfähigen Leitungen gehören zum Beispiel Lichtbilder oder Datenbanken, die noch nicht die erforderliche Schöpfungshöhe eines Werkes erreichen. Auch Linksammlungen können als Datenbanken urheberrechtlich geschützt sein. Das sogenannte Leistungsschutzrecht für Presseverleger ist ein viel diskutiertes deutsches Immaterialgüterrecht, das 2013 eingeführt wurde. Es sollte dem Schutz verlegerischer Leistungen „vor systematischen Zugriffen (…) durch die

Anbieter von Suchmaschinen und Anbieter von solchen Diensten im Netz (…), die Inhalte entsprechend einer Suchmaschine aufbereiten (…) (und dadurch) für die eigene Wertschöpfung auch auf fremde verlegerische Leistungen (zugreifen)" dienen. 2019 entschied der EuGH, dass das deutsche Leistungsschutzrecht nicht anwendbar ist, weil die Bundesregierung den Entwurf nicht vorab an die EU-Kommission übermittelt hatte.

Was das Urheberrecht nicht schützt, ist die Idee zu einem Text, einem Buch, einem Film. Auch der Tatsachengehalt eines Werkes ist nicht geschützt: In dem Augenblick, in dem die selbst recherchierte Nachricht online ist, ist ihr Faktengehalt frei. Auch eine bestimmte Darstellungsweise, ein spezielles Design, sind nicht geschützt. Deshalb verbreiten sich gute Ideen, Nachrichten und gutes Design online schnell.

Recht auf Namensnennung. Jeder Urheber hat nach Paragraf 12 UrhG das (Persönlichkeits-)Recht, über die Veröffentlichung seiner Arbeit selbst zu bestimmen, und er hat nach Paragraf 13 UrhG das Recht, darüber zu bestimmen, ob diese Veröffentlichung mit oder ohne Namensnennung erfolgt. Wer als Online-Journalist Fotos oder Grafiken liefert, sollte auf seinem Recht auf Namensnennung bestehen. Das zeigt seine Urheberschaft an und ist eine gute Werbemöglichkeit für die eigene Arbeit.

Verwertungsrecht und angemessene Vergütung. Der Urheber hält an seinem Werk das alleinige Recht auf Verwertung samt einer „angemessenen" Beteiligung am wirtschaftlichen Nutzen, der daraus zu ziehen ist. Nach den Paragrafen 22–24 UrhG gehören in diesen Bereich auch die Veränderungen des Werks, zu denen der Urheber seine Einwilligung geben muss. Seit der Urheberrechtsreform im Jahre 2002 heißt es im Paragraf 11 UrhG: „Das Urheberrecht schützt den Urheber in seinen geistigen und persönlichen Beziehungen zum Werk und in der Nutzung des Werkes. Es dient zugleich einer angemessenen Vergütung für die Nutzung des Werkes." Was eine angemessene Vergütung ist, legt das Gesetz nicht in Zahlen fest. Stattdessen gibt es den Gerichten, die im Streitfall entscheiden sollen, vier Maßstäbe an die Hand:

- Wenn es *Tarifverträge* gibt, wie im Fall von arbeitnehmerähnlichen Freien an Tageszeitungen, gelten die hier genannten Vergütungen als angemessen;
- in allen anderen Fällen sollen die einschlägigen Verbände von Urhebern und Verwertern *gemeinsame Vergütungsregeln* aufstellen;

7.2 Urheberrecht

- wo es weder Tarifvertrag noch Vergütungsregeln gibt, gilt als angemessen, „was im Geschäftsverkehr üblicher- und redlicherweise zu leisten ist", also was *branchenüblich* und dabei auch fair ist;
- wo es keine Einigung gibt, soll eine *Schlichtungsstelle* helfen.

Zu marktüblichen Vergütungen für Online-Journalist/innen vgl. das Kapitel „Der Beruf".

Die angemessene Vergütung gibt es nicht automatisch Wer einen Vertrag unterschrieben hat, der sich im Nachhinein als schlechtes Geschäft erwiesen hat, muss eine Honorar-Erhöhung erst einmal vom Vertragspartner verlangen. Und das geht so:

Zunächst gilt das vertraglich vereinbarte Honorar. Wenn es nach den oben genannten Maßstäben nicht angemessen ist, verlangt man vom Auftraggeber ein erhöhtes Honorar. Wenn man sich über dessen Höhe nicht einigen kann, muss man Klage auf Änderung des Vertrags erheben (der Rechtsschutz durch eine Journalist/innengewerkschaft ist dabei äußerst hilfreich!). Nicht der gesamte Vertrag muss angefochten werden, sondern nur die Honorarhöhe. Der Auftrag als solcher bleibt bestehen.

Wer Werke von anderen Urhebern. nutzt, die Urheberrechtsschutz genießen, muss in der Regel eine Lizenz zur Nutzung erwerben. In der Regel können Lizenzen für einzelne Nutzungsarten bei den Verwertungsgesellschaften erworben werden. Sofern dies nicht der Fall ist, muss der jeweilige Rechteinhaber ausfindig gemacht und um eine Lizenzerteilung/Zustimmung zur Nutzung angefragt werden.

▶ **Creative-Commons-Lizenzen** erlauben die Nutzung von Inhalten unter bestimmten Bedingungen – bis hin zur uneingeschränkten Nutzung. Dahinter steht eine gemeinnützige Organisation, die 2001 in den USA gegründet wurde, und diese Standard-Lizenzverträge zur Verfügung stellt. Viele Medieninhalte auf Wikipedia sind unter solchen genau definierten Bedingungen nutzbar.

In vielen Fällen können Werke aber auch frei. genutzt werden. Zunächst sind so genannte Amtliche Werke (z. B. Gesetzestexte, Urteilsgründe) immer frei nutzbar. Auch Werke, dessen Schutzfrist abgelaufen ist (i. d. R. 70 Jahre nach Tod des Schöpfers), können frei genutzt werden. Das Urhebergesetz regelt darüber hinaus auch zahlreiche Ausnahmen, in denen urheberrechtlich geschützte Werke anderer ohne Lizenzerwerb genutzt werden können. Bekannte Beispiele sind etwa die Privatkopie (§ 53 UrhG) oder das Zitatrecht (§ 51 UrhG). Im journalistischen Kontext erlangt vor allem auch § 50 UrhG Bedeutung. Zur Berichterstattung über Tagesereignisse im Rundfunk, in Zeitungen und Zeitschriften ist die Vervielfältigung, Verbreitung und öffentliche Wiedergabe von Werken, die im Verlauf dieser Ereignisse wahrnehmbar werden, in einem durch den Zweck gebotenen Umfang zulässig. Ausnahmen für Pressespiegel und vermischte Nachrichten regelt darüber hinaus § 49 UrhG. Erlaubt ist nur die Übernahme einzelner Artikel, nicht jedoch etwa die Übernahme des Texts einer gesamten Ausgabe. Inwieweit das auch für Pressespiegel im Internet gilt, ist umstritten. Thomas Hoeren meint: „Das Problem hat sich faktisch dadurch entschärft, dass die Pressemonitor GmbH inzwischen zusammen mit der VG Wort im Bereich der Pressespiegelvergütung tätig ist."

Quellen zum Urheberrecht finden Sie auf www.urheberrecht.org sowie auf www.onlinejournalismus.org.

Geld von den Verwertungsgesellschaften. Filme kann man auf Datenträger kopieren, Zeitungen scannen und Musik aus dem Radio speichern. Da im Zeitalter der massenweisen Kopiermöglichkeit von Journalist/innen nicht mehr zu erwarten ist, dass sie alle weiteren Nutzungen wie Fotokopien oder andere im Blick haben, wurden die Verwertungsgesellschaften gegründet. Eine gute Nachricht: Hier gibt es Geld, ohne dass man viel dafür tun muss. Das gilt insbesondere für Journalist/innen, die Texte schreiben, fotografieren oder filmen (für Musiker ist es etwas komplizierter). Man muss sich nur anmelden; Mitgliedsbeiträge sind nicht zu zahlen.

Die Verwertungsgesellschaft Wort. (VG Wort) ist ein Muss für alle, die beruflich schreiben, ob festangestellt oder freiberuflich, ob für Presse, Rundfunk oder Internet. Die VG Wort sammelt das Geld von den Verwertern ein und verteilt es an die Autoren. Wer Geräte herstellt oder importiert, mit deren Hilfe urheberrechtlich geschützte Werke kopiert werden können, muss dafür sog. „Geräteabgaben" zahlen. Von jedem verkauften Gerät gehen Abgaben an die Verwertungsgesellschaft. Die schüttet es an die Autoren aus. Lesezirkel, Pressespiegel, Bibliotheken und Schulbuchverlage zahlen für diese Zweitnutzungen ebenfalls an die VG Wort. Für Autor/innen wie auch Journalist/innen gibt es dann Vergütungen nach festgelegten Regeln für Veröffentlichungen im Internet, in der Presse sowie in Radio und Fernsehen, außerdem für wissenschaftliche Publikationen. Bedingung ist, dass man einen kostenlosen Wahrnehmungsvertrag mit der VG Wort abschließt. Nicht nur Freiberufler, auch angestellte Journalist/

innen können ihre Veröffentlichungen innerhalb einer bestimmten Frist melden, meist einfach mit einem Online-Formular. Das Verfahren für digitalisierte und für online veröffentlichte Texte ist etwas komplizierter und wird auf www.vgwort.de beschrieben.

Die Verwertungsgesellschaft Bild-Kunst (VG Bild-Kunst) ist für Bildjournalist/innen die richtige Adresse. Ihre Aufgabe ist die Wahrung der Verwertungsrechte von Bildautoren unterschiedlicher Medien; außerdem unterhält sie von ihren Einkünften ein *Sozialwerk* für in wirtschaftliche Not geratene Mitglieder. Für Bildjournalist/innen ist die *Berufsgruppe II* relevant. Da allein die Ausschüttung von Bibliotheks- und Fotokopierabgaben im Jahr einige hundert Euro ausmachen kann, sollte jeder Bildjournalist Mitglied der VG Bild-Kunst sein. Die Mitgliedschaft ist kostenlos (analog zum Wahrnehmungsvertrag bei der VG Wort) und Voraussetzung dafür, dass man seine Ansprüche geltend machen kann. Die VG Bild-Kunst gewährt ihren Mitgliedern in begrenztem Umfang auch Rechtsschutz. (www.bildkunst.de).

Multimediale Inhalte. Am bekanntesten ist die im Bereich der *Musikrechte* tätige Gesellschaft für musikalische Aufführungs- und mechanische Vervielfältigungsrechte (GEMA). Hier kann es allerdings sein, dass es teuer wird, wenn man sich als Urheber von musikalischen Kunstwerken anmeldet. Daher sollte man sich vorher genau informieren (www.gema.de). Die Mitgliedschaft in der GEMA ist freiwillig. Es bleibt einem Urheber vorbehalten, seine Rechte selbst wahrzunehmen oder dies der GEMA zu übertragen. Um durch die GEMA vertreten zu werden, müssen Urheber, also Komponisten und Textdichter bzw. ihre Verleger Mitglied werden. Wer sich anmeldet, muss ab diesem Zeitpunkt sämtliche seiner Werke bei der GEMA anmelden. Nutzer dieser Werke, Hersteller von (Bild)Tonträgern, Rundfunk- und Fernsehsender, Veranstalter von Live-Musik und Betreiber von Internetangeboten erwerben bei der GEMA die Rechte für die Nutzung eine Vergütung, die nach Abzug einer Verwaltungsgebühr an die Berechtigten ausgeschüttet wird.

Wer Filme dreht, kann sich an die Verwertungsgesellschaft für Nutzungsrechte an Filmwerken mbH (VGF) wenden. Die VGF nimmt die Rechte von deutschen und ausländischen Filmproduzenten sowie Regisseuren von Spielfilmen wahr (www.vgf.de). Daneben gibt es die Verwertungsgesellschaft der Film- und Fernsehproduzenten mbH (VFF). Man kann der VFF als Treuhänderin für das Gebiet der Bundesrepublik Deutschland die Rechte an den Filmen und Laufbildern übertragen (www.vffvg.de). In einigen Fällen ist die VG Bild-Kunst zuständig (www.bildkunst.de), manchmal auch die GÜFA oder die GWFF (www.guefa.de, www.gwff.de).

Einfache und ausschließliche Nutzungsrechte. Veröffentlichungen in Tageszeitungen fallen unter das *einfache Nutzungsrecht,* sofern vertraglich nichts anderes vereinbart wurde. „Wer der Online-Zeitung ein einfaches Nutzungsrecht an einem Artikel einräumt, darf denselben Artikel sogar schon Tage vorher dem Konkurrenz-Medium in wortgleicher Fassung verkaufen." (Götz Buchholz). Wünscht der Auftraggeber Exklusivität, muss er sie vertraglich als *ausschließliches Nutzungsrecht* vereinbaren – und in der Regel dafür etwas mehr bezahlen.

Bei Autorenverträgen ist es üblich, dem Auftraggeber das Recht zur Übertragung von Nutzungsrechten an Dritte einzuräumen – der kümmert sich dann zum Beispiel um Übersetzung des Texts in andere Sprachen. Der Autor erhält die vertraglich vereinbarten Anteile.

Auf keinen Fall darf man Fotos oder gar Comics. einfach online auf den eigenen Seiten wiedergeben, wenn man die Lizenzen nicht geklärt hat. Neben den Urheberrechten, die etwa bei Donald Duck bei der Walt Disney Corp. in den USA liegen, sind solche Comics auch noch zusätzlich geschützte Warenzeichen. Die Figuren werden von den Rechteinhabern wirtschaftlich verwertet, sei es für die Kaugummireklame oder als T-Shirt-Aufdruck. Solche Rechte muss man von den Rechteinhabern erst erwerben; pro verkauftem T-Shirt mit Donald Duck-Aufdruck geht dann eine Lizenzgebühr an den Rechteinhaber.

7.3 Persönlichkeits- und Bildnisrecht

Das Bundesverfassungsgericht hat in den letzten Jahrzehnten gerade im Bereich der Medien einen weiten Schutzbereich für Personen gezogen, über die in Wort und Bild in journalistischen Produkten berichtet wird. Dies betrifft zum einen Äußerungen über diese Personen (Äußerungsrecht) und zum anderen Bilddarstellungen (Recht am eigenen Bild).

Sofern in Online-Inhalten in Bezug auf eine Person unwahre Tatsachen behauptet werden, begründet dies in der Regel eine Persönlichkeitsrechtsverletzung, gegen die sich die betreffende Person rechtlich zu Wehr setzen kann. Neben dem bereits erwähnten Gegendarstellungsanspruch (§ 20 Medienstaatsvertrag) kommt hier auch ein zivilrechtlicher Löschungs- und Unterlassungsanspruch und in Extremfällen sogar Schadensersatz in Betracht.

Doch auch bei Wertungen von Journalisten über Personen ist deren Persönlichkeitsrecht zu beachten. Sofern es sich hier um unsachliche Schmähkritik oder gar um eine Beleidigung handelt, kann die Äußerung ebenfalls untersagt werden. In allen Fällen gilt zu dem das Beleidigungsstrafrecht. Auch im Rahmen der Verdachtsberichterstattung sind Einschränkungen durch das Persönlichkeitsrecht der Betroffenen hinzunehmen. Hier ist bei der Art der Berichterstattung (z. B. Verwendung heimlich gemachter Aufnahmen) immer das Berichterstattungsinteresse mit dem Persönlichkeitsschutz abzuwägen. Überdies gilt auf das Beleidigungsstrafrecht, dass auch die Verleumdung und die so genannte „üble Nachrede" umfasst (§§ 185–187 StGB).

Recht am eigenen Bild Rechtswidrig handelt in der Regel schon beim Drehen oder Fotografieren, wer ohne Einverständnis der aufgenommen Personen handelt. Wer Menschen auf Fotos, in Audio- oder Video-Werken festhält und wiedergibt, muss auch hier die Persönlichkeitsschutzrechte beachten. Bei Kindern und Jugendlichen unter 18 Jahren ist unbedingt das Einverständnis der Eltern einzuholen. Beispiel: Wenn beim Schulfest ein Video gedreht werden soll, kann diese Zustimmung der Eltern per Vordruck eingeholt werden.

Auch Mitarbeiter eines Unternehmens dürfen im Internet nur mit ihrer Einwilligung abgebildet werden. Eine Einwilligung zum Verwenden eines Fotos für Personalzwecke erstreckt sich nicht automatisch auf das Internet.

Unbefugte Ton- und Bildaufnahmen können auch strafbar sein. So ist es nach § 201 StGB untersagt, das nichtöffentlich gesprochene Wort eines anderen auf einen Tonträger aufzunehmen. Darüber hinaus dürfen keine Bildaufnahmen von Personen in dessen höchstpersönlichem Lebensbereich einer z. B. in dessen Wohnung oder einem gegen Einblick besonders geschützten Raum gemacht werden (§ 201a StGB). Dieser sogenannte „Paparazzi"-Paragraph ist bereits mehrmals vom Gesetzgeber verschärft worden und umfasst mittlerweile auch das Anfertigen von Bildaufnahmen, die die Hilflosigkeit einer anderen Person zur Schau stellt.

7.4 Datenschutz

Wer will schon, dass die eigenen Nutzungsdaten von privaten oder staatlichen Stellen ausgewertet werden – zu wirtschaftlichen oder politischen Zwecken? Auf europäischer Ebene regelt eine Verordnung, die DSG-VO, den Datenschutz in allen europäischen Mitgliedsstaaten (https://eur-lex.europa.eu/legal-content/DE/TXT/PDF/?uri=OJ:L:2016:119:FULL&from=EN). Ziel ist, die Privatsphäre von Nutzerinnen und Nutzern bei Big Data, Webtracking und Profilbildung zu schützen und ein „Recht auf Vergessenwerden" zu geben. Die Europäische Datenschutzverordnung hat die Transparenzpflichten von Unternehmen gegenüber ihren Kunden erhöht. Betroffene sollen wissen, was mit ihren Daten geschieht und zu welchen Zwecken die Daten verarbeitet werden.

Viele Nutzungsdaten sind zum Funktionieren einer Website technisch notwendig. Das muss den Nutzerinnen und Nutzern erklärt werden. Auch weitere Daten dürfen gespeichert und verarbeitet werden, man muss nur mitteilen, wie, wie lange und nach welchen Regeln sie gespeichert werden. Man kann also Daten erheben, speichern und auswerten, man muss es jedoch auf einer zugänglichen Seite mitteilen und die Nutzer/innen müssen dem zustimmen.

Nutzer/innen von Telemedien müssen bereits laut TMG „zu Beginn des Nutzungsvorgangs" „in allgemein verständlicher Form" „über Art, Umfang und Zwecke der Erhebung und Verwendung personenbezogener Daten" informiert werden. Gegebenenfalls müssen Sie die Nutzer darauf hinweisen, dass sie der Bildung von pseudonymen Nutzungsprofilen (Webtracking) widersprechen können. Außerdem muss auf die Möglichkeit hingewiesen werden, das Online-Angebot anonym oder unter Pseudonym nutzen zu können.

Datenschutzrechtlich sind Drittplattformen wie Facebook oder TikTok bedenklich, weil Sie als Anbieter keine Möglichkeit haben, Einfluss auf Art, Umfang und Auswertung der gespeicherten Daten zu nehmen. Sie können lediglich auf die Betreiber dieser Plattformen verweisen. Der Europäische Gerichtshof (Urteil vom 05. Juni 2018 – C-210/16) hat entschieden, dass in einem bestimmten Fall neben Facebook auch der Betreiber von Facebook-Fanpages für die Datenverarbeitung verantwortlich ist. Was das für Medienangebote auf Facebook bedeutet, muss noch ausgelotet werden.

Die DSG-VO hat einige positive Folgen für die Verbraucher/innen, schreibt die Datenschützer-Organisation Digitalcourage auf ihrer Website. Unter anderen sind verankert.

- Recht auf einen datenschutzfreundlichen Service (privacy-friendly service) – Hierfür hilft zukünftig das Recht auf Datenportabilität und Data protection by design and by default.
- Datensparsamkeit und Koppelungsverbot – Das Prinzip der Datensparsamkeit ist umgesetzt, das Kopplungsverbot indirekt in Artikel 7 enthalten.

7.4 Datenschutz

- Daten dürfen nur für die Zwecke verwendet werden, für die sie erhoben wurden. – Die Zweckbindung ist in einem Kompromiss enthalten.
- Bürgerinnen und Bürger müssen der Verarbeitung ihrer Daten ausdrücklich zustimmen. – Statt einer expliziten Zustimmung ist eine klare Zustimmung enthalten.

Forschung (private Marktforschung) darf keine Hintertür für Firmen werden, persönliche Daten beliebig und ohne Zustimmung der Betroffenen zu nutzen. – Forschung ist in Artikel 83 beschränkt auf Forschung im öffentlichen Interesse, Geschichte, Wissenschaft und Statistik. (https://digitalcourage.de/blog/2015/geschafft-neuer-datenschutz-fuer-die-europaeische-union, abgerufen 9. Januar 2020).

Wer einen Blog oder eine Website betreibt, muss das beachten, was für alle Betreiber von Websites gilt (das wird nicht vom sogenannten Medienprivileg erfasst, das Sonderregelungen für journalistisch-redaktionelle Produkte enthält).

In diesen Bereichen haben die Bürger zum Beispiel das Recht, Auskunft über ihre Daten zu erhalten. Websites müssen sich auch an die Verpflichtung zur Datenminimierung halten, Daten aus Kontaktformularen verschlüsselt übertragen und weitere technische Sicherheitsvorkehrungen beachten. Insbesondere sind Betreiber von Websites verpflichtet, eine rechtskonforme Datenschutzerklärung bereitzustellen. Wer schon eine hat, muss sie anpassen.

Fehlt die Datenschutzerklärung auf einer Website, stellt das einen abmahnbaren wettbewerbsrechtlichen Verstoß dar. Online finden Sie einige „Datenschutz-Hinweis-Generatoren", die brauchbare Ergebnisse liefern. Eine gute Checkliste, was man beachten muss, liefern die Webpunks auf ihrer Website:

> **DSGVO Checkliste**
>
> - Impressum & Datenschutzbestimmungen auf der Website
> - Verwendung von Google Analytics
> - Nutzung von Cookies
> - Opt-Out der Datensammlung sowie Löschung und Berichtigung der gespeicherten Daten
> - Newsletter, insbesonders Drittanbieter wie Mailchimp
> - Kontaktformulare

- Bilder und Daten von Mitarbeitern auf der Website
- Share-Buttons
- Kommentarfunktion bei Seiten und Blogbeiträgen
- User-Registrierung

Mehr dazu auf https://www.webpunks.co/dsgvo-und-webseiten/#impressum-datenschutz, abgerufen 9. Januar 2020.

Wer öffentlich zugängliche elektronische Kommunikationsdienste anbietet oder ein öffentliches Kommunikationsnetz betreibt, ist verpflichtet, staatlichen Stellen bestimmte Daten zur Verfügung zu stellen. Begründet wird dies mit einer verbesserten Möglichkeit, Straftaten zu verhüten bzw. zu verhindern. Diese sogenannte *Vorratsdatenspeicherung* (VDS) verpflichtet dazu, anlasslos die Daten sämtlicher Vertragspartner „auf Vorrat" zu speichern.

Weiterführende Literatur

1. Udo Branahl, Medienrecht. Eine Einführung, Wiesbaden: Springer VS 2013)
2. Fechner/Mayer (Hrsg.). Medienrecht – Vorschriftensammlung, Heidelberg: C.F. Müller, 15. Aufl. 2019 (jährlich aktualisiert)
3. Thomas Hoeren, Grundzüge des Internetrechts. München: C. H. Beck 2017 sowie laufend aktualisiert online: https://www.itm.nrw/wp-content/uploads/Skript-Internetrecht-Maerz-2018.pdf
4. Paschke/Berlit / Meyer (Hrsg.), Hamburger Kommentar Gesamtes Medienrecht, Baden-Baden: Nomos, 4. Auflage 2020
5. TMG: www.gesetze-im-internet.de/tmg/
6. Medienstaatsvertrag: https://www.rlp.de/fileadmin/rlp-stk/pdf-Dateien/Medienpolitik/ModStV_MStV_und_JMStV_2019-12-05_MPK.pdf

Weiterführende Links

7. www.digitalcourage.de
8. www.dsg-vo.org
9. www.irights.info (dort auch viele nützliche Publikationen zum Download)
10. www.urheberrecht.org
11. www.mediafon.net

Die Aus- und Weiterbildung

8

Zusammenfassung

Journalistische, technische und organisatorische Kenntnisse, wie sie Online-Journalist/innen brauchen, erwirbt man sein Leben lang – indem man den Beruf ausübt.
Aber wie anfangen? Und was wählen: den Zwei-Tage-Kurs „Drehen mit dem Smartphone" oder den Masterstudiengang? Wer gerade seinen Schulabschluss macht, sucht eher nach *Ausbildungsmöglichkeiten,* wer bereits in einem (Medien-)Beruf steht, will sich *weiterbilden.* Tipps gibt das vorliegende Kapitel.

Schlüsselwörter

Online-journalismus · Crossmedia · Journalistenschule · Kursnet · Kurzkurs · Ausbildung · Volontariat · Weiterbildung · Netzwerke · Gruppen · Foren · Twitter

Den Überblick über die Ausbildungsmöglichkeiten

beginnen wir mit *Studiengängen an Universitäten und Fachhochschulen.*

Alle großen *Journalistenschulen* haben Online-Module und crossmediales Arbeiten in ihren Unterricht integriert.

Das *Volontariat* ist mit seinem Praxisbezug eine ausgezeichnete Basis für einen Berufsweg in den Online-Journalismus.

> Die meist *einjährigen beruflichen Weiterbildungsangebote* der Berufsakademien setzen heute in der Regel ein Studium voraus.
> Manche Bildungsangebote gibt es auch *berufsbegleitend,* darunter einige als *Fernlehrgänge (E-Learning).*
> *Mehrtägige Kurzkurse* sind vor allem für bereits berufstätige Journalist/innen gedacht, die ihre Fähigkeiten in dem einen oder anderen Spezialgebiet ausbauen wollen.
> *Netzwerke und Kontaktbörsen* brauchen Online-Journalist/innen am Anfang ihres Berufswegs, um Fuß zu fassen, aber auch weiterhin, um im Geschäft zu bleiben. Verschiedene Möglichkeiten, solche Kontakte zu knüpfen, lesen Sie am Schluss des Kapitels.

Der Überblick im Buch ist auf dem Stand von Januar 2020. Aktuelle Informationen samt Hyperlinks haben wir auf www.onlinejournalismus.org für Sie zusammengestellt.

Fehlt Ihr Angebot? Dann schicken Sie bitte eine E-Mail an gabriele@hooffacker.de – wir aktualisieren die Online-Seiten zum Buch regelmäßig.

8.1 Hochschulen

Abitur – was dann? Ein Fachstudium ist nach wie vor eine solide Basis für eine online-journalistische Tätigkeit. Diese und viele andere Wege in den Journalismus überhaupt finden Sie im Lehrbuch „Einführung in den praktischen Journalismus" von Walther von La Roche. Deshalb haben wir im Folgenden darauf verzichtet, dazu allgemeine Informationen zu geben.

In diesem Abschnitt werden nur Fachhochschulen und Universitäten erwähnt, die ausdrücklich Studiengänge für Online-Journalismus bereithalten.

Immer mehr Studiengänge richten sich vertieft an künftige Online-Journalist/innen:

Aus dem bundesweit ersten Studiengang Online-Journalismus an der Hochschule Darmstadt ist inzwischen ein siebensemestriger Bachelor-Studiengang geworden. Er ist Teil der am Campus Dieburg angesiedelten Studiengänge des Fachbereichs Media der Hochschule Darmstadt (www.h-da.de). 2001 startete er mit 40 Studierenden. Der Studiengang beginnt mit einer Basisausbildung; Studierende können sich dann auf den Online-Journalismus oder die Online-PR spezialisieren.

Den Bachelor-Studiengang Online-Redaktion bietet die *TH Köln* (www.th-koeln.de) seit dem Sommersemester 2019 an. Er vermittelt die kommunikationswissenschaftliches Basiswissen, berufliche Arbeitstechniken und ressortspezifisches Sachwissen.

Einen Studiengang Multimedia Production mit Bachelor- und Masterabschluss gibt es bereits seit dem Wintersemester 1998/99 an der *Fachhochschule Kiel* (www.fh-kiel.de).

Zahlreiche Studiengänge tragen das Wort „Crossmedia" im Namen. Redaktionelles Arbeiten steht dabei nicht immer im Mittelpunkt. Hier geht es vorrangig um Redaktion:

Das Studium „Crossmedia-Redaktion/Public Relations (CR)" an der staatlichen *Hochschule der Medien Stuttgart* (HdM) hat eine Regelstudienzeit von 7 Semestern und endet mit dem Abschluss „Bachelor of Arts" (www.hdm-stuttgart.de).

Technikjournalismus heißt der bereits seit längerem existierende Bachelor-Studiengang an der *Hochschule Bonn-Rhein-Sieg* (www.h-brs.de). Das Studium umfasst Themen aus Maschinenbau und Physik ebenso wie aus dem Journalismus. Seit kurzem gibt es zusätzlich den Bachelorstudiengang **Visuelle Technikkommunikation.**

In Nürnberg bietet die **Technische Hochschule** Georg Simon Ohm seit 2009/2010 ebenfalls einen Bachelor-Studiengang Technikjournalismus an (www.th-nuernberg.de).

An der Hochschule Würzburg-Schweinfurt kann man einen viersemestrigen Master-Studiengang Technikjournalismus belegen (www.fh-wuerzburg.de).

Ein Studium der Medientechnik (Media Engineering) bringt Ihnen die notwendigen technischen Kenntnisse für die multimodale Medienproduktion. Nicht alle Medientechnik-Studiengänge enthalten allerdings inhaltsbezogene, journalistische Module. Im Studiengang Medientechnik an der HTWK Leipzig ist das der Fall (www.htwk-leipzig.de). Im Einzelfall die Studiengangsübersicht und das Modulhandbuch genau lesen!

Alle bewährten Journalismus-Studiengänge enthalten Online-Module. Hinter dem Schlagwort *Digitaler Journalismus* verbergen sich zahlreiche

Abb. 8.1 Klaus Meier von der Katholischen Universität Eichstätt über Online-Journalismus und Journalistenausbildung an Hochschulen und in Journalistenschulen (https://www.gelbe-reihe.de/online-journalismus/prof-dr-klaus-meier-journalistenausbildung/ oder direkt https://youtu.be/fF-hbIhE6xI)

Online-Themen. Auch im Rahmen von publizistik- oder kommunikationswissenschaftlichen Studiengängen haben nicht wenige Institute zusätzlich online-spezifische Seminare im Programm. Ich verweise auf „La Roches Einführung in den praktischen Journalismus" bzw. die Website zum Buch, die diese Studiengänge vollständig aufführt (www.praktischer-journalismus.de). (Abb. 8.1).

8.2 Journalistenschulen und Volontariate

Die meisten Journalistenschulen stehen auf dem Standpunkt: „Auch der Online-Journalist braucht die klassische Kernkompetenz des Journalist/innen" (Rudolf Porsch, Journalistenschule Axel Springer). Deshalb haben sie Online- und Crossmedia-Module in ihre Ausbildung integriert. Einige veranstalten aber auch spezielle Seminare zum Online-Journalismus.

Einen mehrwöchigen Lehrgang „Online" hat die *Deutsche Journalistenschule* (www.djs-online.de) in München in ihre Ausbildung integriert, ähnlich die *Henri-Nannen-Schule* (www.journalistenschule.de).

Die *Axel-Springer-Akademie* in Berlin bildet ihre Journalistenschüler als crossmediale Volontäre aus: Sie dürfen sowohl die *Welt* kompakt gestalten als auch eine crossmediale Ausbildung erfahren (www.axel-springer-akademie.de).

An der *EMS Electronic Media School/Schule für neue Medien* (www.ems-babelsberg.de) dauert die Ausbildung insgesamt 18 Monate und qualifiziert für die Arbeit in den elektronischen Medien Hörfunk, Fernsehen und Internet.

Einen Intensivkurs Multimedia enthält der Lehrplan für die zwei Jahre umfassende Ausbildung an der *RTL-Journalistenschule für TV und Multimedia* (www.rtl-journalistenschule.de).

Ähnlich verfährt die *Burda Journalistenschule (BJS)* (www.burda-Journalistenschule.de) in Offenburg.

Wo überall Volontariate angeboten werden, was ein Volontär verdient und wie man sich um ein Volontariat bemüht, beschreibt das Lehrbuch „La Roches Einführung in den praktischen Journalismus". Seit mehreren Jahren gibt es eigene *Online-Volontariate*. *Online-Kursmodule* haben inzwischen fast alle Bildungseinrichtungen, die *Volontärkurse* anbieten, in ihr Programm aufgenommen.

Beispiele: Im Rahmen der Grundkurse für Volontäre an der *Akademie der Bayerischen Presse (ABP)* gibt es eigene Online-Kurse (www.akademie-bayerische-presse.de), ebenso an der Berliner Journalistenschule (www.berliner-journalisten-schule.de).

8.3 Berufliche Weiterbildung, berufsbegleitende und Fernlehrgänge

Private Multimedia- und Journalistenakademien bieten derzeit (Stand Januar 2020) zwei- bis sechsmonatige Lehrgänge mit Schwerpunkt Online-Journalismus an. Die Qualität der Ausbildung steht und fällt mit dem Lehrgangskonzept und der Auswahl der Dozenten.

▶ Interessenten sollten einen „Schnuppertag" vereinbaren, um einen Eindruck von der Ausbildung zu gewinnen sowie sich Referenzen und die Vermittlungsquote nennen lassen.

Die Aus- und Weiterbildung an diesen Lehrgängen muss in der Regel von den Studierenden bezahlt werden. In sehr vielen Fällen wird die Weiterbildung im Rahmen des Bildungsgutscheins durch die Agentur für Arbeit, die Kommune oder die Rentenversicherung gefördert. Eine Linkliste zu Anbietern solcher Lehrgänge findet man auf den Webseiten zu diesem Buch.

Online-Journalismus ist Schwerpunkt der *Journalistenakademie,* (www.journalistenakademie.de), die diesen Lehrgang als erste bundesweit angeboten hat. Hier gibt es Lehrgänge zur Online-Redakteur/in und zur Pressereferent/in Crossmedia.

Weiterbildungs-Lehrgänge über digitale Plattformen, ohne Dozierende vor Ort, bieten in verschiedenen Städten beispielsweise die *WBS Training AG* an (www.wbstraining.de) oder das Kölner mibeg-Institut (www.mibeg.de).

Journalistische Weiterbildung in berufsbegleitenden oder auch Fernkursen: Das verlangt hohe Selbstdisziplin der Teilnehmer. Belohnt werden sie am Ende mit Zertifikaten oder gar einem Studienabschluss. Einzelne Module gibt es vor Ort, andere ausschließlich als Fernkurs. Wird beides verbunden, spricht man von „Blended Learning". Statt „Fernlehrgang" liest man oft „E-Learning". Die Methoden werden dabei um individuelles Tutoring und Austausch über die Lern-Community des Kursanbieters ergänzt.

Die Reporterfabrik will helfen, die Öffentlichkeit für den Journalismus im digitalen Zeitalter zu qualifizieren. Sie trägt damit der Tatsache Rechnung, dass Journalist/innen und Nutzer immer enger zusammenarbeiten. Beide Seiten können von den kostenlosen Kursen der Reporterfabrik profitieren. Die Reproterfabrik wird geleitet von Cordt Schnibben, langjähriger Redakteur bei *Spiegel* und *ZEIT;* Geschäftsführer sind David Schraven und Simon Kretschmer, beide beim Rechercheportal *Correctiv,* Das Angebot reicht vom praktischen journalistischen Handwerk („Drehen mit dem Smartphone") bis zu aktuellen Themen und grundlegendem Medienwissen. Die Workshops sind zum Teil kostenlos, andere kosten zwischen fünf und 25 € (reporterfabrik.org).

In Fernlehrgängen können vor allem Zusatzqualifikationen (Sprache, Technik) erworben werden. Journalistische Praxis-Erfahrung können sie nicht ersetzen. Man sollte vorher Referenzen von Absolventen einholen und sich erkundigen, wie es mit dem Ansehen der jeweiligen Schule steht.

Kurse rund um „Web-Content erstellen, pflegen und steuern" bietet *akademie.de* (www.akademie.de).

Auch bei der *Studiengemeinschaft Darmstadt* kann man Online-Redakteur in einem reinen Online-Lehrgang werden (www.sgd.de).

Unter der Rubrik „Werbung und Kreativität" bietet die *Fernakademie für Erwachsenenbildung* einen Fernlehrgang zum Online-Journalist/innen an (www.fernakademie-klett.de).

Unter derselben Anschrift bietet das *Institut für Lernsysteme*, das ebenfalls zur Klett-Gruppe gehört, einen solchen Fernlehrgang an (www.ils.de).
Die Freie Journalistenschule FJS (www.freie-journalistenschule.de) hat ein Modul Online-Journalismus in ihren Fernstudiengang integriert.

8.4 Kurzkurse

In zwei bis fünf Tagen das Wesentliche über das „Schreiben fürs Web" zu erlernen – möglich ist das, wenn man nicht bei Null anfängt. An bereits berufstätige Journalist/innen richten sich deshalb die meisten ein- bis mehrtägigen Kursangebote. Berufspraxis im Veröffentlichen von Internet- oder Intranet-Beiträgen sollte auf jeden Fall mitbringen, wer sich für einen solchen Lehrgang interessiert. Im Zweifel hilft anfragen, welche Kenntnisse vorausgesetzt werden.

Die beiden Journalist/innengewerkschaften Deutscher Journalistenverband (djv) und Deutsche Journalistinnen- und Journalist/innen-Union (dju) bieten solche Kurse preiswert für ihre Mitglieder an:

Bei den Landesverbänden des *Deutschen Journalistenverbands* (www.djv.de), vor allem in Baden-Württemberg, kann man mehrtägige Kurse buchen.

Eigene Seminare sowie Kurse mit Kooperationspartnern bietet die *dju in der Gewerkschaft ver.di* (dju.verdi.de und www.journalistenakademie.de).

Viele der journalistischen Aus- und Weiterbildungseinrichtungen bieten auch Kurzzeitkurse zwischen zwei und fünf Tagen an. Dazu zählen u. a.:

Akademie für Publizistik, www.akademie-fuer-publizistik.de,
Akademie der Bayerischen Presse (ABP), www.akademie-bayerische-presse.de,
Journalistenakademie, www.journalistenakademie.de.

Bildungswerke von Parteien und Kirchen haben ebenfalls oft preiswerte und dabei von der Qualität her zu empfehlende Kurzkurse rund um den praktischen Journalismus im Programm. Beispiele:

Regelmäßig lädt die *Akademie für politische Bildung in Tutzing* (www.apb-tutzing.de) zu medienpolitischen, aber auch ganz praktischen Seminaren zu Online-Recherche und zum Online-Publizieren.

Das Förderungswerk der *Hanns-Seidel-Stiftung* deckt alle Medien einschließlich Multimedia ab (Höchstalter: 35 Jahre). Die meist ein Wochenende dauernden Seminare finden in den professionell ausgestatteten Bildungszentren Kloster Banz und Wildbad Kreuth statt (www.hss.de).

Mehrtägige Seminare zur Online-Recherche, zum Online-Publizieren sowie zu aktuellen Themen führt bundesweit die *JournalistenAkademie der Friedrich-Ebert-Stiftung*, Berlin und Bonn, durch (www.fes.de).

Die *Evangelische Medienakademie* (www.evangelische-medienakademie.de) bietet Wochenend- und Wochen-Seminare zu Crossmedia-Themen.

Grundkurse, Recherche- und Gestaltungs-Seminare fürs Internet bietet die Katholische Journalistenschule ifp (journalistenschule-ifp.de/).

Einrichtungen der Jugend- und Erwachsenenbildung verbinden mit Online-Journalismus-Kursen oft medienpädagogische Ziele; sie richten sich an Pädagogen und andere Multiplikatoren im Bildungsbereich. Beispiele:

Zu Multimedia- und Online-Medien sowie direkt zur Online-Redaktion veranstaltet die *Akademie Remscheid* Wochenkurse (www.akademieremscheid.de).

Es lohnt sich auch ein Blick in das Volkshochschulprogramm vor Ort. Das *Nürnberger Bildungszentrum* etwa hat immer auch Kurse zu Blogs, Journalismus und Öffentlichkeitsarbeit online im Programm (bz.nuernberg.de/).

8.5 Netzwerke und Kontaktbörsen

Training on the job ist nach wie vor ein möglicher Weg in den jungen Berufszweig Online-Journalismus. Auch wer keine der genannten Ausbildungsstätten besucht, kann ein guter Journalist werden: einige Tipps finden Sie hier. Mehr Links gibt es auf www.onlinejournalismus.org.

Für aktives Training on the job unterscheiden wir drei Möglichkeiten:

1. Die Mitgliedschaft in einem der *Netzwerke,* die Einsteigern Tipps geben, beim Knüpfen von Kontakten helfen, aber auch berufliche Trends rasch vermitteln, ist für Online-Journalist/innen beinahe ein Muss. Hier haben wir auch nützliche Datenbanken und Kontaktbörsen aufgelistet.
2. *Zeitschriften* können ebenfalls hilfreich sein, vor allem, wenn sie auch online verfügbar sind.
3. Nicht nur für Einsteiger, sondern auch für Profis interessant sind *Preise und Stipendien.*

Journalistengewerkschaften und -netzwerke haben insbesondere für Freie gute Kontaktangebote. Einen Stammtisch für Online-Journalist/innen hat der Bayerische Journalist/innenverband in München ins Leben gerufen. Vergleich-

8.5 Netzwerke und Kontaktbörsen

bares gibt es auch in anderen Städten – am besten direkt erfragen. Kontakt: *Deutscher Journalist/innenverband* (www.djv.de) sowie über die Landesverbände.

„Mediafon" heißt das Beratungsangebot für freie Journalist/innen der *dju in der Gewerkschaft ver.di* (www.mediafon.net).

Soziale Netzwerke wie *Facebook* oder *Xing* bieten themenorientierte Gruppen für Online-Journalismus, Online-PR und crossmediales Arbeiten. Angemeldete Nutzer können die Profile der anderen Community-Mitglieder nach Schlagwörtern durchsuchen. Online-Netzwerke sind gerade für Online-Journalist/innen eine gute Möglichkeit, Kolleginnen und Kollegen kennen zu lernen und sich mit ihnen auszutauschen, neue Kontakte zu knüpfen und bestehende zu pflegen.

Online gibt es ausgezeichnete Seminarbörsen für Online-Journalist/innen. Die Datenbank *Kurs* der *Bundesanstalt für Arbeit* ist eine umfangreiche Sammlung von Aus- und Weiterbildungsmöglichkeiten: von eintägigen oder Wochenend-Seminaren bis zu mehrjährigen Kursen. Über die Eingabe von Stichworten können Angebote aus dem online-journalistischen Bereich recherchiert werden. Die Datenbank ist über www.arbeitsagentur.de erreichbar.

Über mehr als 300 Medien-Studiengänge informiert der *Medien-Studienführer* auf www.medien-studienfuehrer.de. Aktuelle Kurse vermittelt auch der Mediencampus Bayern (www.mediencampusbayern.de) in seinem Medienwiki (www.medienwiki.org).

Im Internet werden viele Jobs angeboten, meist auch freie *Praktikumsplätze.* Angebote findet man bei Fachzeitschriften oder Verlagen, aber auch bei der Arbeitsagentur:

www.arbeitsagentur.de
www.newsroom.de
www.kress.de
www.wuv.de
www.horizontjobs.de
www.dwdl.de/

Die Job-Metasuchmaschine der *Zeit* ist über jobs.zeit.de/ zu erreichen.

Zeitschriften und Newsletter: Die folgende Liste nennt eine Auswahl der für Online-Journalist/innen einschlägigen regelmäßigen Publikationen; der Anteil für das Thema Online-Journalismus ist allerdings sehr unterschiedlich groß.

Den ausgezeichneten Newsletter zur *Online Journalism Review* gibt die Annenberg School of Journalism heraus: www.ojr.org. Der Newsletter ist kostenfrei; Interessierte tragen sich online ein.

Die deutschsprachige Site www.onlinejournalismus.de informiert über Trends im Berufsbild. Sie wurde mit dem Grimme Online-Award ausgezeichnet. Man kann die RSS-Feeds abonnieren und auf Social Media folgen.

Über aktuelle Beiträge rund um Journalismus, Neue Medien und Politik informiert www.netzpolitik.org, ebenfalls als Feed oder über Social Media abonnierbar.

Die auflagenstärkste verbandsorientierte Fachzeitschrift ist der monatlich erscheinende *Journalist* des Deutschen Journalisten-Verbandes. Auszüge sind auf www.journalist-magazin.de zu lesen.

Die Zeitschrift *M – Menschen machen Medien* enthält Beiträge der *deutschen Journalistinnen- und Journalisten-Union (dju)* in Verdi, erscheint mehrmals im Jahr und ist online komplett verfügbar (mmm.verdi.de).

Eine verbandsunabhängige Fachzeitschrift ist das *Medium Magazin* (www.mediummagazin.de). Es informiert über Trends im journalistischen Handwerk allgemein, über Ausbildung und Arbeitsplätze.

Studien zur Nutzung elektronischer Medien enthält die Zeitschrift *Media-Perspektiven,* herausgegeben im Auftrag der Arbeitsgemeinschaft der ARD-Werbegesellschaften (www.media-perspektiven.de).

15 subjektiv ausgewählte Tipps,
wem man auf Twitter folgen kann:

- ARDZDFmedienakademie @ARDZDF_Akademie
- Björn Staschen @BjoernSta
- Datenjournalist @datenjournalist
- DLFMedien @DLFmedien
- epd medien @epdmedien
- JournalistenPreise @jourpreise
- #medienrauschen @medienrauschen
- MEDIEN360G @MEDIEN360G
- Nea Matzen @Nea_Matzen
- Neue deutsche Medienmacher*innen @NDMedienmacher
- Matthias Spielkamp @spielkamp
- t3n Magazin @t3n

- Was mit Medien @wasmitmedien
- ZAPP Medienmagazin @ZappMM
- und bei Interesse Gabriele Hooffacker @ghooffacker.

Durch Wettbewerbe und Preise kann man viel lernen, aber auch Kontakte, viel Ehre und manchmal etwas Geld gewinnen.

Das Adolf-Grimme-Institut verleiht jährlich den *Grimme-Preis* für herausragende Leistungen im professionellen Journalismus. Seit 2001 wird ein eigener Online-Award vergeben: Grimme Online Award (www.grimme-institut.de).

Der *Axel-Springer-Preis für junge Journalisten* wird auch in der Sparte Internet verliehen (www.axel-springer-akademie.de/axel-springer-preis.html).

Für Profis wie für Citizen-Journalist/innen interessant ist der *Alternative Medienpreis,* den die Nürnberger Medienakademie jährlich gemeinsam mit der *Stiftung Journalistenakademie* verleiht (www.alternativer-medienpreis.de).

Weil all diese Angebote mit ihren Webadressen häufigen Änderungen unterliegen, empfehlen wir die aktualisierte Fassung auf www.onlinejournalismus.org.

Weiterführende Literatur

1. La Roches Einführung in den praktischen Journalismus. Mit genauer Beschreibung aller Ausbildungswege, Deutschland, Österreich, Übersicht über Wege in den Journalismus auf: www.praktischer-journalismus.de

Fachbegriffe

In diesem Kapitel erkläre ich onlinetypische Fachbegriffe und Abkürzungen. Wer wissen will, wo bestimmte Begriffe im Buch auftauchen, verwende die Suchfunktion.

360-Grad-Aufnahmen Dafür wird ein 360-Grad-Kamerasystem benötigt. Meist wird dabei das sogenannte *Stitching* eingesetzt, das Zusammensetzen vieler Einzelbilder.

5G Standard für mobiles Internet und Mobiltelefonie, der auf dem bestehenden Mobilfunkstandard „Long Term Evolution" → LTE aufbaut. Er soll Datenraten bis zu 10 Gbit/s und sehr viel höheren Datendurchsatz ermöglichen. Weitere Kennzeichen sind Echtzeitübertragung sowie Latenzzeiten von wenigen Millisekunden bis unter eine Millisekunde.

Account Benutzerkonto, unabhängig davon, ob kostenpflichtig oder nicht. Besteht aus dem Namen des Benutzers und einem Kennwort oder Passwort.

Affiliation umsatzorientiertes Online-Vertriebskonzept im Rahmen von → E-Commerce, bei dem Provision für die verkauften Produkte gezahlt wird.

Aggregator Online-Dienst auf Datenbankbasis, der → Content sammelt und nach ausgewählten Kriterien neu zusammenstellt. Ein bekannter News-Aggregator ist Google News.

Ajax *Asynchronous JavaScript and XML* ist eine Mischung aus verschiedenen Webtechniken und wurde im Zusammenhang mit Web 2.0 populär. Durch →

asynchrone Datenübertragung zwischen Browser und Server wird es möglich, einzelne Bausteine einer Webseite auszutauschen, ohne die ganze Seite neu zu laden.

Algorithmus Regelbasiertes Handlungsverfahren für Rechenvorgänge oder die Lösung von Problemen. Sowohl bei der Suchmaschinenoptimierung als auch bei Social Media legen Algorithmen fest, welche Inhalte wir zu sehen bekommen.

AMA „Ask me anything", Format bei Reddit. In einem AMA-Post beantwortet ein Nutzer sämtliche Fragen, die von der Reddit-Community gestellt werden.

Analytics Auswertung von Daten zum Nutzerverhalten. Eine bekannte Methode zur Datensammlung ist der Einsatz eines Tracking-Tags (Verfolgungsmarkers) auf einer Website. Das Tool startet eine „Sitzung", sobald ein Nutzer die Website aufsucht, und speichert dann alle Daten darüber, auf welchen Seiten der User war, wie lang er dort geblieben ist, und wie er mit den Seitenelementen interagiert hat.

Android Betriebssystem für mobile Endgeräte, das von Google kostenfrei bereitgestellt wird, derzeit das häufigste mobile Betriebssystem auf Smartphones. Hersteller wie Samsung, HTC, Huawei oder LG verwenden Android.

Anker Sprungziel, das meistens innerhalb desselben Dokuments wie die Sprungmarke liegt. Der User gelangt per → Hyperlink zu einem Ziel weiter unten, außerhalb des Blickfelds, jedoch innerhalb desselben Dokuments.

API *Application Programming Interface,* englisch für Programmierschnittstelle.

ASCII *American Standard Code for Information Interchange,* umfasst das lateinische Alphabet in Groß- und Kleinschreibung, die zehn arabischen Ziffern sowie einige Satz- und Steuerzeichen. Der Zeichenvorrat entspricht weitgehend dem einer Tastatur oder Schreibmaschine für die englische Sprache.

Asset die einzelnen Bestandteile einer Webseite, aus denen sich der → Content zusammensetzt: Text-, Bild-, Sound- oder Videodateien.

Assetmanagement Bestandteil des → CMS, der die → Assets verwaltet und die Trennung von Inhalt und Layout organisiert.

asynchron zeitversetzt, asynchrone Online-Darstellungsformen stehen im Gegensatz zu → synchronen oder „Live"-Formen.

Atom meist das *Atom Syndication Format* für den plattformunabhängigen Austausch von Informationen, s. auch → RSS.

Attachement Anhang oder Anlage zur E-Mail.

Audio Von lat. audire = hören. Bestandteil von Worten, die mit dem Hören oder mit der Tontechnik zu tun haben. Beispiele: Real Audio, MP3, MIDI, WAV, AU.

Auszeichnungssprache teilt Textelementen Eigenschaften oder Attribute („fett", „Überschrift") zu. Beispiel: → HTML.

Autorensystem Software zum Gestalten multimedialer Produkte für CD-ROM und Internet.

Avatar dreidimensionale Online-Darstellung von Personen.

B2B (Business to Business) Zielgruppe dieser Strategie des → E-Business sind Geschäftskunden. Kennzeichnend sind wenig Transaktionen mit hohem Wert, funktionales Design und oft auch passwortgeschützter Zugang.

B2C (Business to Consumer) Privatkunden sind hier die Zielgruppe, Kennzeichen: viele Transaktionen mit geringem Wert, aufwendiges Design, hoher Promotion-Aufwand.

Backlink Link, der von anderen Webseiten auf die eigene Webseite führt. Für Google ist die Anzahl der Backlinks beim Ranking der entsprechenden Webseite wichtig.

Bandbreite Geschwindigkeit, mit der Daten über eine Online-Verbindung transportiert werden können.

Banner Werbeflächen im Web, die per Hyperlink auf das Online-Angebot des Werbetreibenden verweisen. Sie bestehen aus 1. der Grafik, 2. dem sogenannten Alternativtext zur Grafik, 3. dem Link.

Barrierefreiheit Prinzip, dass beim Gestalten von Internetauftritten so wenig Zugangshindernisse aufgebaut werden sollen wie möglich. Solche Hindernisse können in der körperlichen Beeinträchtigung eines Nutzers ebenso liegen wie in der eingesetzten Hard- oder Software.

Big Data Sehr große Mengen unstrukturierter Daten, meist von Nutzern. Ziel ist, diese Daten zu sortieren, zu analysieren und zu verarbeiten.

Bildschirmseite → Screen.

Bit Von engl. *binary digit* = Binärziffer. Bezeichnung für eine Binärziffer (üblicherweise "0" und "1"), kleinste Maßeinheit für Daten.

Blog → Weblog.

Bookmark deutsch: *Lesezeichen,* speichert Webadressen wie in einem Adressbuch → Social bookmarking.

Bot von Roboter, programmgesteuerte Interaktion mit dem User. Bots werden im Beziehungsmanagement für häufig anfallende Routinefragen von Usern eingesetzt, vgl. auch → Avatar.

Branding Konzeption und Aufbau eines Markenprodukts, beispielsweise eines Online-Angebots.

Browser Software, die zum Betrachten von → Webseiten notwendig ist. Beispiele: Firefox, Internet Explorer.

Buffer Daten-Puffer für → Streams, der einige Sekunden lang vor dem Abspielen der Streaming-Datei angelegt wird, um bei schlechten Verbindungen das Abreißen der Darstellung zu verhindern.

Button engl. *Knopf,* grafische Schaltfläche, die in der Regel mit einem Link hinterlegt ist.

Cache engl. *Vorrat,* Zwischenspeicher für Daten, um die Arbeitsgeschwindigkeit zu steigern.

Cascading Stylesheets Formatvorlagen für Schriftgröße, Farbe und Schriftart einer → Webseite. Auch Rahmen oder Hintergründe lassen sich per Stylesheet einrichten.

CGI Common Gateway Interface, standardisierte Programmierschnittstelle zum Datenaustausch zwischen Browser und Programmen auf dem Web-Server.

Channel engl. Kanal, meist themenorientierte Abteilung eines Online-Dienstes, z. B. im Chat.

Chat Online-Konferenz, bei der man sich schriftlich oder mündlich live mit anderen Teilnehmern unterhält.

Clickbait engl. bait = „Köder", → Teaser mit einer irreführenden oder sensationsheischenden Überschrift, die die Nutzer dazu verführt, die ganze Story anzuklicken. Damit soll die Zahl der Seitenaufrufe und damit die Werbeeinnahmen gesteigert werden.

Client ruft Dienstleistungen von einem anderen Programm, meist dem Server, ab.

Client Side Image Maps in Teilbereiche zerlegte Grafiken, die zu verschiedenen Dokumenten führen. Sie werden vom Browser ausgewertet.

CMS Content Management System, auch: Redaktionssystem, Programm zum planvollen Anlegen, Verarbeiten, Organisieren und Archivieren von Daten.

Common Gateway Interface → CGI.

Community engl. Gemeinschaft, auch: Virtual Community (VC), kommunikationsorientiertes Online-Angebot für Nutzer mit ähnlichen Interessen.

Content engl. redaktioneller Inhalt einer Website, der nicht nur aus Text, sondern auch aus Bildern, Audio- und Video-Elementen und Datenbank-Inhalten bestehen kann → Assets.

Content-Authoring Programm, das die Darstellung von → Content automatisch steuert. Dazu werden in der Regel → Skriptsprachen eingesetzt.

Content-Life-Cycle beschreibt die Stationen, die ein → Asset von der Idee bis zur Archivierung durchläuft.

Content Management umfasst vom Beschaffen über das Bearbeiten bis hin zur Gestaltung und der Veröffentlichung alle online-journalistischen Aufgaben, bezogen auf multimediale Information in digitaler Form. Ziel ist die weitgehende Automatisierung redaktioneller Abläufe. Dazu werden Redaktionssysteme oder → CMS eingesetzt.

Content-Management-System → CMS.

Content Provider Händler mit redaktionellen Inhalten → Content Syndication.

Content Repository digitales Ablagesystem für die → Assets und die zugehörigen → Meta-Informationen, kann als Dateisystem, als Datenbank oder als Mischung aus beidem organisiert sein.

Content Syndication ähnlich auch Content-Sharing: Austausch von bzw. Handel mit redaktionellen Inhalten für Online-Medien.

Cookies Datei-Einträge, die zum Wiedererkennen des Users durch den Online-Anbieter dienen. Das Cookie wird in einem vom → Browser für Cookies reservierten Bereich auf der Festplatte gespeichert.

Crossmedia engl. „quer durch die Medien": → Content nicht nur für ein Medium, sondern für mehrere Medien anbieten → Content Management.

CSS → Cascading Stylesheets.

Darstellungsformen journalistische Textsorten, die im klassischen Journalismus nach informierenden und kommentierenden Formen eingeteilt werden. Online unterscheidet man → interaktive und → partizipative Formen, aber auch → synchrone oder „Live"-Formen und → asynchrone Formen.

Data Mining gezieltes Auswerten von Userprofilen (Profiling) nach Interessen, Vorlieben, Online-Verhalten, unter Datenschutz-Aspekten kritisch zu sehen.

Datenbank bezeichnet umgangssprachlich sowohl die Datenbankserversoftware als auch die davon verwalteten Daten. Digitale Archive aller Art – vom Foto- über das Zeitungs- bis zum Film- und Musikarchiv – beruhen auf Datenbanken. Siehe auch Content-Management.

Datenschutz bei Online-Angeboten Schutz der Privatsphäre von Usern. In der Bundesrepublik gesetzlich geregelt, vgl. Kapitel „Recht".

Deep Link vollständige Pfadangabe zur einzelnen Seite im → Link.

Denic (Deutsches Network Information Center) eine Genossenschaft, die → Domains vergibt und verwaltet.

DHTML → Dynamic HTML.

DNS → Domain-Name-Service.

Domain-Name-Service (DNS): Auskunftsdienst für Internetrechner, der von den gut zu merkenden Klartextnamen wie „www.bundesregierung.de" auf die dahinterliegende → *IP-Adresse* verweist. Auf seine Informationen verlassen sich die Server und Clients bei der Datenkommunikation.

Dokumentenmanagement Programm, das unstrukturierte Informationen (Volltext-Dokumente) in einer Datenbank verwaltet und zugänglich macht → Content-Management.

Domain-Adresse weltweit eindeutige Anschrift einer Website, zum Beispiel „www.journalistenakademie.de". Die Domain-Adresse bringt die technisch dahinter stehende → IP-Adresse in ein für Menschen merkbares Format.

Dossier → Netzdossier.

DRM Digital Rights Management, Sammelbegriff für technische Verfahren zur Wahrung der Urheberrechte.

DTD engl. document type definition, beschreibt Dokumente eines bestimmten Typs. In einer DTD wird die Struktur des Dokuments festgelegt.

dynamische Seiten → Webseiten, die automatisiert ihren Inhalt ändern. Beispiel: die Kursentwicklung der Microsoft-Aktie im Verlauf der letzten Woche.

E-Business Online-Abbildung aller kaufmännischen Vorgänge.

E-Commerce Online-Abbildung der kaufmännischen Vorgänge beim Vertrieb von Produkten und Dienstleistungen.

E-Learning Online- oder Offline-Lernform, die vom Lernenden selbst gesteuert wird. Andere Bezeichnungen für Online-Lernen sind auch „Telelernen" oder „Web Based Training" (WBT).

Edit einzelne Änderung an einem Online-Dokument. Für bei Konflikten beim → Kollaborativen Schreiben gelegentlich zum gefürchteten *Edit War*.

Edutainment Kunstwort aus Education und Entertainment, Verbinden von Bildung und Unterhaltung, online vor allem beim → E-Learning von Bedeutung.

Extranet geschlossene Nutzergruppe; erweitert den Kreis der Zugangsberechtigten im → Intranet um externe Mitarbeiter oder Vertriebspartner. Kennzeichnend ist ein Passwort-geschützter Zugang zu einem definierten Bereich.

FAQ Frequently Asked Questions, Sammlung von häufig gestellten Fragen und den dazugehörigen Antworten aus allen Bereichen. FAQs gibt es zu Computerthemen ebenso wie über Autoren oder Musiker.

Feed abonnierbare Nachrichten in Kurzform bzw. → Teaser. Feeds werden auf Nachrichtensites, Weblogs und Podcasts angeboten, um über Beiträge auf dieser Website zu informieren. Auf dem eigenen Desktop sieht der Besucher, ob für ihn interessante Beiträge vorliegen → Atom, RSS.

Feedreader (engl. etwa „Einspeisungsleser" oder „Eingabeleser"), auch → **Aggregator** (engl. etwa „Sammler"), Programm zu Einlesen und Aufbereiten der Feeds.

File Transfer Protocol (FTP): ein Internet-Standard, Protokoll und Anwendung, um eine einfache und schnelle Dateiübertragung zwischen zwei Computersystemen durchzuführen.

Firewall engl. Brandmauer, elektronischer Schutzwall, um das Ausspähen der Daten auf dem eigenen → Server zu verhindern, vgl. → Datenschutz.

Flame verbale Attacke auf einen anderen Netzteilnehmer. Gefürchtet sind die *Flame Wars*, Beleidigungskriege, die ganze Diskussionsforen lahm legen können.

Flash Werkzeug der Firma Macromedia, mit denen sich multimediale Web-Anwendungen (Flashfilme, Musikuntermalung) entwickeln lassen.

Flatrate Festpreis ohne zeit- oder verbrauchsabhängige Kosten.

Folksonomy Kunstwort aus „folks" (Leute) und „taxonomy", gemeinschaftliches Bewerten von. Produkten ebenso wie von Links.

Follow Up Eine oder mehrere Antworten auf eine Nachricht.

Follower Nutzer, der den → Feed eines anderen Nutzers abonniert hat, beispielsweise bei → Twitter.

Form → Darstellungsform.

Formate 1. (journalist.) Im Radio- und Fernseh-Journalismus formales und inhaltliches Gerüst einer Sendung. Die Formate des Online-Journalismus nutzen die → interaktiven und → partizipativen Möglichkeiten online. 2. (techn.): Dateien liegen je nach Anwendungsprogramm in definierten Formaten vor, im → Web beispielsweise im → HTML-Format.

Forum Foren oder Groups gehen auf den klassischen Internet-Dienst „News" zurück, der an den Universitäten erfunden wurde: Wie an einem Schwarzen Brett werden Anfragen und Angebote veröffentlicht.

Frame engl. Rahmen, Gestaltungstechnik, die das Browser-Fenster in mehrere unabhängige Bereiche aufteilt.

Frameset definiert die Aufteilung des Browserfensters in → Frames.

FTP → File Transfer Protocol.

Gästebücher/Tagebücher Web-Darstellungsform, die Beiträge der User oft in Echtzeit, manchmal auch moderiert veröffentlicht. Sonderform: die →Weblogs, kurz Blogs, die auch Diskussionsforen bieten.

Geo-Tagging, auch **Georeferenzierung,** weist raumbezogene Informationen, die Georeferenz, einem Datensatz zu. Beispiel: Lokalnachrichten können Punkten auf einer Landkarte zugeordnet werden.

Gewinnspiele → Spiele.

GIF *Graphics Interchange Format,* ein von Compuserve geprägter Grafikstandard, der Bilder ohne Informationsverlust auf ein Minimum an Platzbedarf komprimiert.

GPL General Public License, Lizenz für die allgemeine Öffentlichkeit, Vertriebskonzept für Software oder Content. Dabei verpflichtet sich der Händler, nur Vertriebs- oder Supportkosten zu berechnen und dem User den Quellcode zugänglich zu machen.

GPRS Standard zur Datenübertragung, der bis zu 53,6 kBit/s ermöglicht. Damit ist kaum mehr vernünftige Internetnutzung möglich.

GUI Graphical User Interface, grafische Oberfläche, über die der User auf ein Programm zugreift.

Haftung (für Online-Angebote) die Zurechenbarkeit oder Verpflichtung zum Schadensersatz.

Hashtag Schlagwort unter → Twitter. Herkunft: *hash* = engl. für das Rautenzeichen #. Beispiel: „#hashtag ". Hashtags werden direkt in die eigentliche Nachricht eingefügt.

Hit Zugriff auf die einzelne Datei. Eine HTML-Seite kann aus einer oder vielen Dateien bestehen – je nachdem, mit wie vielen Grafik- oder sonstigen Medienelementen gearbeitet wird, vgl. → PageImpression (PI).

Homepage Start- oder Einstiegsseite einer → Website.

Host Einzelner Rechner in einem Netzwerk, der als „Wirtsrechner" Daten oder Rechenzeit für andere bereit hält.

HSDPA High Speed Downlink Packet Access, auch **3G +** genannt. Dadurch ist Datenübertragung von bis zu 13,96 MBit/s möglich.

HTML Das Web verwendet die Sprache Hypertext Markup Language (HTML), um die Gestaltung der Dokumente zu beschreiben.

HTTP Das Hypertext Transfer Protocol (HTTP) dient im → Web dazu, auf Dokumente an Zielorten irgendwo im Netz zuzugreifen.

Hyperlink engl. Verknüpfung der einzelnen Teile eines Hypertextes, vgl. → Link.

Hypermedia engl. Verknüpfung verschiedener Medien-Elemente im Rahmen eines → Hypertextsystems.

Hypertextsystem Nach diesem System lassen sich Texte, die über das gesamte Netz verteilt sind, mittels Stichwörtern (→ Link) verknüpfen. Dabei verweist ein Stichwort jeweils auf einen anderen Textteil oder Text.

Impressum für Publikationen vorgeschriebene Angaben zu Verlag, Autor, Herausgeber oder Redaktion, um die presserechtlich für den Inhalt Verantwortlichen kenntlich zu machen.

Infotainment Kunstwort aus Information und Entertainment, Verbinden von unterhaltenden und informierenden Elementen in einem Beitrag.

Instant Messaging (IM) persönliche, synchrone, softwaregestützte Kommunikation zwischen zwei und mehr Personen online.

Interaktiv Interaktiv nennt man Programmoberflächen, mit denen der User kommunizieren kann, Beispiele: ein Warenkorb, den der User nach individuellem Bedarf zusammenstellt, oder ein Hypertext-Gebilde, durch das sich der User, per Maus auswählend, klickt.

Internet die Gesamtheit der Interaktions- und Kommunikationsmöglichkeiten online, die allen Usern zur Verfügung stehen. Technische Grundlage ist der Übertragungsstandard Internet-Protocol (R IP, → TCP/IP). Zu den Möglichkeiten, die das Internet umfasst, zählen nicht nur → Web und → E-Mail, sondern auch → News, → ftp, → Chat und vieles mehr. Vgl. auch → Intranet.

Intranet bezeichnet ein geschlossenes Netz von einer genau definierten Userzahl: den Mitarbeitern des eigenen Hauses. Sie verfügen über eigene Zugangsberechtigungen (R Accounts) und haben nach Funktion abgestufte Lese- und Schreibrechte. Vgl. auch → Extranet.

iOS Betriebssystem, das von Apple entwickelt wurde und auf allen iPhones und iPads verwendet wird.

IP steht für Internet Protocol, den Übertragungsstandard, auf dem das → Internet basiert. Das Internet Protocol kann ein Datenpaket auf verschiedenen Wegen über mehrere unterschiedliche Rechnerplattformen transportieren, bis es sein Ziel erreicht.

IP-Adresse eindeutige 4 Byte lange Adresse, über die jeder Rechner im Internet verfügt, Voraussetzung für den Datenaustausch übers Internet. Beispiel: 220.120.50.1. Für den Menschen genügt die → Domain-Adresse.

IPTC Das International Press Telecommunications Council (IPTC) setzt weltweite Standards im Bereich der plattformunabhängigen Informationserfassung und -verarbeitung. Zum Definieren von Struktur und Inhalt von multimedialen Daten hat das IPTC die Standards → NewsML, für Textdokumente → NITF geschaffen.

IRC Internet Relay Chat, ein Dienst im Internet, der die gleichzeitige Kommunikation mit beliebig vielen Teilnehmern ermöglicht. Ein IRC-Benutzer hängt sich an einen der zahlreichen ständig aktiven Kanäle und kann sich dann ›live‹ an der dort gerade laufenden Diskussion beteiligen, vgl. → Chat.

Java objektorientierte, plattformunabhängige Programmiersprache, konzipiert für den Einsatz in Netzwerken mit unterschiedlichen Computersystemen.

Javascript Programmiersprache für einfache Steuerungsaufgaben im World Wide Web, etwa die Navigation zwischen mehreren Seiten oder einfache Eingabeüberprüfungen.

JPEG (JPG) Grafikformat, definiert von der *Joint Photographic Experts Group*. Die Dateigröße wird dabei komprimiert.

Knoten oder (Baum-)Knoten ein Element, ein Attribut, ein Kommentar oder ein Text innerhalb einer → Auszeichnungssprache. Von jedem Knoten können wiederum Unterelemente abzweigen, die ihrerseits als Knotenpunkte fungieren können, sodass ein Dokumenten-Baum entsteht.

Kollaborativ Projekte mit mehreren Autoren entstehen durch kollaboratives Schreiben. Beispiel: → Wikis wie Wikipedia.

partizipativ Partizipative Formen sind Formen des Online-Austauschs, bei denen mindestens zwei Menschen miteinander kommunizieren, von der E-Mail über das Diskussionsforum bis zum Chat, vgl. → interaktiv.

Labeling die Kunst, → Navigationselemente aussagekräftig zu beschriften.

Landing-Page eine eigens geschaffene Webseite, auf die der Klick auf einen Eintrag in einer Suchmaschine führt. Die Landing-Page ist auf die Zielgruppe optimiert.

Launch Neupositionierung eines (Online-)Produkts am Markt, vgl. → Relaunch.

Lead engl.: Vorspann, der den Beitrag „anführt" (engl. to lead), meist fett gedruckt.

Lesezeichen → Bookmark.

linear/nicht-linear Online-Angebote bestehen nicht aus einem fortlaufenden (linearen) Text, sondern aus mehreren Dateien, die miteinander verknüpft sind, vgl. dazu →Link. Dabei ist die Reihenfolge, in der sie der User anklickt, nicht festgelegt.

Link engl. Verbindung, auch Hyperlink. Servertechnisch unterscheidet man seiteninterne Links, die zu einem Sprungziel innerhalb des vorliegenden Dokuments führen (→Anker), site-interne Links, die innerhalb des Online-Angebots bleiben, aber auf ein neues Dokument verweisen, und externe Links, die zu einem anderen Server führen.

Link-Konsistenz Verweisen alle Links einer → Website korrekt auf ihr Ziel, gibt es keine Links, die ins Nichts führen und keine verwaisten Seiten, auf die kein Link zeigt, spricht man von Link-Konsistenz.

Linux Betriebssystem, das der → GPL unterliegt.

Live → synchron.

Live-Content Inhalte, die zeitgleich mit der Übertragung ins Netz produziert und encodiert werden, um einen Live-Stream zu erzeugen.

Live-Streaming das Übertragen von Streaming-Inhalten zum User zeitgleich mit der Entstehung.

Lizenz → Urheberrecht.

LTE Mobilfunkstandard, der auch als 4. Generation – daher **4G** – bezeichnet wird. Mit LTE sind Übertragungsgeschwindigkeiten von bis zu 300 MBit/s möglich.

Mailingliste Verteilerdienst für E-Mails.

Mashup Web-Content (Text, Daten, Bilder, Töne oder Videos) wird mit anderen Anwendungen kombiniert, beispielsweise mit geografischen Daten verknüpft. Dabei nutzen Mashups → APIs.

Me-too „find' ich auch": unerwünschte Antwort in → Mailinglisten.

Medienstaatsvertrag Regelwerk zu Regulierung von Medienangeboten und -anbietern, das im Verlauf des Jahres 2020 in Kraft tritt.

Mem Meist visuell umgesetztes Thema, das auf weitere Personen oder Zusammenhänge übertragen wird. Der Begriff geht auf Richard Dawkins zurück. Danach sind Meme Ideen, die von einem Menschen zum anderen kopiert und kombiniert werden, analog zu Genen, die von einer Generation an die nächste weitergegeben werden.

Metadaten von griech. *meta* = danach, nachher; Daten, die Informationen über andere Daten enthalten, zum Beispiel Angaben von Eigenschaften eines Objekts wie der Autorenname oder das Erstellungsdatum.

Metasprache von griech. *meta* = danach, nachher, → Auszeichnungssprache zur Definition anderer Sprachen.

Meta-Tags HTML-Befehle, die zusätzliche Informationen im Kopf (Head) eines HTML-Dokuments, also für den User unsichtbar, speichern.

MMS Multimedia Message Service, Mobilfunkdienst, der zusätzlich zur E-Mail auch das Versenden von Sound, Fachgrafiken, Videos und sonstigen Dateien erlaubt.

MPEG Kompressionsverfahren für bewegte Bilder, Akronym der Herausgebergruppe *Moving Picture Experts Group*.

Motion Tracking Bewegungserfassung, Tracking-Verfahren, mit dem Nutzerbewegungen erfasst werden. Es wandelt die Bewegung in ein computerlesbares Format um, analysiert sie und zeichnet sie auf. Gängige Verfahren sind Head-Tracking oder Eye Tracking. Mit den Daten des Trackings können Bewegungsabläufe in Virtual-Reality-Produktionen übertragen werden, durch die etwa beim Gaming die Nutzer interagieren können.

Multimedia schillernder Begriff, der auch Telekommunikation und die Online-Dienste umfasst. Mindestens drei Kommunikationswege – Bild, Ton, Text – verbinden sich zu „Multimedia".

Nachricht informierende → Darstellungsform. Eine Nachricht für den Bildschirm aufzubereiten heißt vor allem: das Wesentliche, das Aktuelle, das Besondere herausfinden und auf Teaser und Text verteilen.

Namensraum Namensräume werden technisch dazu verwendet, Konflikte bei der Namensvergabe zu verhindern. Beispiel: → DNS.

Navigation Bewegung des Users innerhalb einer → Site. Dem User die Navigation zwischen den Channels, innerhalb der Site so einfach und angenehm wie möglich zu machen (R Convenience, → Usability), sollte gemeinsames Ziel des Online-Journalist/innen wie des Screen-Designers sein.

Navigationsleiste Eine Navigationsleiste ähnelt einem Inhaltsverzeichnis und besteht aus den – möglichst treffenden oder „sprechenden" – Texten oder Symbolen für die einzelnen Rubriken der Website, die mit Links hinterlegt sind.

Navigationspunkt Text- oder Bildelement, das im Hintergrund die Verknüpfung mit dem Folgedokument herstellt.

Netzdossier Online-Format, das aus mehreren eigenen Beiträgen zu einem Thema besteht; es enthält in der Regel interne wie externe Links.

Netzreportage Online-Format, verschafft dem User im Haupttext einen Überblick über ein aktuelles Thema, zum Beispiel „Rechtsextremismus im Internet". Hot Words im Text verlinken auf die angesprochenen, meist externen Quellen; unterhalb des Textes oder in einer eigenen Spalte werden die Links noch einmal systematisch aufgelistet und oft auch kommentiert.

News Internet-Form, bei der Nachrichten beliebiger User über die ganze Welt verteilt und allen anderen Usern verfügbar gemacht werden. Die News gliedern sich in mehr als tausend Themengruppen mit einigen hunderttausend Nachrichten pro Tag.

News-Aggregator → Aggregator.

News-Feed → Feed.

Newsdesk (engl. Begriff für *Nachrichtentisch*), Arbeitsplatz im *Newsroom*, an dem aktuelle Meldungen eingehen. Davon abgeleitet bedeutet es eine Organisationsform in Redaktionen, bei der Ressortleiter aus verschiedenen Ressorts an einem gemeinsamen Tisch sitzen und über den Ausgabeweg entscheiden. Voraussetzung für die Einrichtung von Newsdesks ist ein Redaktionssystem, das jederzeit einen Zugriff auf alle multimedialen Elemente ermöglicht.

Newsgroups auch → Foren, an denen die User die → News hinterlassen.

Newsletter Print: ein kompakter Informationsträger von wenigen Seiten. Online: abonnierter Informationsdienst, der dem User auf seinen Wunsch regelmäßig automatisch ins E-Mail-Postfach zugestellt wird.

News ML internationaler Standard der → IPTC zur Verwaltung digitaler Daten (Text, Bild, Audio, Video).

Newsreader Hilfsprogramm zum Lesen und Schreiben in den → Newsgroups.

Newsroom → Newsdesk.

nicht-linear → linear.

NITF News Industry Text Format; internationaler Standard der → IPTC für Textdokumente.

online Bei bestehender Verbindung zu einem anderen Rechner oder Datennetz werden Daten übertragen oder auch bearbeitet. Gegensatz: *offline*.

Online first Prinzip, dass Beiträge bereits vor der späteren Druckausgabe online zur Verfügung stehen. Das Veröffentlichen von Nachrichten im Web erhält damit Vorrang vor der Publikation im Printmedium.

On-Demand-Content Inhalte, die nicht zum → Live Streaming, sondern zum dauerhaften Abruf produziert und bereitgestellt werden.

Page → Seite.

Page Impression (PI), bezeichnet die Anzahl der Sichtkontakte von Usern mit einer HTML-Seite. Eine PI umfasst meist mehrere → Hits. Bei Angeboten mit Rahmen (Frames) zählt nur der Erstabruf eines Frame-Sets als PI. Aussagekräftiger: → Visit.

Page-Rank-Algorithmus Verfahren zum Bewerten verlinkter Dokumente, das von Google eingesetzt wird. Dabei wird jedem Element ein Gewicht, der Page-Rank, aufgrund seiner Verlinkungsstruktur zugeordnet. Der Algorithmus wurde von Larry Page (daher der Name PageRank) und Sergei Brin an der Stanford University entwickelt.

Parser Computerprogramm, das für die Zerlegung und Umwandlung einer beliebigen Eingabe in ein für die Weiterverarbeitung brauchbares Format zuständig ist.

Partner-Programme → Affiliation.

PDF Das *Portable Document Format* (PDF) ist eine Seitenbeschreibungssprache und wurde als Austauschformat für fertiggestellte Dokumente konzipiert. Mit Hilfe von PDF können Dokumente originalgetreu gedruckt, verschickt und archiviert werden. Es ist ein Dokument-Endformat, das nur wenige Änderungen am Dokument ermöglicht.

Peer-to-Peer gleichberechtigte Kommunikation, Gegenstück: Server-Client.

PERL *Practical Extension and Report Language,* dt. „praktische Erweiterungs- und Berichtssprache", eine frei verfügbare Programmiersprache, die besonders beim Schreiben von CGI-Skripten auf Internet-Servern verwendet wird.

Permalink URL-Adresse eines bestimmten Inhalts. Den Permalink eines Inhalts findet man, indem man seinen Zeitstempel anklickt.

PHP *PHP Hypertext Preprocessor,* serverseitige Skriptsprache, aktuell: PHP4.

PI → Page Impression.

Pingback erlaubt, eine Benachrichtigung anzufordern, sobald jemand die eigenen Dokumente oder Webseiten verlinkt. → Trackback.

Pixel kleinste Einheit einer digitalen Übersichtgrafik, Kunstwort aus der Abkürzung der englischen Worte Picture (= Bild) und Element.

Plug-In Hilfsprogramm zum → Browser, das auf dem Rechner des Users installiert wird. Beispiel: „Acrobat Reader" von Adobe für PDF-Dateien.

Podcast Anbieten von Mediendateien (Audio oder Video), die per → Feed abonniert werden können. Das Wort setzt sich aus den Wörtern *iPod* (MP3-Spieler der Firma Apple) und *Broadcasting* (von engl. Rundfunk, Sendung) zusammen.

Portal Einstiegsseite ins Web, die dem Informationssuchenden schnelle Orientierung in der Online-Welt verspricht.

Posten, Posting steht für das Absenden einer digitalen Nachricht.

Pressekodex journalistisch-ethische Grundregeln in Form einer freiwilligen Selbstverpflichtung, die der Deutsche Presserat festlegt und aktualisiert.

Profiling Datensammlung über die Usergewohnheiten → Data Mining.

Protokoll selbstgegebene, verbindliche Regeln oder Standards für die Kommunikation der Rechner oder Netze miteinander.

Provider Unternehmen, das Zugang zu allen Internet-Diensten vermittelt: Internet-Service-Provider (ISP). Auf einzelne Dienste spezialisiert sind beispielsweise Web-Space-Provider oder E-Mail-Provider. Im Gegensatz dazu sorgen Content Provider für den redaktionellen Inhalt.

Proxy Server (engl. „Stellvertreter"), Zwischenspeicher für häufig benötigte Informationen aus dem Internet; kann beim Provider, aber auch im Unternehmen stehen, um die Netzbelastung und die Zugriffszeiten gering zu halten.

Puffer → Buffer.

Pull engl. „ziehen", steht für individualisierte Kommunikationsformen: Der User entscheidet selbst, welche und wie viel Information er erhalten möchte.

Push engl. „schieben" steht für die aktive Übermittlung von Dokumenten vom Server zum Client. Mit der Push-Technologie übermitteln Server automatisch neue Nachrichten und interessante Inhalte – ohne Zutun des Lesers. Der abonniert lediglich einige Kanäle (R Channels) und erhält während jeden Web-Aufenthalts automatisch die neuesten Informationen.

Quelltext beschreibt den Aufbau einer Webseite.

Quote engl.: "Zitat". Bezieht man sich beim Beantworten einer Nachricht auf eine Textpassage der Original-Mail, so verwendet man ein Zitierungszeichen: Die Textteile der Mail werden in der ersten Zeile besonders gekennzeichnet, zum Beispiel mit ">".

quoten bedeutet bei → E-Mail und → News: aus der Originalnachricht, auf die man antwortet, zitieren.

Realtime in Echtzeit, live, auch → synchron, vgl. → Streaming Media.

Redaktionssystem Software für das → Content Management und für Online-Veröffentlichungen, die sämtliche Redaktionsabläufe koordiniert.

Referrer elektronische Erfassung, von welcher Website der User kommt.

Relaunch Komplette Überarbeitung samt neuer Gestaltung (Redesign) einer Website. Gegenstück: → Launch.

Reportage → Netzreportage.

RSS Really Simple Syndication, „echt einfache Verbreitung", → XML-basiertes Format zum Austausch von Inhalten.

RSS-Feed im RSS-Format ausgegebene Nachricht; informiert den Nutzer in Form einer Zusammenfassung über Neuigkeiten auf einer Website.

Rundfunkstaatsvertrag (RStV): Staatsvertrag zwischen allen deutschen Bundesländern, der bundeseinheitliche Regelungen für das Rundfunkrecht geschaffen hat. Wird 2020 durch den Medienstaatsvertrag abgelöst.

Screen engl. Bildschirmseite.

Screen-Design Gestalten für den Bildschirm im Gegensatz zum Layout einer Zeitung oder Zeitschrift.

Scroll engl. Schriftrolle, Liste; weiter zum nächsten Bildschirmausschnitt blättern, „scrollen".

SEO → Suchmaschinenoptimierung.

Seite engl. *page*, zusammenhängendes, fortlaufendes Online-Dokument mit → Links, nicht zu verwechseln mit dem Inhalt einer Bildschirmseite → Screen.

Seitenbeschreibungssprache beschreibt, wie eine Seite später in einem speziellen Ausgabeprogramm aussehen soll.

Semantisches Web (englisch *Semantic Web*), Erweiterung des World Wide Web mit dem Ziel, die Bedeutung von Informationen für Computer verwertbar zu machen.

Sentiment-Analyse digitale Auswertung sprachlich ausgedrückter Emotionen auf der Grundlage von Daten, die online erhoben werden. Mithilfe linguistischer Datenverarbeitung oder weiterer Computer-Analyseverfahren soll herausgefunden werden, welche Einstellung sich hinter einem Post auf Social Media verbirgt.

SEO → Suchmaschinenoptimierung.

Server engl. *Diener;* Rechner, der für andere Netzteilnehmer *(clients)* Speicher- und Verarbeitungsaufgaben zur Verfügung stellt.

SGML von engl. *Standard Generalized Markup Language* = normierte verallgemeinerte Auszeichnungssprache. SGML ist eine Metasprache, mit deren Hilfe man verschiedene Auszeichnungssprachen für Dokumente definieren kann.

Signature engl. *Unterschrift,* Kennzeilen eines Internet-Teilnehmers. E-Mail-Programme fügen die Signature automatisch dem Nachrichteninhalt hinzu. Sie sollte gemäß → TMG die vollständigen Kontaktdaten enthalten.

Site engl. Sitz, Lage, Platz; das gesamte Online-Angebot, bestehend aus einer → Homepage und beliebig vielen weiteren → Seiten.

Skype Software zum kostenlosen Telefonieren via Internet *(Voice over IP)* sowie gebührenpflichtigen Telefonieren ins Festnetz und zu Mobiltelefonen *(SkypeOut)* mit → Instant Messaging-Funktion, Dateiübertragung und Videotelefonie.

Skriptsprache Programmiersprachen wie → CGI, → Perl, → PHP.

Slideshow multimediale Darstellungsform im Online-Journalismus, meist eine animierte Fotostrecke, die von einer parallelen Tonspur begleitet wird.

SMS Short Message Service, Kurznachrichtendienst bei Mobiltelefonen, der die bidirektionale Übertragung von kurzen Nachrichten (bis zu 160 Zeichen) ermöglicht.

Social Bookmarking gemeinschaftliches und öffentliches Bereitstellen und Ergänzen von Lesezeichen(→ Bookmark)-Listen.

Social Media → Soziale Netzwerke im Internet, die zum Austausch von → Content dienen. Siehe auch → User Generated Content.

Social Media Optimization (SMO) Optimierung von Webseiten, damit diese besser bei Social-Media-Diensten und anderen Websites aufgenommen werden. Dazu dienen unter anderem RSS-Feeds oder Links zu Social-Bookmarking-Diensten.

Soziales Netzwerk Online-Dienst, der einer Netzgemeinschaft unterschiedliche Kommunikationsmöglichkeiten einschließlich gemeinschaftlichen Arbeitens und Bewertens zur Verfügung stellt. Siehe auch → Community.

Spam „Spiced Pork And Ham" oder „Specially Prepared Assorted Meat", ursprünglich unbeliebtes Büchsenfleisch, bekannt geworden durch einen Monty-Python-Sketch. Im Internet: Werbung per massenhaft versandter Posts.

Startseite → Homepage.

Storyboard engl. Drehbuch, Übersichtsplan, der alle → Seiten und teilweise auch die → Assets eines Online-Angebots samt Verlinkung enthält.

Stream einzelne Übertragung zum User.

Streaming engl. „Strömen", Technologie, mit der Video- und Audiodaten so aufbereitet werden, dass → synchroner Echtzeit-Audio- und Videoempfang (R Realtime) aus dem Internet ermöglicht wird. Die Daten werden dabei bereits während des Herunterladens abgespielt und müssen nicht erst komplett gespeichert werden.

Stylebook/Styleguide hauseigener „Knigge" für einheitliche Online-Navigation und -Konzeption.

Stylesheet definiert mehrere Eigenschaften von Textelementen wie Schriftart, -Größe oder -Farbe, vgl. → Cascading Stylesheets.

Suchmaschine Online-Dienst zum schlagwortbasierten Auffinden von Online-Informationen. Ein sogenannter Agent (auch: Spider, Robot) durchsucht alles im Web, was er finden kann, und wertet es nach Schlüsselwörtern (***Meta-Tags***) oder Volltext aus. Die Begriffe werden aufgenommen und mit einem Querverweis versehen, auf welcher Seite sie zu finden sind. Das gesamte System aus Suchprogramm, Adressenbasis, Auswertungsprogramm und Datenbank nennt man „Suchmaschine".

Suchmaschinenoptimierung (*Search Engine Optimization,* kurz SEO): Verbessern des Rankings von Webseiten in Suchmaschinen. Dazu zählen das Einhalten von Standards, das Finden geeigneter Suchbegriffe, die Suchwortdichte, Einsatz der Suchworte in Seitentitel (Title-Tag), Überschriften, in Textlinks sowie innerhalb der → URL.

Synchron Online-Darstellungsform, die → live übertragen wird. Chat und dynamische Seiten gehören zu den „Live"-Formen, Gegensatz: → asynchron.

Tag Befehle bei → HTML heißen „tags" und stehen in spitzen Klammern.

Tag Cloud Schlagwort-Wolke, wird aus Schlagwörtern erzeugt und zur Strukturierung von Blog-Inhalten genutzt.

Teaser engl. *to tease,* reizen, necken: Im Onlinejournalismus die Kurztexte, oft mit Bild, die den Nutzer zum Weiterklicken reizen sollen.

Telemediengesetz regelt in Deutschland die rechtlichen Rahmenbedingungen für sogenannte Telemedien, also nahezu alle elektronischen Informations- und Kommunikationsdienste.

Teletext Service der Fernsehanstalten. Ursprünglich in der sogenannten Austastlücke, heute als digitaler Stream, werden stehende „Tafeln" mit Untertiteln, Programmhinweisen, Nachrichten und Wetterbericht gesendet.

Template Vorlage zur Webseitenerstellung.

Thread engl. *Faden,* Diskussionsstrang: Die Original-Nachricht und alle folgenden Antworten in einem Diskussionsforum gemeinsam ergeben einen Thread.

Throwback Thursday (#tbt) Social Media-Tradition, wöchentlich einen Post mit historischem Inhalt abzusetzen. Der Throwback Thursday fand insbesondere über Instagram starke Verbreitung.

Time-to-Web Zeit, die von der Konzeption bis zur Veröffentlichung im → Web benötigt wird. Sie bestimmt die Aktualisierungsfrequenz der → Website.

TMG → Telemediengesetz.

Trackback Funktion, mit der Weblogs Informationen über Backlinks in Form von Reaktionen bzw. Kommentaren durch einen automatischen Benachrichtigungsdienst untereinander austauschen können.

Traffic Auslastung eines Servers durch aktive User.

Troll engl. *trolling* = Fischen mit Schleppleine; Provokateur, der in Diskussionsforen vom eigentlichen Diskussionsthema ablenkt. Therapie: *„Don't feed the troll"*.

Tunnelstruktur Hypertext-Abfolge, die dem User die Aktions- und unter Umständen die Zeit-Autonomie nimmt: Er muss sich einer vorgesehenen Seitenfolge unterwerfen.

Twitter → Soziales Netzwerk mit tagebuchartigen Kurzeinträgen im Internet (Mikroblog). Angemeldete Benutzer können Textnachrichten mit maximal 140 Zeichen eingeben und anderen Benutzern senden. Beiträge auf Twitter heißen als „Tweets" (engl. *to tweet* = *zwitschern*). → Follower.

UGC → User Generated Content.

UMTS Universal Mobile Telecommunications System(s), dt.: „Universelles System für mobile Telekommunikation". Mobilfunkstandard, der höhere à Bandbreiten bietet: Von einem UMTS-Mobiltelefon aus ist Internet-Zugang mit einer Datenübertragungsgeschwindigkeit von bis zu zwei Megabit pro Sekunde (mbps) möglich.

Urheberrecht regelt die Rechte der Autoren.

URL Uniform Resource Locator, die Fundstelle oder Adresse eines Dokuments im Internet. Die ersten Stellen zeigen an, um welches Übertragungsprotokoll und um welchen Dienst es sich handelt. Beispiel: „http:" für → Web.

Usability „Benutzbarkeit" einer Website. Der Begriff wurde von Jakob Nielsen geschaffen.

Usenet Auswahl bestimmter weltweit verbreiteter → Newsgroups.

User engl. Teilnehmer, Anwender oder Benutzer.

User Generated Content von den Nutzern geschaffene Inhalte, vor allem in → Sozialen Netzwerken.

Vektorgrafik Computerbild, das aus Linien, Kreisen und Polygonen zusammengesetzt ist.

Video von lat. videre = sehen, wird im Sprachgebrauch als Bestandteil von Worten verwendet, die mit bewegten Bildern zu tun haben, z. B. Videokassette, Videokamera.

Videoformate Aufzeichnungsverfahren für elektronische Aufnahmen von bewegten Bildern bezeichnet. Dateibasierte Formate kodieren die Videoinformation grundsätzlich digital, während Videobandformate Informationen analog oder digital speichern. Gelegentlich werden auch Fernsehformate (HDTV, NTSC, PAL, SECAM, DVB, ATSC, ISDB) als Videoformate genannt.

Viren, Computervirus selbstreproduzierendes Programm, das unter Umständen Daten und Programme zerstört. Virenprogramme können nur in ausführbaren Programmen sitzen.

Virtual Community → Community.

Videotext → Teletext.

Virtual Community Usergemeinschaften mit gemeinsamen Interessen, vgl. → Community.

Virtual Reality Virtuelle Realität (VR) bezeichnet die Darstellung und Wahrnehmung einer computergenerierten Wirklichkeit. Über VR-Brillen verschiedener Systeme, Motion Tracking, Eye Tracking, Controllern und andere Hilfsmittel kann der Nutzer in die virtuelle Welt eintauchen. Wird der Gedanke an die reale Welt immer weiter in den Hintergrund gedrängt, nennt man den Effekt *Immersion*. Virtuelle Realität wird nicht nur für Spiele und Unterhaltung genutzt, sondern bietet auch Medien Möglichkeiten, um ihre Themen interaktiv zu erklären, zum Beispiel in einem Erklärvideo.

Visit Je länger sich ein User mit einer Web-Site beschäftigt, desto mehr Seiten betrachtet er, und umso länger ist die Verweildauer. Einen solchen zusammenhängenden Nutzungsvorgang oder Besuch bezeichnet man als Visit. Er definiert laut IVW den Werbeträgerkontakt. Vgl. auch → Hit, → Page Impression.

Vlog V(ideo-B)log, ist ein Kunstwort aus → Video und → Blog, Website, die periodisch neue Einträge (mehrheitlich oder ausschließlich) als Video enthält. Tätigkeitsform: Vlogging.

Vodcast Video-Podcast, → Podcast.

Voice over IP-Telefonie (kurz für *Internet-Protokoll-Telefonie*), auch **Internet-Telefonie,** ist das Telefonieren über Internet. Siehe auch → Skype.

Vorspann → Lead.

WCMS → Content-Management-System.

World Wide Web (WWW), Internet-Dienst, dessen → Seiten per → Links zu → Hypertext verknüpft sind. Konzept: Tim Berners-Lee (1991). Seit das Web unter seiner grafischen Oberfläche Text-, Bild-, Audio- und Video-Dateien zu → Hypermedia vereint, wurde es neben der E-Mail zum beliebtesten Dienst des Internet.

Web 2.0, Schlagwort, das für eine Reihe interaktiver und kollaborativer Elemente des Internets verwendet wird.

Weblog kurz Blogs, eine Weiterentwicklung von → Gästebuch/Tagebuch und → Forum unter einer Web-Oberfläche. Dieses Format kombiniert die Möglichkeit zur Kommunikation, die ein Forum bereitstellt, mit Hypertext.

Webcam 1. spezielle Kamera, 2. synchrones visuelles Format mit Stand- oder Bewegtbild, belegt die Authentizität des Gezeigten.

Webseite -- >Seite.

Website → Site.

Web-Cam 1. Kamera für Livestream, 2. → synchrones visuelles Format mit Stand- oder Bewegtbild, belegt die Authentizität des Gezeigten.

Wissensmanagement engl. *knowledge management,* alle operativen Tätigkeiten und Managementaufgaben, die auf den bestmöglichen Umgang mit Wissen abzielen. Technisch wird dazu ein → CMS eingesetzt.

Wording (Marketing) Wortwahl beim Texten einer Webseite.

Workflow Arbeitsablauf in einer Online-Redaktion, wird maßgeblich vom → CMS bestimmt.

Workflow-Management bildet die redaktionellen Arbeitsabläufe im → CMS ab, steuert und verwaltet sie.

XHTML von engl. Extensible Hypertext Markup Language = erweiterbares HTML, die XML-Variante von HTML. Alle Elemente von HTML 4.0/4.01 werden so definiert, dass sie den Vorgaben und Anforderungen von XML entsprechen. XHTML ist damit eine Anwendung von XML.

Xlink definiert die Einbindung von Links in XML-Dokumente.

XML *Extensible Markup Language,* dt. „Erweiterbare Beschreibungssprache", keine Seitenbeschreibungssprache wie HTML, sondern ein Werkzeug, um eigene Sprachelemente und Sprachen zu entwerfen, die jeweils einem bestimmten Einsatzzweck angepasst sind.

XSL *Extensible Stylesheet Language,* dt. „erweiterbare Beschreibungssprache", ähnlich CSS, eine Art Formatvorlage für das Layout einer Webseite und beschreibt die Darstellung und Behandlung von XML-Daten mit Hilfe von XSL-Stylesheets.

Zugangsberechtigung → Account.

Weiterführende Links

1. www.journalistikon.de
2. de.wikipedia.org

The manufacturer's authorised representative in the EU is Springer Nature Customer Service Centre GmbH, Europaplatz 3, 69115 Heidelberg, Germany. If you have any concerns regarding our products, please contact ProductSafety@springernature.com

Printed and bound by CPI Group (UK) Ltd, Croydon, CR0 4YY

25/03/2026

02078225-0002